Ernst Freiberger-Stiftung

Ernst Freiberger-Stiftung

Ludwig Erhard

Peter Gillies
Daniel Koerfer
Udo Wengst

be.bra wissenschaft

Inhalt

Ernst Freiberger
Ein Denkmal für Ludwig Erhard   7

Daniel Koerfer
Ludwig Erhard – der vergessene Gründervater   11

Udo Wengst
Ludwig Erhard im Fokus der Zeitgeschichtsschreibung   73

Peter Gillies
Ludwig Erhard – Ökonom der Freiheit   123

Dokumentenanhang   159

Zeittafel   261

Literatur   273

Bildnachweis   277

Zu den Autoren   279

Ernst Freiberger

Ein Denkmal für Ludwig Erhard

Die Allgegenwart der Philosophie Ludwig Erhards in der jungen Bundesrepublik gehört zu meinen frühesten Erinnerungen. Das runde, freundliche, weise, von Optimismus beseelte Gesicht war damals eine Ikone unserer demokratischen Nation – ebenso wie das andere wohlbekannte Antlitz, der sorgenvolle, von Lebenserfahrungen zerfurchte Patriarchenkopf Konrad Adenauers. Wenn der erste Kanzler der Bundesrepublik die Deutschen im Westen zurück nach Europa führte, so gab der Wirtschaftsminister mit seiner Vision der »Sozialen Marktwirtschaft« dem Land eine nicht weniger zukunftsfähige politische Landkarte.

Erhards Werte wurden ganz praktisch in der aufstrebenden Unternehmerfamilie meiner Eltern gelebt. Ihr Schicksal war ganz typisch für die Aufbruchsstimmung, die Erhards Politik im ganzen Land ausgelöst hatte. »Wohlstand für alle«, das war nicht ein Wahlkampfslogan mit Verfallsdatum, sondern eine schicksalshafte Weichenstellung. Erhard ist der Erfinder des deutschen Modells für eine Volkswirtschaft, in der das Prinzip unternehmerischer Entfaltung mit der Idee der sozialen Gerechtigkeit versöhnt wurde. Nach einem Jahrhundert des industriellen Aufschwunges, der weniger den Menschen als die Zahlen im Sinn gehabt hatte, nach den schlimmen Erfahrungen mit dem ungezügelten Kapitalismus, der in die Weltwirtschaftkrise von 1929/30 getaumelt war, in der das Unglück Europas begann, und angesichts der negativen Bilanz des kommunistischen Planwirtschaftsystems formulierte Erhard etwas scheinbar ganz einfaches: Im Mittelpunkt allen Wirtschaftens sollte wieder ein freier Bürger stehen. Fleißig, selbstbewusst sollte er für sich und seine Familie arbeiten. Er sollte dem Staat geben, was des Staates ist für die Gemeinschaftsaufgaben. Aber er sollte nicht vom Staat gegängelt und umhegt werden, sollte vom Staat nicht Fürsorge für alles und jedes erwarten, sondern nur eine Ordnung, die für fairen Wettbewerb sorgt. »Das mit der modernen Technik zusammen hängende Anlehnungsbedürfnis der Menschen an Gruppengebilde, die Lebensangst und das Verlangen nach sozialer Sicherheit sind der Ausprägung des persönlichen Muts und persönlicher Verantwortungsfreudigkeit wenig hold. Aber gerade diese Gesinnung gilt es zu wecken und zu bezeugen, wenn wir von unserer Freiheit den rechten Gebrauch machen wollen.« So Erhard in den 1950er Jahren, und seine Diagnose trifft heute genauso zu wie damals.

In unserer »Straße der Erinnerung« erinnern wir an große Deutsche, die vorbildlich gehandelt haben im vergangenen Jahrhundert, durch herausragende wissenschaftliche Leistungen, besondere Beiträge zur künstlerischen Kultur oder durch ihr Eintreten für Freiheit, Menschenwürde und Frieden. In dieser Gemeinschaft bedeutender Köpfe darf Ludwig Erhard nicht fehlen. Denn mit seiner Schöpfung der Sozialen Marktwirtschaft hat er dem Modell der freiheitlichen Demokratie erst jene tagtäglich fassbare, handgreiflich überzeugende Wirklichkeit verschafft, die sich im Wettbewerb zwischen Ost und West am Ende als erfolgreich erwiesen hat. Wohlstand ist, schaut man das Wort nur einmal genau an, viel mehr als ein ökonomischer Begriff. Gerechtigkeit, individueller Erfolg, Freiheit, sozialer Frieden – all das spielt mit, wenn es Menschen »wohl ergehen« soll. Man könnte dazu auch sagen: glücklich werden. Wir ehren Ludwig Erhard, weil er mitgeholfen hat, dass in unserem Land die Chance, glücklich zu werden, zum selbstverständlichen Alltag gehört. Aber wir tun es ganz bewusst auch in einem historischen Augenblick, wo wir die Rückbesinnung auf Erhards Tugenden dringend nötig haben. Die »Große Krise« unserer Gegenwart, bei der entfesselte Kapitalmärkte und ein zielloses, wiederum nur den Zahlen und nicht den Menschen verpflichtetes Wirtschaftshandeln zusammentrafen, macht Erhards Ideal des Gleichgewichts, des Maßhaltens und der ethisch verantwortlichen Marktwirtschaft aktueller denn je.

Daniel Koerfer

Ludwig Erhard – der vergessene Gründervater

Prolog

Im Frühjahr 1948 fuhr eine junge Journalistin von Hamburg nach Frankfurt am Main. Sie hatte vor dem Krieg in Königsberg und Basel Volkswirtschaft studiert, hatte promoviert und anschließend in Ostpreußen ein großes Gut geleitet, den Untergang des Großdeutschen Reiches erlebt, war zu Pferd mit einem kleinen Treck nach Westen geflüchtet wie Millionen ihrer Landsleute auch. Jetzt war sie von der Redaktion einer neu lizensierten Wochenzeitung auf die Reise geschickt worden, um die erste Pressekonferenz des neuen Direktors der Verwaltung für Wirtschaft im bizonalen Wirtschaftsrat zu verfolgen. Ihr Eindruck von dem bis dahin gänzlich unbekannten Mann, von seinen Visionen? Blankes Entsetzen. Marion Gräfin Dönhoff jedenfalls berichtete anschließend ihren Redaktionskollegen von der »ZEIT«: »Wenn Deutschland nicht schon eh ruiniert wäre, dieser Mann mit seinem vollkommen absurden Plan, alle Bewirtschaftungen in Deutschland aufzuheben, würde das ganz gewiss fertig bringen. Gott schütze uns davor, dass der einmal Wirtschaftsminister in Deutschland wird.« Der Mann, um den es ihr hier ging, vor dem sie so nachdrücklich warnte, war Ludwig Erhard, von 1949 bis 1963 Bundeswirtschaftsminister, anschließend für drei Jahre Adenauers Nachfolger im Amt des Bundeskanzlers – einer der Gründerväter der zweiten deutschen Republik.

Würde Erhard heute wieder antreten, seine Konzeption vorstellen, die Geschichte würde sich vermutlich wiederholen, Panik würde sich ausbreiten, medialer Hohn und Spott, ja Verachtung, Schimpf und Schande für seine »neoliberalen« und »marktradikalen« Rezepte wären ihm sicher. Dabei berufen sich alle Parteien bis hin zur Linken auf ihn und auf seine »Soziale Marktwirtschaft« – aber was mittlerweile darunter verstanden wird, hat mit seinem eigenen Konzept kaum noch etwas zu tun. Denn die Soziale Marktwirtschaft Ludwig Erhards verhält sich zum überdehnten, durch immer höhere Schuldenberge finanzierten Versorgungsstaat unserer Zeit wie Feuer zu Wasser. Wer in seinem immer wieder aufgelegten Bestseller von 1957 – vermutlich wurde er schon damals vielfach gekauft und verschenkt, aber nie gelesen – mit dem programmatischen Titel »Wohlstand für alle« blättert und etwa das Kapitel »Versorgungsstaat – der moderne Wahn« liest, wird aus dem Staunen nicht mehr herauskommen. Obwohl das Buch vor mehr als 50 Jahren erschien, ist es nach wie vor aktuell. Dort steht etwa: »Das mir vorschwebende Ideal beruht auf der Stärke, dass der Einzelne sagen kann: ›Ich will mich aus eigener Kraft bewähren. Ich will das Risiko meines Le-

Ludwig Erhard, 1968.

bens selbst tragen. Ich will für mein Schicksal selbst verantwortlich sein. Sorge Du, Staat dafür, dass ich dazu in der Lage bin.‹ Der Ruf darf nicht lauten: ›Du, Staat, komm mir zu Hilfe, schütze mich und helfe mir‹, sondern umgekehrt: ›Kümmere Du, Staat, Dich nicht um meine Angelegenheiten, sondern gib mir so viel Freiheit und lass mir vom Ertrag meiner Arbeit so viel, dass ich meine Existenz, mein Schicksal und dasjenige meiner Familie selbst zu gestalten in der Lage bin.‹«

Welcher Politiker würde heute solche Sätze formulieren? Welche Partei würde solche Sätze in ihr Programm schreiben? Welche Partei würde daraufhin noch gewählt? Aber es geht noch weiter. Ludwig Erhard warnte schon 1956: »Die wachsende Sozialisierung der Einkommensverwendung, die um sich greifende Kollektivierung der Lebensplanung, die weitgehende Entmündigung des Einzelnen und die zunehmende Abhängigkeit vom Staat müssen die Folgen eines gefährlichen Weges sein, an dessen Ende der soziale Untertan und die bevormundete Garantierung der materiellen Sicherheit durch einen allmächtigen Staat, aber auch in gleicher Weise die Lähmung des wirtschaftlichen Fortschritts in Freiheit stehen wird.«

Wer war der Mann, der diese Zeilen schrieb, der seine Botschaft der Freiheit so nachdrücklich formulierte und früh schon vor Gefährdungen warnte, die Jahrzehnte später offen zu Tage treten sollten? Wo liegen die geistigen Wurzeln dieses inzwischen ver-

Ludwig Erhard als Schüler (letzte Reihe 6. v. r.) um 1910.

gessenen »Helden ohne Degen«, der in der Nachkriegszeit gegen heftige Widerstände in Westdeutschland die Weichen für den raschen wirtschaftlichen Wiederaufbau stellte – für einen Wiederaufbau, den die Zeitgenossen in den 1950er Jahren als so überraschend empfanden, dass sie ihn ein »Wunder« nannten?

Ein Leben vor der Politik

Ludwig Erhard, am 4. Februar 1897 in Fürth geboren, gehört zur »Generation des Unbedingten« (Michael Wildt), zu denjenigen also, die von den großen Schrecken des Ersten Weltkriegs, der unerwarteten Niederlage, dem Untergang der Monarchie und dem Debakel des Versailler Vertrages entscheidend geprägt und vielfach radikalisiert worden waren. Aber anders als Goebbels, Himmler, Heydrich und die vielen anderen, die sich, aufgeladen mit Rassenhass und -wahn, in die nationalsozialistische Jugendbewegung stürzten, einem nur wenige Jahre älteren, charismatisch-gewissenlosen »Führer« folgten, verfiel Erhard dem faulen braunen Zauber nicht, obwohl Krieg und Wirtschaftswirren auch ihm, auch seiner Familie übel mitgespielt hatten. Weshalb war das so? Die tolerante Grundhaltung des Elternhauses mag sicher eine Rolle gespielt haben. Im Kaiserreich kaisertreu – Ludwig hieß mit zweitem Namen wie der Vater nicht von ungefähr Wilhelm –, lieferten doch Eugen Richter und seine kleine liberale Partei die wichtigsten politischen Orientierungspunkte im Haus des Textilwarenhändlers, was wiederholt zu hitzigen Debatten mit konservativen Geschäftspartnern geführt haben soll. Noch bedeutsamer allerdings in jener Zeit, als Kirche und Religion in der Gesellschaft eine machtvolle Rolle spielten, war die Tatsache, dass es sich bei der Ehe der Eltern um eine konfessionelle Mischehe handelte und der Vater, ein Katholik, es zuließ, dass seine Frau Augusta die vier Kinder protestantisch erzog. Sie pflegte ihren Sohn Ludwig aufopferungsvoll, der als Dreijähriger an spinaler Kinderlähmung erkrankte und erst spät und durchaus mühsam – darin übrigens Angela Merkel vergleichbar – laufen lernte. Ludwig Erhard, von stiller, verborgener Härte, die mit seinem späteren Image des »Gummilöwen« wenig zu tun hat, biss sich durch, lernte auch den Spott seiner Mitschüler aushalten.

Nach der Realschulausbildung und dem »Einjährigen«, der verkürzten militärischen Grundausbildung, schien sein weiterer Weg klar und überschaubar vorgezeichnet: Ausbildung zum Textilkaufmann bei einem befreundeten Textilwarenhändler in Nürnberg, anschließend Übernahme des elterlichen Geschäftes. Das hieß, an sechs Tagen in der Woche zehn Stunden arbeiten, den Sonntag mit Eltern und Geschwistern verbringen. Doch wie in so vielen Familien zerstörte der große Krieg auch in seinem Fall jegliche Lebensplanung, jedes Kalkül. Als es sein jugendliches Alter endlich zuließ, meldete sich Ludwig Erhard 1916 aus patriotischen Motiven freiwillig, wurde dem 22. Königlich Bayerischen Feldartillerieregiment zugeteilt, dort – offenbar aufgrund vorhandener oder vermuteter guter mathematischer Grundkenntnisse – zum Richtkanonier ausgebildet. Sein erster Fronteinsatz führte ihn in die Vogesen, einem eher ruhigen Abschnitt an der Westfront, danach wurde er mit seinem Regiment nach Rumänien versetzt, wo er schwer an Flecktyphus erkrankte. Aber er erholte sich und meldete sich – obwohl ihm die Schwere der Erkrankung eine Befreiung vom Heeresdienst ermöglicht hätte und sein älterer Bruder bereits gefallen war – freiwillig zu seiner Einheit zurück. Während der letzten schweren Kämpfe im Herbst 1918 wurde Ludwig Erhard Ende September bei Ypern von einer Granate linksseitig an Arm, Schulter, Seite und Bein schwer verwundet. Ein langer Lazarettaufenthalt bis in den Sommer 1919 hinein, dazu hohe – später tabuisierte – Morphiumdosen waren die Folge. Dass sein linker Arm nur leicht verkürzt verheilte, dass er 1929 vom Versorgungsamt Nürnberg zu 30 Prozent erwerbsunfähig eingestuft und ihm eine kleine Rente zugesprochen wurde, wusste lange Zeit kaum jemand.

Ludwig Erhard im Matrosenanzug, 1907.

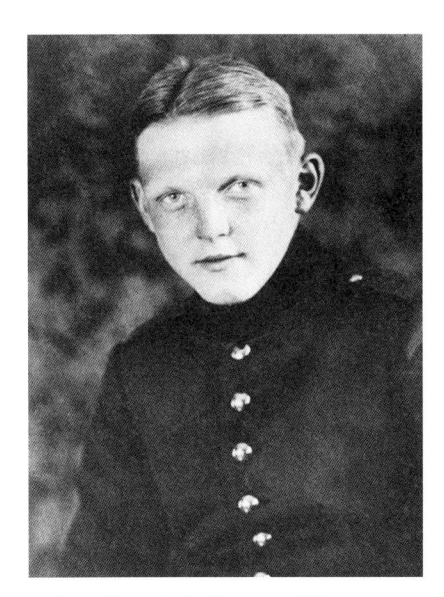

Ludwig Erhard als Kadett, 1917.

Unfähig, im elterlichen Betrieb, der kleinen Textilhandlung in Fürth, mitzuarbeiten, suchte Ludwig Erhard Ende 1919 nach einer sinnvollen Beschäftigung und erfuhr von einer neu eröffneten Handelshochschule in Nürnberg, für deren Besuch kein Abitur – das ihm fehlte – erforderlich war. Probeweise besuchte er erste Vorlesungen, sein Interesse wurde allmählich geweckt; nach vier, fünf Semestern konzentrierte er sich auf Wirtschaftstheorie und legte im März 1922 sein Examen zum Diplomkaufmann ab. Wesentlich für seine Entwicklung war, wie so oft im Leben, die Verbindung von Zufall und persönlichen Kontakten. Die Zeiten der anonymen Massenuniversitäten waren noch fern, der Kreis der Studenten überschaubar, der Austausch zwischen Lehrenden und Lernenden eng. In Nürnberg lernte Erhard so den ersten seiner drei wichtigsten akademischen Lehrer und Förderer kennen: Wilhelm Rieger. Er war es, der Erhard die Bedeutung der marktwirtschaftlichen Kernelemente vermittelte und die liberale Grundausrichtung des Elternhauses gewissermaßen ökonomisch unterfütterte. Wohl schon hier wurde ihm die tiefe, unerschütterliche Erkenntnis nahegebracht, dass der Marktpreis der einzig »gerechte« Preis und jeder staatlichen Normierung und Preisfestsetzung weit überlegen sei, dass Unternehmen und Firmen dazu da seien, um Geld zu verdienen und dass dabei das Risiko, das Scheitern im Wettbewerb, »part of the deal« bleibe, immer größere Industrieorganisationen allerdings danach streben würden, durch Kartelle und Monopole die Preisbildung zu kontrollieren und den Wettbewerb auszuschalten.

Rieger war es auch, der Erhard riet, seine akademische Ausbildung fortzusetzen, der ihm Ende 1922 den Weg zur Immatrikulation an der Universität von Frankfurt bahnte und ihm die Verbindung zu Franz Oppenheimer, seinem akademischen Kollegen und Freund, dem dortigen neuen Professor für Wirtschaft und Soziologie – erster Lehrstuhlinhaber dieser Fachrichtung in Deutschland, sein Nachfolger wurde 1929 Karl Mannheim – vermittelte. Dieser Schritt wird Erhard nicht leicht gefallen sein, denn er war inzwischen mit der etwas älteren Kriegswitwe Luise Schuster liiert. Aber seine Sandkastenfreundin aus Kindheitstagen, die er als Kommilitonin im Fach Ökonomie wiedergetroffen hatte, verstand sein eigenes Faible und unterstützte ihn. Beide heirateten im Dezember 1923 und hatten sogleich eine kleine Familie zu versorgen, denn seine Frau brachte eine Tochter, Eleonore, mit in die Ehe und bekam 1925 noch ein weiteres, nunmehr gemeinsames Kind, Elisabeth.

Ludwig Erhard als Richtkanonier (1. v. l.) im Ersten Weltkrieg.

In Frankfurt wurde Franz Oppenheimer zu Erhards zweitem bedeutsamen akademischen Lehrer, auch wenn er von dessen »liberalem Sozialismus« allenfalls Spurenelemente und von dessen »Bodenpolitik« und »Bodensperre«, vom Kampf gegen die Landflucht, worin Oppenheimer die Wurzel von »Verslumung« und städtischem Massenelend erblickte, nichts in seinen späteren Konzeptionen übernahm. Erhards tiefe Abneigung gegen alle Monopole und Kartelle, auch gegen den überbordenden, schwer kontrollierbaren Einfluss von Interessengruppen hat Franz Oppenheimer jedoch zweifellos stark befördert. Erhards Umgang mit seinem Doktorvater war offen und freundschaftlich, das »Rigorosum«, die mündliche Prüfung nach der Dissertation, konnte der Doktorand 1925 während einer gemeinsamen Wanderung durch das Engadin über dem Silser- und Silvaplanasee ablegen. Der Kontakt zu Oppenheimer blieb eng, hielt auch noch an, als dieser 1933 seiner jüdischen Herkunft wegen nach Palästina, später dann in die Vereinigten Staaten flüchten musste.

Mit dem akademischen Titel hatte Ludwig Erhard zunächst wenig für die eigene Existenzsicherung getan. Er war schlichtweg einer von vielen arbeitslosen Akademikern im Deutschland jener Jahre geworden, kam zunächst nun doch als Teilzeitkraft im elterlichen Geschäft unter. Allein, das war damals schon stark gefährdet. In höchstem Masse prägend für ihn wie für seine späteren liberalen Mitstreiter Walter Eucken, Alexander Rüstow, Wilhelm

Röpke oder Alfred Müller-Armack – der den Begriff Soziale Marktwirtschaft erfand und Erhards Staatssekretär im Wirtschaftsressort wurde – in dieser nicht nur wirtschaftspolitisch düster-turbulenten Phase der Zwischenkriegszeit war vor allem die bittere Erfahrung der Hyperinflation 1922/23, als ein Ei plötzlich zwei Billionen Mark kostete und die gesamten Rücklagen und Sparmittel der kleinen Leute, aber eben auch kleinerer mittelständischer Betriebe vernichtet wurden. Selbst nach Einführung der Rentenmark Ende 1923 und zusätzlich noch der Reichsmark im August 1924 – beide Währungen existierten bis 1948 parallel, man konnte im Reich mit beiden Scheinen bezahlen, obwohl eigentlich bereits 1934 die Rentenmark wieder abgeschafft werden sollte – gelang es vielen dieser Kleinbetriebe nicht, sich von den Verlusten zu erholen und neue Rücklagen zu bilden. Allzu oft waren die Lagerbestände in der Inflationszeit zwangsweise für Waren des täglichen Bedarfs eingetauscht worden.

Auch dem elterlichen Betrieb Ludwig Erhards erging es so. Sämtliche dort über die Jahrzehnte angesammelten Reserven hatten sich mit einem Schlag in Luft aufgelöst, weshalb er 1928 Konkurs anmelden musste. Keine andere Erfahrung hat den breiten Mittelstand so verstört, erbittert und geschwächt. Als bald darauf die Weltwirtschaftskrise und Brünings Sparpolitik auch die letzten Wohlstandsreste angriffen, Massenarbeitslosigkeit und -elend immer weitere Gruppen der Gesellschaft erfassten, waren Millionen von Deutschen schließlich bereit, sich dem größten Demagogen ihrer Zeit auszuliefern – Adolf Hitler.

Ludwig Erhard tat das nicht; er trat auch im Frühjahr 1933 nicht der NSDAP bei wie so viele andere. Der millionenfache Ansturm war so groß gewesen, dass der Eintritt von Hitler gestoppt worden war für die nächsten Jahre bis 1937 und in dieser Zeit – von etwaigen, dem Regime passenden Ausnahmen abgesehen – nur der Nachwuchs aus den NS-Jugendorganisationen die Parteimitgliedschaft beantragen konnte. Alle übrigen opportunistisch »Interessierten« oder idealistisch »Überzeugten« mussten den Umweg über die Mitgliedschaft in NS-Unterorganisationen wie SA oder SS gehen. Für Erhard kam all das nicht in Frage. Er hatte eine jener »Nischen« gefunden, die in allen Diktaturen das Überleben derer ermöglichen, die den Herrschenden distanziert gegenüberstehen, aber bis zu lebensbedrohlichen, existenzgefährdenden Schritten des Widerstandes nicht gehen mögen. Über Kontakte und die Vermittlung Riegers und Oppenheimers war Erhard nach dem Zusammenbruch des elterlichen Geschäfts noch 1928 an eine Halbtagsstelle als Forschungsassistent am Institut für Wirtschaftsbeobachtung der deutschen Fertigware in Nürnberg gelangt und damit zu seinem dritten Mentor und Förderer gekommen: Wilhelm Vershofen. Dieser Mann, auf seine ganz spezielle Weise eine Art Multitalent, war 1919 als Abgeordneter der Demokraten (DDP) Mitglied der Weimarer Nationalversammlung gewesen, hatte sich als Romancier versucht und war ein Nationalökonom mit ausgemacht guten Verbindungen geworden. Mitte der 1920er Jahre war es ihm gelungen, nach dem Vorbild des amerikanischen »Bureau of Economic Research« ein der Nürnberger Handelshochschule angegliedertes Institut zur praktischen Wirtschafts- und Konsumforschung ins Leben zu rufen und einen kleinen Stab von Mitarbeitern um sich zu versammeln.

Einer der wichtigsten, vielleicht sogar der wichtigste von ihnen wurde Ludwig Erhard, der an diesem Institut die zweite brutale Wirtschaftskrise der versinkenden Weimarer Republik überstand, nicht in die Arbeitslosigkeit gestoßen wurde wie Millionen andere. Sein Einkommen war äußerst gering, es betrug 120 Mark im Monat,[1] und minderte sich während der harten Brüning'schen Sparpolitik sogar noch weiter. Aber es war eben ein Einkommen, keine Sozialhilfe, und reichte für eine überaus sparsam lebende Familie gerade so aus. Selbst bescheidene Honorare für kleinere Artikel werden jedoch höchst willkommen gewesen sein, wie etwa für jene Stücke, die Erhard im Herbst 1931 in Leopold Schwarzschilds renommierter kleiner Zeitschrift »Das Tage-Buch« publizierte und in welchen er etwa den einstigen – und zukünftigen – Reichsbankpräsidenten Hjalmar Schacht wegen dessen »widernatürlichen Gehabe mit Hitler« attackierte. Daraus jedoch eine massive Widerstandshaltung gegenüber dem neuen, im Januar 1933 etablierten NS-Regime abzuleiten, wäre ebenso verfehlt wie Erhards gescheiterten Habilitationsversuch auf braune Ranküne zurückzuführen, auch wenn er sich weiterhin weigerte, dem NS-Dozentenbund beizutreten. Im Laufe des Jahres 1933 konnte er schließlich ohne Probleme Mitglied der Geschäftsführung des Instituts für Wirtschaftsbeobachtung werden und im Jahr darauf Vorstandsmitglied in der Gesellschaft für Konsumforschung. Hinzu kam, dass er fortan weitgehend ungehindert den wirtschaftspolitischen Teil der Institutszeitung »Markt der Fertigware« betreute und selbst gelegentlich dort publizierte.

Von einer Staatsferne des Nürnberger Instituts im »Dritten Reich« kann gleichfalls keine Rede sein. Das bayerische Staats-

1 Vgl. Volker Hentschel, Ludwig Erhard – Ein Politikerleben, München 1996, S. 18.

ministerium, das Reichswirtschaftsministerium – an dessen Spitze mitterweile der von Erhard einst attackierte Schacht gerückt war – sowie die gleichgeschalteten Industrieverbände gaben bei ihm Marktanalysen und Betriebsvergleiche in Auftrag. Es muss einen regen Austausch in einem weitgespannten Netzwerk zwischen Wirtschaftsbürokratie und Management gegeben haben, an welchem sich Erhard durchaus nicht eigenbrötlerisch und kontaktscheu, wie manche seiner Biografen ihn später dargestellt haben, zu beteiligen verstand. Zu diesem großen Kreis gehörten etwa der Münsteraner Wirtschaftsprofessor Alfred Müller-Armack, Theodor Eschenburg als Syndikus der Knopfindustrie oder Karl Goerdeler, der Leipziger Oberbürgermeister (bis zu seiner Demission aus Protest gegen die Entfernung des Mendelssohn-Denkmals im November 1936), der 1934 und 1935 als Reichskommissar für die Preisüberwachung amtierte. Als Erhard in den Kabalen um die Nachfolge Vershofens unterlag, nicht als neuer Institutsleiter installiert wurde und im bitteren Streite schied, fand er mithilfe dieses Netzwerks erstaunlich rasch ein neues Tätigkeitsfeld. Nicht allein seine Verbindungen zur Reichsgruppe Industrie, bei der ihm sein Schwager Karl Guth als deren Hauptgeschäftsführer zur Seite stand, kamen ihm dabei zupass, sondern auch die Kontakte zur staatlichen Wirtschaftsverwaltung. Sie ermöglichten ihm 1942 die Eröffnung eines eigenen kleinen Instituts für Industrieforschung mit Sitz in Nürnberg – und in der Reichshauptstadt Berlin. Das Institut bestand aus dem Leiter, Erhard selbst, und einer Sekretärin, die ihm aus Vershofens Institut gefolgt war und ihn noch bis ins Vorzimmer des Kanzleramtes begleiten sollte.

Über die tatsächlichen Tätigkeiten dieses höchst exklusiven Instituts ist bis heute wenig bekannt. Erhard hatte nach einem Vortrag Anfang 1939 in Wien Josef Bürckel, den »Reichskommissar für die Wiedervereinigung Österreichs mit dem Reich«, kennengelernt. Dieser Mann, als oberster NS-Führer in Österreich mitverantwortlich für die systematische und rücksichtslose Ausbeutung, Unterdrückung und frühe Deportation österreichischer Juden, muss nach seiner Versetzung im August 1940 als Reichsstatthalter für die Westmark und Chef der Zivilverwaltung in Lothringen sich seiner erinnert und ihn mit verschiedenen Aufgaben betraut haben. Als sein inoffizieller Berater in Konsumgüterfragen, zugleich zuständig für die Überwachung der Glasindustrie in der Region, unternahm Erhard verschiedene Reisen ins okkupierte Gebiet, wobei die betreffenden französischen Fabrikbesitzer ihn durchaus als leger und kollegial in Erinnerung behielten.[2] Offizieller Mitarbeiter in Bürckels Mitarbeiterstab wurde und war er zu keinem Zeitpunkt, aber er wirkte als Sachverständiger insoweit für das Regime zufriedenstellend, dass er im Januar 1943 vom »Führer« das Kriegsverdienstkreuz 2. Klasse verliehen bekam.

Wenige Monate später, im Sommer 1943, war Erhard im Auftrag der Reichgruppe Industrie damit beschäftigt, erste noch gänzlich vage Konzepte für die wirtschaftlichen Transformationsprozesse in der Zeit nach dem Krieg zu entwerfen. Prägend für Erhard war natürlich die Erfahrung des ersten deutschen Wirtschaftswunders, das durch Hitler ausgelöst worden war, indem dieser ein gigantisches Wohnungsbau- und noch viel gewaltigeres Aufrüstungsprogramm in Gang gesetzt hatte, das über hohe Steuern und eine immer ungenierteren Ausweitung der Staatsverschuldung finanziert wurde bei weiter zunehmender Devisenknappheit und preisgestoppter Inflation. Gewiss, die staatlich niedrig gehaltenen Löhne gingen mit Vollbeschäftigung und hohen Überstundenzuschlägen einher, wodurch das Regime allmählich auch die Arbeiter »gewann«. Aber es war eine gefährliche Scheinblüte. Selbst die gnadenlose Ausbeutung der von deutschen Truppen besetzten Gebiete, die mit gigantischen Inflationsraten der dortigen Währungen einherging, reichte im Krieg nicht aus, um die deutschen Staatsfinanzen auch nur annähernd wieder ins Lot zu bringen. Erhard durchschaute den faulen Zauber und formulierte daher 1943/44 in seiner lange nach dem Krieg wiederentdeckten berühmten Denkschrift über »Kriegsfinanzierung und Schuldenkonsolidierung« bereits Hinweise, wie man mit den unsichtbaren Formen der gewaltigen Staatsverschuldung, der noch verborgenen gewaltigen Geldentwertung umgehen müsse. Zugleich skizzierte er Möglichkeiten der radikalen Beseitigung sowie – zugegeben eher vage – die Grundzüge eines marktwirtschaftlich orientierten Wiederaufbaus.

Das war zu diesem Zeitpunkt nicht mehr ungefährlich. Hitler hatte jegliches Nachdenken über Entwicklungen und Schritte für die Zeit nach dem Krieg schon vor der Entstehung der Denkschrift bei Todesstrafe verboten. Carl Goerdeler aber führte im Vorfeld des »20. Juli« die Erhard'sche Denkschrift gelegentlich mit sich und verbreitete sie sogar; überdies schrieb er in der ersten Augustwoche des Jahres 1944 kurz vor seiner Denunziation und Verhaftung an Mitverschwörer: »Doktor Erhard vom Forschungsinstitut der deutschen Industrie in Nürnberg hat über

[2] Vgl. ebenda, S. 27; Alfred C. Mierzejewski, Ludwig Erhard – Der Wegbereiter der sozialen Marktwirtschaft, München 2005, S. 37 f.

Behandlung dieser Schulden eine sehr gute Arbeit geschrieben, der ich im wesentlichen beistimme. Er wird Euch gut beraten.«[3] So hätte die schriftlich niedergelegte Form seines »Brainstormings« für den Verfasser leicht fatale, ja tödliche Folgen haben können. Doch er hatte Glück, sein Papier und der Vermerk Goerdelers blieben unentdeckt. Erhard gab eine Kurzform der Denkschrift übrigens selbst bisweilen aus der Hand und empfahl sie anderen zur Lektüre, etwa dem darüber höchst entsetzten Theodor Eschenburg. War das purer Leichtsinn, reine Naivität? Erhard wähnte sich möglicherweise durch das Reichswirtschaftsministerium »geschützt«, war doch auch seine UK-Stellung, die ihn für den neuerlichen Fronteinsatz »unabkömmlich« sein ließ, im Sommer 1944 verlängert worden. Tatsächlich verfügte Erhard über einen Kontakt in das Ministerium zu dessen starkem Mann: Unterstaatssekretär Otto Ohlendorf. Dieser war ursprünglich und weiterhin in Personalunion Chef des Sicherheitsdienstes Inland der SS und von Juni 1941 an bis Juni 1942 genau ein Jahr lang Leiter der Einsatzgruppe D, die im Süden der Ostfront in Nikolajew, Cherson, in Podolien oder auf der Krim für den Massenmord von über 100.000 Menschen, meistens Juden, verantwortlich war. Als einer der letzten verurteilten NS-Täter sollte er dafür 1951 zusammen mit drei anderen Einsatzgruppenkommandeuren in Landsberg gehängt werden, weil der amerikanische Hohe Kommissar John McCloy in seinem Fall trotz des heraufziehenden Kalten Krieges eine Begnadigung beharrlich ablehnte. Im Reichswirtschaftsministerium trieb Ohlendorf ab 1943, selbst ökonomisch vorgebildet, vermutlich mit Wissen und Billigung Himmlers die offiziell verbotene Nachkriegsplanung voran. Dabei setzte er auf ein freies Unternehmertum und eine liberale Marktwirtschaft im Gegensatz zum Dirigismus der Speer'schen Kriegswirtschaft und der verlotterten Kriegsfinanzierung.

Der Reichsgruppe Industrie waren derlei Überlegungen nicht unlieb; einer ihrer wichtigsten Vertreter, Rudolf Stahl, intensivierte im Sommer 1944 den Kontakt, sorgte wohl auch für die Gespräche zwischen Ohlendorf und Erhard, über deren Inhalt wir noch immer wenig wissen. Von Stahl selbst oder aus seinem Arbeitsumfeld, dem »Stahl-Kreis«, erhielt Erhard zu diesem Zeitpunkt den Auftrag, Schritte zur Lösung der dringendsten geld- und güterwirtschaftlichen Probleme zu skizzieren, die sich beim Übergang von der Kriegs- zur Friedenswirtschaft stellen würden, damit sie in ein vom Wirtschaftsressort – sprich: von Ohlendorf – gebilligtes Arbeitsprogramm eingehen könnten. Mitte

3 Hentschel, Ludwig Erhard – Ein Politikerleben, S. 33.

November 1944 traf Erhard zu einer Unterredung mit Ohlendorf zusammen. Fast gleichzeitig wurden seine Überlegungen im »Stahl-Kreis« diskutiert, kurz darauf formulierte der Kreis ein »Programm für die Bearbeitung wirtschaftlicher Nachkriegsprobleme vom Standpunkt der Industrie«, für das Ferdinand Grünings verantwortlich zeichnete. Inwieweit Erhards Überlegungen hier eingeflossen sind, lässt sich nicht mehr feststellen.[4] In jedem Fall gehörte Ludwig Erhard jedoch im Frühjahr 1945 zu einem kleinen Kreis von Deutschen, die sich bereits ernsthafte Gedanken über die wirtschaftliche Entwicklung nach dem Krieg machten – während die Allermeisten damals wohl nur hofften, dass sie sein baldiges Ende überhaupt noch erleben würden. Erhard jedoch wollte mehr, wollte am Wiederaufbau mitwirken, ihn mitgestalten – schon im Herbst 1944 hatte er seiner Tochter geschrieben: »Unsere Zeit wird kommen.«[5]

Der Weg in die Politik: Ludwig Erhard – eine amerikanische Entdeckung?

Im Rückblick auf sein Leben hat Erhard immer wieder betont, er sei als Politiker eigentlich »eine amerikanische Entdeckung«. Das war richtig und falsch zugleich. Denn Erhard tat im Frühjahr 1945 alles, um von den Amerikanern tatsächlich »entdeckt« zu werden, nicht zuletzt deshalb, weil seine Einkommensquellen, die Förderung durch die Reichsgruppe Industrie und die Honorare der Gauwirtschaftsstelle mit dem Ende des Krieges versiegt waren. Kaum hatten die amerikanischen Truppen Mitte April seine Heimatstadt Fürth besetzt, suchte er den Kontakt zur militärischen Führung und bot sich ihr als unbelasteter Wirtschaftsfachmann an. Tatsächlich setzten ihn die Amerikaner als Berater ein und beauftragten ihn, einen Bericht über die »Wiederingangsetzung der Fürther Industrie« anzufertigen. Die Übergabe dieses Berichts wenige Wochen später am 24. Mai nutzte Erhard, um sich gegenüber dem Stadtkommandanten und damit vor der neuen Besatzungsmacht als »einer der besten Kenner der deutschen Industriewirtschaft und ihrer Probleme« zu empfehlen und darum zu bitten, ihn mit denjenigen Instanzen der amerikanischen Militärregierung in Kontakt zu bringen, die »für die Regelung übergebietlicher grundsätzlicher Fragen (etwa für das Land Bayern) zuständig ist«[6]. Kein Zweifel, Ehrhards Ehrgeiz war geweckt, seine Heimatstadt Fürth war ihm als politisches Betätigungsfeld bereits zu klein geworden.

Das »Dritte Reich« war gerade untergegangen, Deutschland besiegt, besetzt, in drei, bzw. bald vier Zonen aufgeteilt. Eine deut-

4 Vgl. ebenda, S. 33 ff.
5 Volkhard Laitenberger, Ludwig Erhard – Der Nationalökonom als Politiker. Mit einem Vorwort von Helmut Kohl, Göttingen 1986, S. 44.
6 Ebenda, S. 45.

Ludwig Erhard mit seiner Tochter Elisabeth, 1946.

sche Staatlichkeit gab es nicht mehr. Besatzungsrecht galt, eine je nach Zone unterschiedlich harte Militärdiktatur. Für die Deutschen zogen bittere Zeiten herauf. Schon für jeden Ortswechsel benötigte man Permits und Passierscheine. Nachdem die Kanonen endlich aufgehört hatten zu donnern, gehörten Hunger- und Kältetote zum Alltag. Massive Unterernährung, das Aufleben von TBC als Volkskrankheit gerade der kleinen Leute und ihrer Kinder in ungeheizten, feucht-kalten Räumen, Demontagen der verbliebenen industriellen Anlagen, Tausch- und der offiziell weiterhin verbotene Schwarzmarkt prägten das Leben. Glas für die Fensterscheiben der zerbombten Häuser blieb Mangelware. Die von Hitler – wie später in der DDR Ulbrichts und Honeckers – heimlich massiv inflationierte Währung war zwar weiterhin in Umlauf, aber nichts mehr wert, sie wurde vor allem durch Zigaretten als Hauptzahlungsmittel ersetzt. Auch die Zwangsbewirtschaftung des »Dritten Reiches« galt fort. Auf ökonomischem Gebiet war das Regime noch nicht wirklich untergegangen. Über Zuteilungen und Lebensmittelkarten oder -marken erhielt man weiterhin mit etwas Glück zwar seine täglichen Rationen, aber die deckten den Kalorienbedarf kaum. Die Verbitterung in der Bevölkerung war groß, denn die Läden blieben leer. »Tausche gesamte britische Militärregierung gegen deutsches Naziregime«, sollte noch im Herbst 1947 an einer Häuserwand in Köln stehen. In dieser Situation waren unbelastete, ökonomisch versierte

Deutsche tatsächlich gefragt. In der amerikanischen Militäradministration entschied man sich dafür, es mit Ludwig Erhard zu versuchen. Weil Länderregierungen damals noch nicht gewählt, sondern von der Militärregierung eingesetzt wurden, war die Entscheidung der Amerikaner folgenreich: Sie entschieden im September 1945, ihn als Wirtschaftsminister in das Kabinett des Sozialdemokraten Wilhelm Hoegner zu setzen. Dieser hatte den der Besatzungsmacht zu widerborstig-knorrigen Rechtsanwalt Fritz Schäffer als Ministerpräsident abgelöst, der übrigens wenig später ein großartiger erster Finanzminister der jungen Bundesrepublik werden sollte.

Im Oktober 1945 wurde der Politiker Ludwig Erhard geboren – am 22. Oktober erfolgte seine Berufung zum »Staatsminister für Wirtschaft« in Bayern. Erhard war damals 48 Jahre alt und das, was man wohl einen späten Quereinsteiger in die Politik bezeichnen würde. Er galt als linksliberal und als Demokrat, aber Parteienzugehörigkeit spielte noch keine große Rolle, auch wenn er den ihm aufgenötigten Staatssekretär Georg Fischer von der KPD doch lieber verhindert hätte. Dass ein ganz neuer Abschnitt seines Lebens begonnen hatte, wussten er und seine Familie wohl, als sie von Fürth nach München in die Marienstraße 10 umzogen. Welch erstaunliche Wendungen ihnen noch bevorstanden, konnten aber selbst sie gewiss nicht ahnen.

Etwas mehr als ein Jahr amtierte Erhard als bayerischer Wirtschaftsminister, schlug sich mit den gewaltigen Problemen des Wiederaufbaus und dem spürbaren Rohstoffmangel herum. Er hielt engen Kontakt zur Besatzungsmacht, arbeitete an den Vorbereitungen der Bizone – der ersten deutschen »Wiedervereinigung« von britischer und amerikanischer Zone – mit, nahm an den Beratungen des amerikanischen Länderrates mit dem britischen Zonenbeirat teil, wo er während der Sitzung am 3. April 1946, möglicherweise erstmals, Konrad Adenauer begegnen sollte. Nach den ersten Landtagswahlen in Bayern, die in eine Große Koalition, der damals häufigsten Regierungsvariante, unter Hans Ehard mündeten, musste er sein Amt allerdings bereits wieder abgeben. Das unerfreuliche Nachspiel, den ersten, auf Antrag der SPD eingesetzten Untersuchungsausschuss in der Geschichte des deutschen Nachkriegsparlamentarismus, der sich mit seiner etwas chaotischen ministeriellen Amtsführung beschäftigte, überstand er ziemlich unbeschädigt. Sein Verhältnis zur Sozialdemokratie blieb allerdings fortan und bis ans Ende seiner politischen Karriere belastet.

In diese Zeit fällt seine Ernennung zum Honorarprofessor für Volkswirtschaftslehre an der Staatswissenschaftlichen Fakultät der Universität München, zu der sein enger Kontakt zu Adolf Weber, dem jüngeren Bruder Max Webers, und die Teilnahme in dem von Weber geleiteten Kreis, der »Volkswirtschaftlichen Arbeitsgemeinschaft in Bayern«, wesentlich beigetragen haben. Obwohl Erhard nach der Ernennung kaum noch Zeit für Vorlesungen und Seminare haben sollte, gehörte der Professorentitel bald ebenso zu seinem unverwechselbaren Habitus wie die stets rauchende Zigarre, die überaus trefflich die Fabrikschlote des Wiederaufbaus symbolisieren sollte. Dazu passte, dass Erhard selbst rasch und sichtbar an körperlichem Volumen zunahm, was ihm in den 1950er Jahren den Spitznamen »Der Dicke« eintrug. Doch soweit sind wir zu dieser Zeit noch nicht. Noch begegnet uns Erhard auf den Fotos der Zeit flachsblond, blauäugig – und gertenschlank.

Hatten sich im »Weber-Kreis« seine An- und Einsichten über die zukünftige marktwirtschaftliche Wirtschaftsordnung und die Notwendigkeit eines Währungsschnittes weiter ausgeformt, so schien sich ihm rasch die Gelegenheit zu eröffnen, diese Erkenntnisse in praktische Politik umzusetzen. Denn nur wenig später wurde er vom Wirtschaftsrat in Frankfurt – jenem, im Sommer 1947 gebildeten Vorparlament der Bizone – zum Leiter der »Sonderstelle Geld und Kredit« ernannt, die im Oktober 1947 erstmals in Bad Homburg zusammentrat.

Allerdings erwies sich bald, dass diese Weichenstellung ihn nicht in eine Schlüsselstellung befördert hatte, sondern viel eher in eine politische Sackgasse. Gewiss, in den heiklen und komplizierten Fragen der unvermeidlich bevorstehenden Währungsreform berieten Erhard und sein Kreis sich und die Besatzungsmächte, diskutierte er als Vorsitzender auch ausführlich mit den alliierten Spezialisten Colm, Dodge, Goldsmith – nach welchen der entscheidende Plan zur Umstellung benannt war – und besonders mit dem damals wichtigstem Finanzfachmann für Währungsfragen, dem genialen Edward A. Tenenbaum, der dem amerikanischen Militärgouverneur Lucius D. Clay zur Seite stand. Aber die Amerikaner wollten sich weder von der Sonderstelle noch von den in der »Konklave von Rothwesten« ab April 1948 versammelten deutschen Experten und Bankfachleuten in die Währungsreform hineinreden lassen. Dass die Deutschen, dass Erhard auf diesem Felde entscheidend Einfluss genommen habe, ist daher allenfalls eine Legende.

Marktwirtschaftliche Weichenstellungen: Direktor der Verwaltung für Wirtschaft und Leitsätzegesetz

Ludwig Erhard gelangte jedoch bald darauf und eher unerwartet in eine Schlüsselposition, eine der wenigen, die im Zuge des immer sichtbareren Zerfalls der alliierten Siegerkoalition und der sich herausbildenden neuen westdeutschen (Teil-)Staatlichkeit für einen Deutschen damals überhaupt zu erreichen waren. Im März 1948 wurde er vom Wirtschaftsrat zum Direktor der Verwaltung für Wirtschaft gewählt und wurde damit quasi Wirtschaftsminister der Bizone. Wieder hatten der Zufall und persönliche Kontakte die entscheidende Rolle gespielt. Weil sein Vorgänger in diesem Amt, Johannes Semler, ein Gründungsmitglied der CSU und ausgebildeter Wirtschaftsprüfer, in nicht öffentlicher Sitzung vor dem Landesausschuss seiner Partei die schleppenden amerikanischen Nahrungsmittellieferungen als bloßes »Hühnerfutter« gegeißelt hatte und von der Militärregierung ob seiner Unbotmäßigkeit umgehend abgesetzt worden war, musste die Position rasch neu besetzt werden.

Die Wahl fiel zusammen mit einer Reform und Erweiterung des Wirtschaftsrates, dem auf Weisung der Alliierten jetzt ein Verwaltungsrat, eine Art Kabinett der jeweiligen Verwaltungsdirektoren unter Leitung eines »Oberdirektors« beigeordnet werden sollten. Dieser war Vorläufermodell und Testfall für eine spätere Regierung einer westdeutschen Bundesrepublik, deren Gründung nach dem dramatischen Scheitern der Moskauer Außenministerkonferenz immer näher rückte. Neben dem neuen Oberdirektor war lediglich der Nachfolger Semlers neu zu wählen, alle anderen Direktoren sollten ihre Ämter weiterführen. Der Union kam eine Schlüsselfunktion zu, da die SPD darauf verzichtete, eigene Kandidaten zu nominieren. Auf Vermittlung der Liberalen Franz Blücher und Viktor Emanuel Preusker, aber auch von Christdemokraten wie Franz Böhm und Theodor Blank vom Gewerkschaftsflügel – der eigens aus Berlin angereiste Jakob Kaiser suchte vergeblich, den Arbeitnehmerflügel der Fraktion von der Entscheidung abzubringen – votierte die Findungskommission unter dem Vorsitz des Adenauer-Vertrauten Robert Pferdmenges für Ludwig Erhard als »ihren« Kandidaten. Neuer Oberdirektor sollte Hermann Pünder werden. Dass Erhard überhaupt nicht Mitglied der Union war, dass er dies auch zeitlebens nicht formal zu werden beabsichtigte, tat damals nichts zur Sache. Beide, Pünder und Erhard, wurden gewählt.

Es war im Falle Erhards eine Personalentscheidung von beträchtlicher Tragweite und keine taktische Meisterleistung der Sozialdemokraten, um diese Position nicht stärker gekämpft, sondern bei der Abstimmung lediglich weiße Stimmkarten abgegeben zu haben, die man als »Nein« gewertet wissen wollte und nicht als »Enthaltungen«, wie es tatsächlich geschah. Die Erklärung mag überraschen: Die Zeit war links. In dieser Position sich dem mächtigen Strom des Zeitgeistes zu widersetzen, erschien lächerlich. Der Wahlsieg der britischen Labour-Regierung mit einem ebenso farb- wie ahnungslosen Gewerkschaftsführer Attlee gegen den Kriegspremier Churchill, die Regierungsbeteiligung der Kommunisten in Paris waren doch eindeutige Signale gewesen. Selbst ein so prononcierter Verteidiger des Kapitalismus wie Josef Schumpeter meinte nach dem Krieg, das ruinierte Europa habe nur noch eine Chance, wenn es sozialistisch werde. Und sogar die CDU formulierte im Februar 1947 in Nordrhein-Westfalen ihr »Ahlener Programm« und redete wie die meisten anderen neu oder wieder begründeten deutschen Parteien Verstaatlichungen von Schlüsselindustrien kräftig das Wort. Im Frühjahr 1948 war die SPD in den drei Westzonen und in Berlin an allen der mittlerweile gewählten Länderregierungen beteiligt, stellten Sozialdemokraten nahezu überall den Wirtschaftsminister. Was konnte der seltsame, überregional noch immer nahezu Unbekannte aus Bayern, der am 2. April 1948 seinen Dienst antrat, da schon groß aus- und anrichten?

Sehr viel, wie sich bald zeigen sollte. Erhard versammelte einen Stab von gleichgesinnten Mitarbeitern um sich, darunter Edmund Kaufmann, seinen Pressesprecher Kuno Ockhardt und besonders Leonhard Miksch, übrigens selbst Sozialdemokrat, aber von Erhards marktwirtschaftlichen Ideen überzeugt. Hinzu kam ein hochkarätiger Beirat seiner Verwaltung, besetzt mit bedeutenden »Neoliberalen« wie Franz Böhm, Walter Eucken, Alfred Müller-Armack, Walter Hallstein, aber auch Vertretern der SPD und der katholischen Soziallehre wie Karl Schiller, Otto Heinrich von der Gablentz und Oswald von Nell-Breuning. Dass in diesem Kreis mit Erhards ausdrücklicher Billigung ein Lastenausgleich als kleine Entschädigung für die Flucht- und Vertreibungsopfer und als Ergänzung zur harten Währungsreform für unmittelbar notwendig gehalten wurde, was früh seine Offenheit für den sozialen Ausgleich belegt, sei am Rande bemerkt. Dass dieser Lastenausgleich zunächst am Widerstand der Amerikaner, insbesondere Clays scheiterte, der den Deutschen nicht zu viel an ökonomischen Einschnitten auf einmal zumuten mochte, weshalb er erst Anfang der 1950er Jahre von der Regierung Adenauer/Erhard ins Werk gesetzt werden konnte, steht auf einem anderen Blatt.

Ein noch schlanker Ludwig Erhard (2. v. l.) als Direktor für Wirtschaft im neu gewählten Verwaltungsrat, März 1948.

Das Hauptaugenmerk des Direktors der Frankfurter Wirtschaftsverwaltung und seiner Vertrauten galt jedoch den von ihnen für unabdingbar gehaltenen Schritten, die den Erfolg der Währungsreform überhaupt erst sicherstellen sollten: der Aufhebung der Bewirtschaftung und die Beendigung der staatlichen Preisfestsetzung und -kontrolle. 50 Prozent der Wirtschaftspolitik sind Psychologie, das wusste Erhard schon damals. Aber was ist mit den anderen 50 Prozent? Darauf hatte Ludwig Erhard 1948 seine Antwort gefunden: Es sollte eine klare, durchdachte Ordnungspolitik in Form einer »Sozialen Marktwirtschaft« sein – im Sinne des von Alfred Müller-Armack in jenen Monaten geprägten Begriffes.

Was aber bedeutete dieser ominöse, rätselhafte, im Laufe der Jahre und Jahrzehnte von vielen mit Beschlag belegte, zugleich zunehmend sinnentleerte Begriff Soziale Marktwirtschaft für Erhard und seine Mitstreiter? Keinesfalls den unbeschränkten, freien Markt, den er »Freibeutertum« nannte. Vielmehr wurde dem Staat in seinem Konzept eine beträchtliche Rolle zugewiesen: Regeln, Rahmenbedingungen für den Wettbewerb festlegen, deren Einhaltung überwachen, Kartelle bekämpfen, qualifizierte Ausbildung für möglichst viele sichern, den Einzelnen vor den schlimmsten Folgen wirtschaftlichen Scheiterns bewahren – aber eben nicht eine immer umfassendere Versorgung und am Ende soziale Gleichheit auf niedrigstem Niveau garantieren. Denn von einem waren Erhard und seine Mitarbeiter zutiefst überzeugt:

Kein Staat, keine Partei, kein Politiker ist *klüger und gerechter* als der Markt, der Wettbewerb. Alle Interventionen von Staatsseite – etwa über Subventionen, Zölle, gesetzliche Beschränkungen oder Bürgschaften, auch Garantien in Millionen- oder Milliardenhöhe – verzerren, verfälschen, reduzieren die Kraft des Marktes als unbestechlicher Schiedsrichter und ziehen stets mehr Probleme nach sich als sie lösen.

Seine Absichten, die er zum eingangs erwähnten Entsetzen von Marion Gräfin Dönhoff auf Pressekonferenzen, aber auch in seinen Reden vor dem Wirtschaftsrat freimütig offenlegte, bedeuteten einen massiven Bruch mit dem »Zeitgeist«, der staatliche Lenkung und Planung für selbstverständlich und lebensnotwendig hielt. Erhard und sein Kreis hatten dabei allerdings die Rückendeckung der wichtigsten Besatzungsmacht, der Amerikaner, und handelten in enger Abstimmung mit ihr, nicht etwa gegen sie, wie eine geschickte Propagandalegende aus dem Hause Erhard später glauben machen wollte. Kernstück der Umstellung von der Kriegs- auf die Marktwirtschaft war das erste »Grundgesetz der Sozialen Marktwirtschaft«, das sogenannte »Leitsätzegesetz«, das von der Vollversammlung des Wirtschaftrates in einer dramatischen Nachtsitzung vom 17. auf den 18. Juni 1948 verabschiedet wurde. Die SPD nannte es ein »Ermächtigungsgesetz« für den Direktor der Verwaltung für Wirtschaft und spielte auf das Ermächtigungsgesetz Hitlers vom März 1933 an, wodurch dieser das Parlament für die Dauer seiner Herrschaft hatte ausschalten können. Erhard widersprach und meinte, es sei vielmehr »ein Gesetz zum Schutz der deutschen Währung, ein Gesetz zur Wiederherstellung der deutschen Freiheit und Grundrechte, ein Gesetz des sozialen Schutzes und des wirtschaftlichen Wiederaufbaus«[7]. Freilich hätte er zu seiner Verteidigung ebenso anführen können, dass auch die Weimarer Republik im Krisenherbst des Jahres 1923 durch zwei Ermächtigungsgesetze gerettet worden war, dass also nicht jede Entscheidung dieser Natur zwangsläufig zum Untergang des parlamentarischen Systems führen müsse, sondern es immer auf ihre Handhabung ankomme – aber derlei historische Kenntnisse waren gerade nicht zur Hand.

Im Kern hatten die Sozialdemokraten nämlich nicht ganz Unrecht: Das Leitsätzegesetz war ein »Ermächtigungsgesetz«. Es ermöglichte dem Direktor der Verwaltung für Wirtschaft, ohne weitere Befragung des Parlamentes Preisbindungen aufzuheben und Bewirtschaftungsregeln abzuschaffen, wann immer er den Zeitpunkt dafür für gekommen hielt. Und Erhard zögerte nicht,

7 Ebenda, S. 69.

rasch von seinen Vollmachten Gebrauch zu machen, gleichzeitig mit der Währungsreform. Das sollte sich als wahrhaft historische Weichenstellung erweisen, ebnete gemeinsam mit der neuen Währung und der alliierten Anschubfinanzierung über den Marshallplan der wirtschaftlichen Erholung den Weg, schuf die Grundlagen für das spätere Wirtschaftswunder – und verschaffte dem neuen Weststaat bald schon einen beträchtlichen Wettbewerbsvorteil gegenüber den westeuropäischen Konkurrenten, aber auch gegenüber der östlichen Planwirtschaftsdiktatur, nicht zuletzt in der SBZ/DDR.

Am 21. Juni 1948, einen Tag nach der Währungsreform, der Einführung der D-Mark, hörten die Deutschen erstmals im Rundfunk das fränkische Idiom, das rollende »R«, die unverwechselbar sonore Stimme Ludwig Erhards. Er wollte persönlich beruhigen, die Bevölkerung auf die Freigabe der Preise für Haushaltsartikel, Holz, Glas, Holzwaren, Schreib- und Nähmaschinen, Automobile, Fahrräder, Fahrradreifen, Radioapparate, Uhren, landwirtschaftliche Maschinen, viele Textilien durch seine Behörde einstimmen, während auf einer ganzen Reihe von Feldern, etwa bei Mieten, Hauptnahrungsmitteln oder Rohstoffen wie Kohle und Eisen, die Bewirtschaftung beibehalten werden sollte. Er musste dabei zugleich gegen linke Polemik ankämpfen, die seine Maßnahmen als »Mittel zur Förderung von Unternehmerinteressen« und »als gegen das Wohl der arbeitenden Bevölkerung gerichtet« diffamierte. Und er hatte die Sorgen zu besänftigen, er könne seine neue Macht missbrauchen. Zu frisch war noch die Erinnerung an die braune Diktatur. Deshalb schloß er mit den Worten: »Ich habe keinen politischen Ehrgeiz, und am wenigsten einen solchen parteipolitischer Art. Wenn ich die mir erteilte Vollmacht wieder in die Hände des Wirtschaftsrates zurücklege, will ich glücklich und dankbar sein, wenn es mir vergönnt war, alle Fährnisse überwinden und zu meinem Teil dazu beigetragen zu haben, dass auch unser Volk, auf gesunder wirtschaftlicher Grundlage arbeitend, wieder ein Stück von jener irdischen Lebensfreude empfinden darf, ohne die es verkümmern und verderben müsste.«[8]

Das Schlüsselwort in dieser wie fast immer bei Erhard leicht verschwurbelt formulierten Passage lautet »Fährnisse«. 1948 war die Einführung der Marktwirtschaft, die Abschaffung der Kriegsplan- und Bezugsscheinwirtschaft mit ihren vielen Produktions- und Marktreglementierungen in Verbindung mit einer vor allem für Rentner und Sparer brutalen Währungsreform, die eine Abwertung der alten Währung gegenüber der neuen D-Mark

Bundeswirtschaftsminister Ludwig Erhard während einer Rundfunkansprache, 1950.

[8] Ludwig Erhard, Deutsche Wirtschaftspolitik – Der Weg zur Sozialen Marktwirtschaft. Reden und Aufsätze, Düsseldorf 1962, S. 67 f.

LUDWIG ERHARD – DER VERGESSENE GRÜNDERVATER

im Verhältnis von 10:1 zur Beseitigung von Hitlers Milliarden-Schuldenbergen mit sich brachte, wahrlich kein Zuckerschlecken. Nach dem fulminanten Start und der von Erhard erwarteten und gezielt angestrebten doppelten Initialzündung durch die neue Währung und die Freigabe vieler Preise, als sich wie durch Zauberhand über Nacht die Schaufenster mit den zuvor gehorteten Waren füllten, geriet die neue Wirtschaftsordnung rasch in schwere See. Die Preise stiegen rasant, während die Löhne niedrig blieben; die Leute murrten immer vernehmlicher und gingen schließlich auf die Straßen.

Bereits im Herbst wurde Erhards Liberalisierungspolitik von Sozialdemokraten und Gewerkschaften immer energischer bekämpft. Hatte der Wirtschaftsrat am 16.8.1948 den ersten Misstrauensantrag der SPD gegen Erhard – bei zuvor allerdings eher halbherzig-lauer Verteidigung durch Unionsvertreter – noch mit klarer Mehrheit von 47 zu 36 Stimmen zurückgewiesen, so fiel die Ablehnung des nächsten SPD-Antrags am 12. November 1948 mit 51 zu 43 Stimmen schon etwas knapper aus. Für diesen Tag hatte der DGB zum einzigen Generalstreik in der deutschen Nachkriegsgeschichte aufgerufen und viele Tausende beteiligten sich in der britischen und amerikanischen Zone an der Aktion. In der französischen Zone hatte man jegliche Protestmaßnahmen sofort verboten, in der etwas liberaleren Bizone waren die Streiks von der Militärregierung aus Furcht vor sich ausbreitenden Unruhen nur unter strengen Auflagen genehmigt worden. Dennoch zogen Demonstranten mit Transparenten durch die Straßen, auf denen »Erhard an den Galgen« geschrieben stand.

Die Luft für die neue Marktwirtschaft wurde dünner. Selbst in den Schubladen der Wirtschaftsverwaltung lagen schon die fertigen Pläne, um wieder zur Bewirtschaftung zurückzukehren. Doch Erhard ließ sich nicht beirren. In großen öffentlichen Rededuellen mit sozialdemokratischen Wirtschaftsfachleuten wie Erik Nölting – gleichfalls ein Schüler Franz Oppenheimers und damals Wirtschaftsminister von Nordrhein-Westfalen – oder dem linken Gewerkschaftstheoretiker Viktor Agartz wehrte er sich energisch gegen Vorwürfe, er betreibe »Klassenkampf von oben«. Und die Besatzungsmacht half jetzt mit: Die Löhne durften etwas steigen, ein »Jedermann-Programm« offerierte besonders preiswert aus Kriegs- und Regierungsbeständen wichtige Waren des täglichen Bedarfs wie Schuhe und Kochgeschirr, um den Preisauftrieb zu dämpfen. Gleichzeitig wurden die Einfuhrbeschränkungen für Fertigwaren gelockert. Das alles entspannte die Situation. Besonders hilfreich war das merkliche Bestreben der Geschäfte, die »Jedermann-Preise« zu unterbieten, um die eigenen Produkte weiter absetzen zu können. Die Soziale Marktwirtschaft hatte ihre erste schwere Krise überstanden.

Ein Mann erkannte rasch, welche Möglichkeiten Erhards Konzeption bot, wenn man frühzeitig auf sie setzte: Konard Adenauer. So wie Erhard sich in der unmittelbaren Nachkriegszeit schnell über die ökonomischen Notwendigkeiten klar geworden war, war er sich frühzeitig der politische Lage bewusst gewesen. Bereits am 16. März 1946 hatte Adenauer dem in die USA emigrierten Sozialdemokraten Wilhelm Sollmann, mit dem er seit seiner Zeit als Kölner Oberbürgermeister Kontakt hielt, in einem Schreiben seine Sicht der Dinge anvertraut: »Die Gefahr ist groß. Asien steht an der Elbe. Nur ein wirtschaftlich und geistig gesundes Westeuropa unter Führung Englands und Frankreichs, ein Westeuropa, zu dem als wesentlicher Bestandteil auch der nicht von Russland besetzte Teil Deutschlands gehört, kann das weitere geistige und machtmäßige Vordringen Asiens aufhalten. Helfen Sie mit, die Überzeugung in USA zu verbreiten, dass die Rettung Europas nur mit Hilfe von USA erfolgen kann und dass die Rettung Europas auch für USA wesentlich ist.«[9] In dieser kurzen Briefpassage hatte Adenauer bereits die Kernelemente seiner politischen Grundkonzeption skizziert: feste Westbindung, enge Anlehnung an die westliche Hegemonialmacht USA, Aussöhnung mit England und vor allem Frankreich, engeres Zusammenrücken Westeuropas. Darin erblickte er die einzige Chance für die drei Westzonen Deutschlands, die komplett verlorene Souveränität zurückzugewinnen, die Rückkehr in den Kreis der westlichen Demokratien ins Werk zu setzen und die totalitäre Bedrohung durch den immer weiter vordringenden sowjetisch-kommunistischen Machtbereich abzuwehren. Ökonomisch unterfütterte Erhard mit seiner marktwirtschaftlichen Reform und der engen Anbindung an die Amerikaner und deren einsetzende Marshallplan-Mittel diese Ausrichtung. Überdies bot Erhards Vorgehen noch den Vorteil, dem wirtschaftlichen Ideenchaos in der Union, wo noch immer die Vorstellung der Verstaatlichung von Schlüsselindustrien durch die Parteireihen geisterte, ein Ende zu bereiten und sich damit zugleich klar von der Sozialdemokratie abzugrenzen.

Adenauer, der geschickte Menschenfischer, legte seine Netze aus, um Erhard, dem mittlerweile immer mehr Aufmerksamkeit zuteil wurde und der offenbar nach wie vor keiner Partei zuneig-

9 Konrad Adenauer, Briefe 1945–1947, bearb. von Hans Peter Mensing, Berlin, 1983, S. 191.

te, zügig ans christdemokratische Ufer zu ziehen. Er gab sich dem Frankfurter Wirtschaftsdirektor gegenüber überaus charmant, lockte und warb, lud ihn zu privaten Gesprächen nach Rhöndorf ein und ließ ihn immer wieder auf Parteiveranstaltungen – etwa am 28. August 1948 auf dem 2. Parteikongress der CDU in Recklinghausen über »Marktwirtschaft im Streit der Meinungen« – sprechen. Hatte Erhard seine Konzeption erläutert, sich scharf von sozialdemokratischen Planwirtschaftsideen abgegrenzt, war es Adenauer, der hinterher nicht mit Lob sparte: »Ich mache Ihnen, Herr Erhard, ein aufrichtiges Kompliment. Bisher habe ich Sie noch nicht so klar und gut Ihre Grundsätze entwickeln gehört. Sie haben schon sehr hinreißend gesprochen, aber so klar habe ich es noch nie gehört.« So geschehen auf der Sitzung des Zonenausschusses der CDU der britischen Zone am 24. und 25. Februar im Stegerwaldhaus in Königswinter.

Aus Adenauers Worten spricht dabei nicht unwesentlich die Freude darüber, dass Erhard sich mit seinem Vortrag unzweideutig zur Union bekannt hatte: »Lassen Sie mich ein Bekenntnis ablegen, dass ich mich zu Ihnen gehörig fühle und dass ich dieser Zugehörigkeit jetzt und vor allem bei der entscheidenden Wahl mit dem Einsatz meiner ganzen Person Ausdruck geben möchte. [...] Der Weg ist klar. Wenn ich Ihnen von den guten Nerven, die wir alle brauchen und von der Zuversicht etwas vermitteln kann, will ich dankbar sein. Was an mir liegt, so können Sie mich meinetwegen im Wahlkampf jeden Tag zwei- oder dreimal einsetzen. Ich strahle etwas davon aus. Dann werden wir den Wahlkampf gewinnen und damit werden wir nach meiner Ansicht nicht nur deutsche Geschichte machen, sondern das Gesicht Europas formen [...].«[10]

Der Fisch war ins Netz gegangen. Erhard hatte übrigens nicht zuviel versprochen. Er sollte sich früh zu einer regelrechten »Wahllokomotive« für die Union entwickeln, die über Jahre hinweg Stimmen fing und Mandate sicherte, wie kaum jemand sonst. Hier lag auch seine große Bedeutung für die Bundestagsfraktion. Dass Erhard sich damals auf seine lockere, den förmlichen Parteibeitritt vermeidende Art der Union anschloss, hing zum einen damit zusammen, dass ihm Freunde von der FDP wie Thomas Dehler oder Reinhold Maier geraten hatten, sich nicht den liberalen, sondern den stärkeren christdemokratischen Bataillonen zuzuwenden und zum anderen wohl auch daran, dass Adenauer ihn während der überaus kritischen Monate im Herbst 1948 nicht hatte fallen lassen, nicht von ihm abgerückt war.

10 Daniel Koerfer, Der Kampf ums Kanzleramt. Erhard und Adenauer, Stuttgart 1987, S. 52 ff.

Entsprechend engagiert formulierte Erhard die zentralen Passagen des Wahlprogramms der Union, die sogenannten »Düsseldorfer Leitsätze«, die nicht nur im Titel, sondern auch inhaltlich an »sein« Frankfurter Leitsätzegesetz anknüpften. Aufopferungsvoll kämpfte er im ersten Bundestagswahlkampf mit, der unter der Parole »Marktwirtschaft oder Planwirtschaft« geführt wurde und erreichte rasch neben Kurt Schumacher und noch vor Konrad Adenauer – wie die ersten durchgeführten Meinungsumfragen belegen – die höchsten Popularitätswerte eines deutschen Politikers. Dass am Wahlsonntag, dem 14. August 1949, die CDU/CSU mit 31 Prozent knapp die Nase vorn hatte und damit wider Erwarten vor der SPD und deren 29,2 Prozent Stimmenanteil stärkste Partei wurde, hatte ganz wesentlich mit Ludwig Erhard zu tun. Und auch, dass Konrad Adenauer wenige Wochen später Bundeskanzler werden konnte, verdankte er ihm.

Die Zusammenarbeit der beiden gestaltete sich weiterhin partnerschaftlich. Als der 21 Jahre ältere Konrad Adenauer für viele überraschend zielstrebig daran ging, eine Regierungskoalition zu schmieden, blieb Erhard eine zentrale Figur. Auf der legendären, von gutem Essen und süffigem Wein begleiteten informellen Unions-Konferenz von Rhöndorf am 21. August im Hause Adenauers fehlte zwar mit Karl Arnold der CDU-Ministerpräsident von Nordrhein-Westfalen unter den vom Hausherrn mit Bedacht ausgewählten Gästen, weil er als Befürworter einer von vielen Deutschen in jenen Tagen favorisierten Großen Koalition galt. Anwesend waren jedoch Ludwig Erhard und der junge Franz Josef Strauß, die beide energisch gegen eine Zusammenarbeit mit der SPD votierten und Adenauer dadurch die Festlegung der Runde auf eine bürgerliche Koalition mit den Liberalen sehr erleichterten.

Bundeswirtschaftsminister

Nachdem Konrad Adenauer am 15. September 1949 mit 73 Jahren zum ersten Kanzler der Bundesrepublik gewählt worden war, änderte sich das interne Verhältnis zwischen ihm und seinem Bundeswirtschaftsminister – über diese Besetzung hatte es keinerlei Zweifel geben können – fundamental. Erhards Hoffnung, die Wirtschaftspolitik zukünftig in engem Kontakt mit dem Regierungschef alleinverantwortlich gestalten zu können, erfüllte sich nicht. Im Gegenteil, es begann für ihn ein durchaus schmerzlicher Prozess der Desillusionierung und Ernüchterung. Erhard sah sich bald schon zurückgesetzt, sah, wie der Kanzler ihm wesentlich kühler, distanzierter begegnete als noch in den zurückliegenden Monaten der »Anwerbungsphase« und selbst seiner fachlichen Kompetenz immer weniger zu vertrauen schien.

Bereits im November 1949 berief Adenauer einen Kabinettsausschuss, der ihn in Fragen des Wiederaufbaus und der Notenbank beraten sollte und dem neben Erhard noch Finanzminister Schäffer (CSU), Wiederaufbauminister Franz Blücher (FDP) sowie die Bankiers Wilhelm Vocke, Robert Pferdmenges und Hermann Josef Abs angehörten. Die beiden Letztgenannten sollten auf ihre diskrete Weise die bedeutendsten Berater des Kanzlers für Finanzfragen werden. Aus diesem Gremium entwickelte sich bald das sogenannte Wirtschaftskabinett, dessen Vorsitz Adenauer aber nicht Erhard, sondern Franz Blücher, seinem Vizekanzler, übertrug. Auch wenn dafür gute koalitionstaktische Gründe sprechen mochten, empfand der Wirtschaftsminister dies als Brüskierung. Hielt er Blücher doch für einen wirtschaftspolitischen Nonvaleur und misstraute ihm wegen seiner engen Industriekontakte. Erhard vermutete sogar, dass dieser ihn ausschalten und auf den Posten des zukünftigen Bundesbankpräsidenten abdrängen wollte, was dem eher biederen Blücher tatsächlich mehr als fern lag.[11]

Weit unerfreulicher für Erhard war allerdings die Tatsache, dass Adenauer Anfang 1950 den in Genf lebenden renommierten Nationalökonom Wilhelm Röpke beauftragte, in einem Gutachten die Politik des Wirtschaftsministers zu analysieren und zu bewerten – ein wirklich ziemlich erstaunlicher Vorgang. Dass Röpke in seinem Gutachten ein glänzendes Plädoyer für Erhard und dessen marktwirtschaftliche Grundhaltung lieferte, ja, dass der Kanzler es sogar zur Veröffentlichung freigab, konnte indes nicht von der Tatsache ablenken, dass der alte Herr im Palais Schaumburg Erhard nicht wirklich vertraute und keinesfalls bereit war, dessen Schritte vorbehaltlos zu unterstützen.

Dies zeigte sich abermals auf dramatische Weise während der Koreakrise. Der Ausbruch des Koreakrieges nach dem Vorstoß kommunistischer Truppen auf Seoul im Juni 1950 bedeutete für die deutsche Wirtschaft zunächst eine erhebliche Belastung, ja Gefährdung. Die Rohstoffpreise stiegen, Devisenreserven waren kaum vorhanden und es galt, über zwei Millionen Arbeitslose zu verkraften. Unter diesen Umständen konnten Panikkäufe der Verbraucher und Unternehmen, aber auch die krisenbedingte Hortung von Waren und die verstärkte Sparneigung rasch eine bedrohliche Kettenreaktion in Gang setzen. Die Forderung nach massiven Staatsinterventionen, nach einer Rückkehr zur

11 Vgl. Laitenberger, Ludwig Erhard – Der Nationalökonom als Politiker, S. 86.

staatlichen Wirtschaftslenkung, zur Bewirtschaftung von Treibstoff durch eine Ausgabe von Benzintankscheinen wurde in dieser Situation nicht nur von Gewerkschaften, Sozialdemokraten und manchem CDU-Politiker erhoben, sondern sogar von der amerikanischen Regierung. Am 6. März forderte deren Hoher Kommissar John McCloy den Kanzler in ultimativer Form auf, zu staatlichen Bewirtschaftungsmaßnahmen, zu Preiskontrollen und Planungsstäben zurückzukehren. Durch die kaum verhüllte Drohung, andernfalls müssten eventuell Rohstofflieferungen und Dollarhilfen gekürzt werden, verlieh McCloy diesem »Wunsche« noch zusätzlich Nachdruck.

Eine Annahme dieses Katalogs hätte zweifellos eine Abkehr vom gerade erst etablierten marktwirtschaftlichen System bedeutet, was man aber offenbar in Washington angesichts der brisanten Lage für das kleinere Übel hielt. Adenauer schwankte. Der Kanzler, der in den frühen 1930er Jahren sich mit riskanten Aktienspekulationen fast ruiniert hatte, erklärte im Kabinett und vor dem CDU-Bundesausschuss im Frühjahr 1951, kein prinzipieller Anhänger der Marktwirtschaft zu sein, sondern diese Wirtschaftskonzeption nur so lange stützen zu können, wie sie Erfolg habe. Ein für Erhard verständlicherweise unerfreulicher Schlüsselsatz, wirksam bis heute und eine Erklärung dafür, weshalb selbst in der Union die marktwirtschaftliche Ordnungspolitik kaum je wirklich dauerhaft, unerschütterlich und fundamental verankert werden konnte. Viele standen wie Adenauer der katholischen Soziallehre näher, hielten den harten Wettbewerb, der stets die Möglichkeit des brutalen Scheiterns mit beinhaltete, für fragwürdig, unmenschlich, ja sogar unchristlich. Für den ersten Kanzler zählte zudem der rasch sichtbare wirtschaftliche Erfolg. Blieb der aus, musste eben von staatlicher Seite gehandelt werden. Kein Zweifel, Erhards Stellung war zu diesem Zeitpunkt äußerst gefährdet. In Bonn kursierten Gerüchte, Adenauer wolle ihn ablösen, auf einen der neuen Botschafterposten abschieben – eines seiner beliebten Mittel zur Lösung von personalpolitischen Problemfällen. Tatsächlich hatte sich der Kanzler im März 1951 den Berliner Bankier Friedrich Ernst ins Palais Schaumburg geholt, der ihn in dieser Krise beraten sollte und den er bei Bedarf rasch als Gegenfigur zu Erhard ins Spiel bringen konnte.

Obwohl aus diesem personalpolitischen Revirement nichts wurde, weil sich die Gesamtlage erstaunlich rasch in der von Erhard stets stoisch vorhergesagten Weise stabilisierte, sich sogar zügig der berühmte Korea-Boom einstellte, weil deutsche Pro-

Ludwig Erhard als Bundeswirtschaftsminister, 1950.

Produktion des 100.000 Volkswagens (VW-Käfers) am 4. März 1950.

dukte in einer Welt, die wieder auf Kriegsproduktion umstellte, verstärkt nachgefragt wurden und der Kanzler daher auch die amerikanischen Forderungen zurückweisen konnte, war es für den Wirtschaftsminister doch eine Zeit bedrückender Erfahrungen gewesen. Als die Entwicklung auf Messers Schneide gestanden und die SPD im Bundestag einen ihrer zahlreichen Misstrauensanträge gegen Erhard eingebracht hatte, war Adenauer zwar zum Pult gegangen und hatte sich vor ihn gestellt, aber das war allenfalls ein schwacher Trost und wohl vor allem der simplen politischen Notwendigkeit geschuldet gewesen.

Schwierige Partnerschaft mit Konrad Adenauer

Ludwig Erhard wurde in jenen Monaten, als seine Wirtschaftsordnung ihre schwerste Krise zu überstehen hatte – anschließend nahm sie Kurs aufs »Wirtschaftswunderland« mit bald schon sensationellen, bisweilen zweistelligen Wachstumsraten –, erstmals auf durchaus brutale Art und Weise mit der Regierungs- und Herrschaftstechnik Adenauers konfrontiert. Der alte Herr, auf dem Gebiet der Wirtschaft, der Finanzen und der Währung gewiss »kein Fachmann«, wie Wilhelm Vocke, der diskrete erste Präsident der Bank deutscher Länder, der Vorläuferin der Bundesbank, einst bemerkte, neigte dazu, sich von verschiedenen Beratern informieren zu lassen, um dann oft unabhängig und bisweilen auch gegen Erhards Ratschläge einen Beschluss zu fassen.

Auch nachdem die Konzeption der Marktwirtschaft 1951/52 den Wettlauf mit der Zeit gewonnen hatte und der Minister wesentlich weniger angefochten amtieren konnte, lieh Adenauer weiterhin in Fragen der Ökonomie anderen Beratern gern sein Ohr. Zudem pflegte er auch – nicht selten hinter Erhards Rücken – einen engen Kontakt mit Vertretern der Interessenverbände, vor allem mit Fritz Berg, dem Präsidenten des Bundesverbandes der Deutschen Industrie (BDI), dem er bisweilen sogar vertrauliche Schreiben des Wirtschaftsministers zur Begutachtung und Stellungnahme weiterreichte.

Dieses Verhalten Adenauers, seine Technik, über die »gezielte Vorabbefriedigung der Interessengruppen«, so Theodor Eschenburg, politisch voranzukommen, machte Erhard schwer zu schaffen. Hatte sich der Kanzler nicht die Zustimmung von Hans Böckler und des DGB zur im Lande heiß umstrittenen Wiederbewaffnung gegen die Zusage der Mitbestimmung im Montanbereich einzuhandeln verstanden? Und hatte Adenauer später nicht den Widerstand der Unternehmerseite gegen die mit höheren Kosten verknüpfte, umlagenfinanzierte Rente durch ein verwässertes, ziemlich zahnloses Kartellgesetz beseitigt? Die Geschichte dieses Kartellgesetzes, das für Erhard eines seiner marktwirtschaftlichen Grundgesetze werden sollte, auf das er große Hoffnungen gesetzt hatte und das nach der 17. Änderung im Februar 1952 endlich vom Kabinett beschlossen wurde, geriet letztlich zum Trauerspiel. Parallel zur Rentenreform wurde es erst fünf Jahre später vom Bundestag verabschiedet, in den Mühlen des parlamentarischen Alltags zwischen Vermittlungsausschuss, Lobbyisteninteresse und Kanzlerabsichten war es jedoch längst zu einer mehr als stumpfen Waffe geworden.[12]

Aber auch bei der Rentenreform setzte sich Adenauer über die schweren Bedenken und mahnenden Warnungen seiner wichtigsten Minister, Erhard und Schäffer, hinweg. Beide sahen jene massiven demografischen Schwierigkeiten voraus, die eintreten würden, wenn einer wachsenden Gruppe von Rentnern immer weniger Arbeitnehmer gegenüberstünden, deren Beiträge zur sofortigen, unmittelbaren Finanzierung der Renten dienten, und keine kapitalgedeckten Rücklagen angespart würden. »Kinder bekommen die Leute immer«, lautete Adenauers berühmte Antwort. Erhards Bedenken waren aber viel umfassender und grundsätzlicher. Er war der festen Überzeugung, dass ein immer weiter vorangetriebener Ausbau des Wohlfahrts- und Versorgungsstaates, der mit einem wachsenden Anspruchsdenken – und der Zu-

12 Vgl. Mierzejewski, Ludwig Erhard – Der Wegbereiter der sozialen Marktwirtschaft, S. 170 ff.

nahme von Neid – in der Bevölkerung einhergehen würde, auf lange Sicht das Ende für seine Wirtschaftskonzeption bedeuten müsse. Im Frühjahr 1955 schrieb er dem Kanzler: »Die Entwicklung zum Versorgungsstaat wird nicht unwesentlich auch durch den deutschen Hang zu übersteigertem Ordnungsdenken, zum Gesetzesperfektionismus und das darauf beruhende Vordringen des Staates in immer weitere private, kulturelle und wirtschaftliche Bereiche gefördert.« Wer wirklich in Not sei, dem solle geholfen werden, aber: »Wenn das Sicherheits- und Rentendenken alle Schichten und alle Berufszweige erfasst haben wird, das heißt, wenn jeder für jeden steuert, dann wird die Einsicht zu spät kommen, dass man damit die gesellschaftliche Ordnung zerstört und dabei niemand etwas gewonnen hat. Das Ende ist die staatliche Zwangsbürgerversorgung und der Untergang des Volkes in der fragwürdigen Harmonie wachsender Armut [...].«[13]

Adenauer wischte diese prinzipiellen Einwände beiseite. Die Rentenreform brachte, wie Erhard und Schäffer vorhergesagt hatten, eine massive Steigerung der Staatsausgaben und der zu ihrer Finanzierung erforderlichen Abgaben mit sich. Von 1955 bis 1958 stiegen die Renteneinnahmen um 76 Prozent von 2,9 Milliarden auf 5,1 Milliarden D-Mark. Im gleichen Zeitraum stiegen die Rentenzahlungen von 2,9 Milliarden auf 4,85 Milliarden D-Mark – ein mächtigeres Wahlgeschenk hat es weder vorher noch nachher in der deutschen Geschichte gegeben.[14] Und es tat seine Wirkung: Adenauer und die Union gewannen nicht zuletzt dank dieser Reform bei der Bundestagswahl erstmals in der deutschen Parlamentsgeschichte bei freien Wahlen die absolute Mehrheit der Stimmen und Mandate. Wie berechtigt dennoch die Bedenken der beiden Minister gewesen waren, sollte sich erst über die Jahre erweisen. Aber diese Vorgehensweise Adenauers war Erhard ein Greuel. Er hielt dessen wirtschafts- und sozialpolitischen Utilitarismus, seine Neigung, wirtschaftspolitische Entscheidungen zuerst nach wahltaktischen, tagespolitischen Gesichtspunkten zu beurteilen, für fragwürdig, ja gefährlich und warnte zunehmend nachdrücklicher vor einer »Gefälligkeitsdemokratie«. Doch mit den Worten »Wir wollen doch alle die nächsten Wahlen gewinnen« pflegte Adenauer derlei Einwände zurückzuweisen.

Dabei waren Erhard selbst übrigens tagespolitische Notwendigkeit und Flexibilität keineswegs fremd. Er wusste nur zu genau darum, dass »seine« Ordnung nicht puristisch in die Wirklichkeit übertragen worden war. Dass in der Bundesrepublik der Staat etwa Fluglinien, das Post-, Telefon- und Bahnsystem betrieb, am

13 Ebenda, S. 219f.
14 Vgl. ebenda, S. 228.

größten Automobilkonzern des Landes, an Volkswagen, maßgeblich beteiligt war, dass von Anfang an ein Hochsteuersystem in Verbindung mit zahlreichen Subventionen etabliert und über 36 Prozent der Etats für Sozialausgaben etwa für Kriegsopfer, Flüchtlinge, kinderreiche Familien, Landwirte, Nutzer öffentlicher Verkehrsmittel und andere vorgesehen waren – mit ständig wachsender Tendenz –, war auch ihm bekannt.

Hinzu kam, dass Erhard jahrelang um die Gunst des Kanzlers warb, dass er dem »Wundergreis von Rhöndorf« (Sebastian Haffner) wie viele Christdemokraten eine mit Furcht gemischte Verehrung entgegenbrachte und beharrlich hoffte, von Adenauer gewürdigt und wertgeschätzt zu werden wie in der Anfangszeit ihrer komplizierten Verbindung. Seit 1953 spekulierte er überdies darauf, vom Gründungsgroßvater der Bundesrepublik, der allmählich auf die 80 zuging, als einzig legitimer Nachfolger ausgezeichnet und in aller Form installiert zu werden. Umso stärker litt er darunter, wenn der »Alte« ihn in seinen Briefen abkanzelte, ihn für seine Reden rügte oder ihm Reisen untersagte. »Ich sehe mich gezwungen, Ihnen mitzuteilen, dass in der nächsten Zeit eine Reise in die USA für Sie unmöglich ist. Die wirtschaftliche Lage ist derzeit so, dass der Bundeswirtschaftsminister im Lande bleiben muss«, hieß es etwa 1951 aus dem Kanzleramt. Derlei knappe Anweisungen wiederholten sich häufig. Gerade auf außenpolitischem Terrain duldete Adenauer keine Rivalen. Zudem versuchte er, mit Hilfe seines Staatssekretärs Hans Globke und der Spiegelreferate im Kanzleramt, die die Ressortstruktur des Kabinetts nachbildeten, die Arbeit in den einzelnen Ministerien zu kontrollieren. Vom Wirtschaftsressort, dieser »Traumfabrik«, wie er es gelegentlich nannte, hatte der Kanzler keine hohe Meinung, schaltete sich in Erhards Personalentscheidungen ein und setzte ihm vor allem 1951 einen zusätzlichen Staatssekretär ins Haus in Bonn-Duisdorf. Dass dieser, Ludger Westrick, sich nicht als Danaergeschenk, als trojanisches Pferd des Listenreichen im Palais Schaumburg, missbrauchen ließ, sondern bis in die Endphase seiner Kanzlerschaft hinein ein loyaler und enger Vertrauter Erhards wurde, steht auf einem anderen Blatt.

Der Wirtschaftsminister pflegte einen anderen Politikstil als der Kanzler. Aktenstudium, lange Vermerke waren nicht seine Sache. Er delegierte viel. Aber dass er morgens erst spät arbeitsfähig gewesen und eine laxe Arbeitsauffassung an den Tag gelegt haben soll, ist in der zweiten Hälfte der 1950er Jahre böswillig von seinen Gegnern gestreut worden, als der Kampf ums Kanzleramt in voller Schärfe entbrannt war. Tatsächlich vermitteln uns seine übervollen Terminkalender und vielen langen Reisen ein anderes Bild. Ludwig Erhard hatte mit Hilfe seiner beiden Staatssekretären Westrick und Müller-Armack – dessen Ernennung zum Leiter der Grundsatzabteilung Adenauer 1952 übrigens mit den Worten »Schon wieder so'n Professor« kommentiert haben soll[15] – und einer Handvoll weiterer Vertrauter wie Dankmar Seibt, Karl Hohmann und später Wolfram Langer (der mit ihm 1956/57 seinen Bestseller »Wohlstand für alle« verfasste) ein vergleichsweise großes Ministerium aufgebaut, das über 1200 bis 1500 Mitarbeiter verfügte. Diese Beamtengefolgschaft war Erhard überwiegend loyal ergeben und seinen Grundsätzen verpflichtet. Über die Jahre hinweg sollte sich das Ressort daher zum ordnungspolitischen Gewissen verschiedener Bundesregierungen entwickeln. Als der parteilose Otto Schlecht 1991 als Staatssekretär verabschiedet wurde, verließ der Letzte aus Erhards einstigem Kreis, zu dem Schlecht 1953 als junger Referent gestoßen war, das Ministerium. Schlecht hatte insgesamt acht Wirtschaftsministern und drei Bundeskanzlern als Berater »gedient«!

Gewiss, Erhard hatte in der Union keine Hausmacht und wohl auch kein Talent, sich eine solche zu sichern. Er verstand sich als überparteilich, das politische Alltagsgezerre und Geschacher bereitete ihm keinerlei Vergnügen. Aber er wusste aus seiner langjährigen Tätigkeit im Bereich der Konsumforschung um die Bedeutung von Öffentlichkeitsarbeit und Public Relation, die Macht der Werbung. Und Werbung machten er und sein Ressort recht tüchtig, sowohl für sich selbst als auch in Sachen Soziale Marktwirtschaft, auch wenn anfangs noch Bestürzung, Schock und Ärger das eigene Bild in der Öffentlickeit vom Wirtschaftsministerium prägten. Meinungsumfragen ließen Erhard und seine Vertrauten in den 1950er Jahren erkennen, dass bei einem Großteil der Bevölkerung ein grundlegender Mangel an Verständnis für Fragen der Ökonomie und die Mechanismen von Wettbewerb und Marktwirtschaft vorherrschte. Obendrein hing eine wachsende Mehrheit der Westdeutschen der befremdlichen Überzeugung an, die Soziale Marktwirtschaft sei eigentlich eine Erfindung der Sozialdemokraten, bei der in erster Linie der soziale Ausgleich im Mittelpunkt stehe. Aufgrund dieser nicht durchweg erfreulichen Erkenntnisse setzte Erhard in der Folge eine umfassende Werbekampagne, ja ein ganzes Bündel von Maßnahmen zur Erläuterung der marktwirtschaftlichen Ordnungspolitik in Gang.

---

15 Vgl. Koerfer, Der Kampf ums Kanzleramt, S. 104.

Über befreundete oder wohlgesonnene Journalisten wie Erich Welter, Fritz Ulrich Fack oder Hans Herbert Götz von der »Frankfurter Allgemeinen Zeitung«, Kurt Steves von der »Welt«, vom »Handelsblatt«, der »Süddeutschen Zeitung« und der »ZEIT«, wo der Erhard nahestehende Verleger und CDU-Bundestagsabgeordnete Gerd Bucerius für publizistischen Begleitschutz sorgte, wurde dazu ein ganzes Netzwerk aktiviert. Hinzu kam ein privatwirtschaftlich finanzierter Verein, »Die Waage«, der mit dem Ministerium eng kooperierte. Er wurde finanziert von Managern und Unternehmern namhafter Gesellschaften in Deutschland, etwa von Philipp F. Reemtsma, dem Bremer Zigarettenfabrikant Wolfgang Ritter, Fritz Burgbacher, Generaldirektor der Rheinischen Energie AG, oder Alphons Horten, geschäftsführender Gesellschafter der Firma J.Weck & Co. Franz Greiss, der geschäftsführende Direktor der Kölner Glanzstoff-Courtaulds AG Köln, war der erste Vorsitzende der »Waage«. Auch Otto A. Friedrich von den Hamburger Reifen- und Gummiwerken Phoenix, ursprünglich ein Gegner Erhards, den dieser in der Koreakrise als Rohstoffberater an sein Ministerium geholt und für seine Ideen gewonnen hatte, steuerte finanzielle Mittel bei. Der Verein kann als Vorfahr des Vereins »Initiative Neue Soziale Marktwirtschaft« angesehen werden, der um 2000 auf Anregung von Martin Kannegiesser und dem früheren Bundesbankpräsidenten Hans Tietmeyer mit finanzieller Unterstützung des Arbeitgeberverbandes Gesamtmetall entstand – der DGB, obwohl dazu eingeladen, mochte sich an dieser Einrichtung übrigens nicht beteiligen. Das Hauptziel der »Waage«, das im Laufe der 1950er Jahre hinweg mit einem Gesamtetat von etwas mehr als drei Millionen D-Mark in über 400 Werbeaktionen, Comics, Zeichentrickfilmen, Anzeigen, Broschüren und dergleichen mehr verfolgt wurde, lässt sich in vier Worten fassen: »Popularisierung der Sozialen Marktwirtschaft«. Ein willkommener Nebeneffekt der mit dem Wirtschaftsressort jeweils abgestimmten und hochprofessionell durchgeführten Aktionen war natürlich die Popularisierung des wichtigsten Repräsentanten dieser Wirtschaftsordnung, von Ludwig Erhard selbst.

Auch in der Bundestagsfraktion der CDU/CSU gab es neben dem bereits erwähnten Gerd Bucerius eine kleine Gruppe von vor allem mittelständisch geprägten Abgeordneten, die für den Minister unermüdlich Werbung machten und ihn aufmunterten, wenn es in den diversen Konflikten mit dem Kanzler wieder einmal gar zu turbulent zuging. Neben Franz Böhm gehörten dazu

August Dresbach, Thomas Ruf, Peter Wilhelm Brand, Alfred Burgemeister und Josef Illerhaus. Auch Kurt Schmücker, der Gründer und Vorsitzende des »Diskussionskreises Mittelstand« in der Fraktion, der später Erhards Nachfolger als Wirtschaftsminister werden sollte, war darunter. Hinzu kamen noch der Bremer Bundestagsabgeordnete Ernst Müller Hermann und der langjährige Vorsitzende des Rechtsausschusses, Matthias Hoogen, der wie Bucerius und Böhm seit den Tagen des Frankfurter Wirtschaftsrates mit Erhard bekannt war.

Hintersinnige Bonner Journalisten hatten in den 1950er Jahren in Anspielung auf das am Kapp-Putsch beteiligte Freikorps – die »Marine-Brigade Ehrhardt« – für die heterogene Gruppe der Unterstützer des Wirtschaftsministers in seinem eigenen Ressort, in der Presselandschaft, im Verein »Die Waage« und in der CDU/CSU-Fraktion das Sammeletikett »Brigade Erhard« geprägt und in Umlauf gebracht. Aber diese »Brigade« war keine machtvolle »pressure group«, sondern eher ein locker verbundenes Netzwerk, eine Art Debattierclub. Man kannte sich, setzte sich zusammen, diskutierte in entspannter Atmosphäre in erster Linie wirtschaftspolitische Fragen.[16] Als es 1957 darum ging, Erhard endlich nicht nur den Vorsitz im Wirtschaftskabinett zu sichern, sondern Adenauer auch die machtpolitisch bedeutungslose, aber psychologisch wichtige Zusage der Vizekanzlerschaft abzuringen – worin der alte Kanzler nicht ganz zu Unrecht eine Präjudizierung in der Nachfolgefrage erblickte, die er lieber vermeiden wollte –, war die konzentrierte »Begleitmusik« der »Brigade Erhard« überaus hilfreich. Um Erhard dauerhaft das Kanzleramt zu sichern, erwies sie sich aber später eindeutig als zu schwach.

Zu jener Zeit waren die internen Spannungen zwischen dem Wirtschaftsminister und dem Kanzler bereits weit fortgeschritten. Adenauer blieb der etwas genialische Arbeitsstil seines Ressortchefs weiterhin ein Dorn im Auge. Dass er ihn zugleich weder wirklich maßregeln noch schlicht ablösen konnte, weil seine Popularität zu groß geworden war, machte die Sache auch nicht besser. »Ich bin der Auffassung, sehr verehrter Herr Erhard, dass Sie nicht so viel reisen sollten. Sie müssen sich unter allen Umständen mehr Ihrem Ministerium widmen«, ließ er ihn 1956 wissen. Für den Kanzler bedeutete Politik Kärrnerarbeit, Aktenstudium, strenge Kontrolle der Mitarbeiter. Dass Erhard dafür anscheinend nicht so viel Zeit investierte, ihm sogar offen sagte, neben dem Kanzleramt würde er das Wirtschaftsressort »mit zehn Prozent meiner Arbeitsleistung« weiterführen, schien dem

16 Vgl. ebenda, S. 147 ff.

alten Herren nur seine schlimmsten Befürchtungen zu bestätigen.

Erhard seinerseits fühlte sich von Adenauer falsch verstanden. Am 11. April 1956 holte er schließlich zu einer Generalabrechnung mit dem Regierungsstil des Kanzlers aus und schrieb ihm einen vielseitigen Brief, in dem es unter anderem heißt: »Ich habe es oft als bitter, ungerecht und kränkend empfunden, wenn Sie in Kabinettssitzungen oder bei anderer Gelegenheit die von mir vertretene Wirtschaftspolitik herabzuwürdigen oder doch hinsichtlich ihrer Konsequenz in Zweifel zu ziehen suchten.

Selbst wenn ich dabei in Rechnung stelle, dass Sie nicht als Sachverständiger zu urteilen vermögen und deshalb Ihre Kritik nur im Gefühlsmäßigen wurzelt, bleibt davon doch der bittere Nachgeschmack, dass Sie gerade die Arbeit jenes Ministers in Zweifel ziehen, der Ihnen wohl mehr als jeder andere in sechs Jahren in treuer menschlicher Verbundenheit den Boden für Ihre Regierungspolitik bereitet hat. [...] Sie mögen es mir auch nicht übelnehmen, wenn ich Ihnen sage, dass jedes wirtschaftspolitische Gespräch, das wir im Gesamtkabinett führen, nach meinem Gefühl unbefriedigend verläuft, weil Sie selbst nicht die Geduld aufbringen, ein Ihrer Auffassung entgegenstehendes sachliches Urteil ruhig anzuhören [...].«

Kein Zweifel, hier zog ein tief Enttäuschter Bilanz. Wohl nur selten hat Adenauer solche Zeilen zu lesen bekommen. Aber was hatte sich Erhard am Anfang seiner Zusammenarbeit erhofft? Vertrauen, Partnerschaft, Anerkennung. Doch nach seiner ersten Vereidigung als Bundeskanzler hatte Adenauer immer nachdrücklicher die eigene Autorität betont und peinlich auf die Einhaltung von Distanz, die Wahrung der Hierarchie geachtet. Daran rieb sich Erhard, der einen eher integrativen Umgang und Führungsstil schätzte. Er ließ Adenauer wissen: »Ich jedenfalls könnte, was mein Verhältnis zu meinen engsten Mitarbeitern anbelangt, niemals in einer so unpersönlichen Atmosphäre leben, wie sie zwischen Ihnen, Herr Bundeskanzler, und Ihren Ministern besteht.«

Adenauer aber blieb von solchen Sätzen unbeeindruckt. Er antwortete dem Minister wie üblich streng: »Sie schlagen in Ihrem Brief zuweilen einen Ton an, den ich nicht mehr von Ihnen angeschlagen sehen möchte. Die wiederholten Vorwürfe, dass ich von der Wirtschaftspolitik nichts verstünde, dass viele meiner Aussetzungen sachlich unberechtigt und in der Form verletzend seien und dass ich die menschliche Natur nicht überfordern möge, gehen doch wirklich sehr weit.«

ERHARD hält, was er verspricht:
Wohlstand für alle durch die
SOZIALE MARKTWIRTSCHAFT

Wahlplakat der CDU mit Porträtzeichnung Ludwig Erhards, 1950er Jahre.

Spätestens 1956 war die Vertrauensbasis zwischen Adenauer und Erhard nachhaltig erodiert, auch wenn beide in fundamentalen politischen Grundentscheidungen, wie etwa der Westbindung, dem unerschütterlichen Antikommunismus, beim Alleinvertretungsanspruch, bei der Hallstein-Doktrin, überhaupt bei der Deutschland- und Ostpolitik, übereinstimmten und sich weiterhin einig blieben. Aber die markanten Unterschiede in ihrem Wesen und Politikverständnis traten doch im inneren Kreis von Partei, Fraktion und Regierung immer deutlicher zutage und ließen sich vor den Augen einer schon damals an derlei Konfliktstrukturen stark interessierten Öffentlichkeit zunehmend schlechter kaschieren. Ihr erstaunlich umfassender Briefwechsel spiegelt ziemlich schonungslos die »existentiell anmutende Auseinandersetzung« (Klaus Hildebrand), die die zweite Hälfte ihrer schwierigen Partnerschaft bestimmte, die besonders für den zähen Dulder Ludwig Erhard manch bittere Erfahrungen bereithielt. Eine dauerhafte Verständigung gelang nicht mehr, man redete und schrieb aneinander vorbei. Sooft Erhard hoffungsvoll die Hand zur Versöhnung ausstreckte, schlug Adenauer sie aus. Die von Ludger Westrick mühevoll vorbereiteten beiden Besuche des Kanzlers im Wirtschaftsministerium anlässlich von Erhards Geburtstagen waren für Adenauer lediglich Gesten ohne nachhaltige Wirkung, keine Signale einer Haltungsänderung. Erhards Hang zum Pathos, der Rauch seiner Zigarren, der ihn zu umgeben pflegte – und Adenauers empfindliche Bronchien reizte –, seine langen Vorträge im Kabinett über ökonomische Fragen, das alles ging ihm zunehmend auf die Nerven. Wirtschaftspolitik, das war für Adenauer höchstens eine Form von Pathologie – hinterher konnte man vielleicht sagen, warum etwas schief gegangen war, wenn überhaupt. War Erhards Behauptung, auf dem Feld der Ökonomie bestimmte Entwicklungen, aber auch Fehler mit »nachtwandlerischer Sicherheit« vorhersagen zu können, nicht völlig unseriös, blanke Hybris?

Hinzu kam, dass sich Meinungsverschiedenheiten in wirtschaftlichen Sachfragen häuften. Mitte der 1950er Jahre brummte die Konjunktur in der Bundesrepublik, 1955 wurden gigantische zwölf Prozent Wachstum in den Wirtschaftsstatistiken registriert. Es herrschte Vollbeschäftigung, die fast 15 Millionen Flüchtlinge, Vertriebenen und heimkehrenden Kriegsgefangenen waren in den Arbeitsmarkt integriert. Jetzt machte sich bereits Arbeitskräftemangel breit, man begann ausländische Gastarbeiter anzuwerben, zuerst aus Italien, dann aus Jugoslawien, der

Rundgang des Bundeswirtschaftsministers (mit Zigarre) auf der Deutschen Industrieausstellung in Berlin, 1955.

Türkei. Finanzminister Schäffer – weit entfernt vom Schuldenstaat der 1970er Jahre – häufte einen Einnahmeüberschuss von rund sieben Milliarden D-Mark an, der in Anlehnung an den Lagerungsort der französischen Goldkontributionen nach dem Krieg von 1870/71 »Juliusturm« genannt wurde.

Folglich stiegen die Ausgabenwünsche der Ressorts bald an. Das taten aber auch die Preise. Die Furcht vor einer massiven Inflationierung wuchs bei den für die Ökonomie Verantwortlichen, die Erinnerungen an 1923 und 1948 waren noch zu frisch. Schäffer und Erhard, die auch hier an einem Strang zogen, hielten Maßnahmen zur Dämpfung der übersprudelnden Konjunktur für unabdingbar, etwa den Abbau von Zollschranken, um den Wettbewerb auf dem deutschen Markt anzukurbeln oder das Zurückfahren von Aufträgen der öffentlichen Hand, um den Bauboom zu bremsen. Beide setzten auch auf die unabhängige Zentralbank, die die Politik des knappen Geldes unbedingt beibehalten, durch Zinsanhebungen Kredite verteuern und damit gleichfalls dämpfend auf das Wirtschaftsgeschehen einwirken sollte. Die Kooperation der beiden mit Wilhelm Vocke, der von 1919 bis 1939 bereits im Präsidium der Reichsbank gesessen hatte und seit Mai 1948 Präsident im Direktorium der Bank deutscher Länder war – nach deren Umwandlung zur Bundesbank zum 1. August 1957 sollte er auch erster Bundesbankpräsident werden –, war eng. An der entscheidenden Sitzung des Zentralbankrates im Frühjahr 1956 in Frankfurt, bei der die Zinsanhebungen beschlossen wurden, nahmen Erhard und Schäfer als Gäste teil.

Adenauer, von BDI-Präsident Fritz Berg entsprechend mobilisiert, hielt die Maßnahme für unnötig, gar für einen Fehler und sprach daraufhin in der Kölner Festhalle Gürzenich davon, das »Fallbeil« der Zinserhöhung treffe allein die kleinen Leute. Das war ökonomisch ziemlicher Unsinn, denn natürlich wurden große Kreditnehmer von einer Anhebung des Diskontsatzes entsprechend tangiert. Die Fachpresse füllte sich mit hämischen Kommentaren. Der Zentralbankrat erhöhte wenige Tage nach der Rede des Kanzlers den Diskontsatz gleich nochmals und Adenauer tobte hinter den Kulissen über diese Institution, die ähnlich wie das Bundesverfassungsgericht keinerlei parlamentarisch-politischer Kontrolle unterworfen sei. Im Kabinett machte der Kanzler deutlich, dass sich die Bundesregierung ein Jahr vor der Bundestagswahl einen Konflikt mit der Industrie wegen der erforderlichen Wahlkampffinanzierung nicht leisten könne. Hermann Wandersleb, damals Staatssekretär im Wohnungsbauministerium, hat sich Adenauers Ausführungen notiert und das kölnische Idiom beibehalten: »Wer soll denn dat Jeld jeben, wenn es die Industrie nicht tut? Können Sie es etwa bezahlen, Herr Erhard? Haben Sie dat Jeld vielleicht mit? Dann lejen Sie es hier auf den Tisch, dann will ich Unrecht haben. (Längere Pause). Se haben es also nich?! Dann seien Se doch heilfroh meine Herren, dat ich die Anjelejenheit mit der Industrie wieder so leidlich in Ordnung jebracht habe.«[17] Aber dieses Ablenkungsmanöver half Adenauer nicht und er musste einlenken. Eine Woche später redete er sich im Kabinett mit der schlechten Akustik im Gürzenich heraus, man habe ihn missverstanden, falsch zitiert. Die von Schäffer und Erhard vorgeschlagenen Konjunkturdämpfungsmaßnahmen passierten kurz darauf die parlamentarischen Hürden – für Adenauer gesichtswahrend in Abwesenheit, während einer seiner USA-Reisen.

Für Erhard war das sicherlich ein Erfolg. Aber er konnte nicht darüber hinwegtäuschen, dass die Auseinandersetzungen mit dem Kanzler an Zahl und Heftigkeit zunahmen. Wichtigstes Konfliktfeld wurde die Europapolitik. Gewiss erkannte Erhard das Raffinement der Adenauer'schen Konzeption, mittels der Übertragung von Souveränitätsrechten, die man auf deutscher Seite teilweise noch gar nicht wirklich zurückgewonnen hatte und die daher den anderen, bereits souveränen Staaten ein höheres Maß an Verzicht auf nationale Kompetenzen abverlangte,

17 Ebenda, S. 121.

die europäischen Institutionen zu stärken und eine enge westeuropäische Verflechtung zu schaffen. Zweifellos erkannte er gleichfalls, dass der Beitrag von deutscher Seite dafür in höheren Zahlungen liegen würde, die eine Art Schmerzensgeld für die übrigen beteiligten Staaten darstellten. Aber Ludwig Erhard war und blieb ein überzeugter Anhänger des weltweiten Freihandels und des umfassenden Abbaus von Zollschranken. Er war, wenn man so will, ein früher Forderer und Förderer der Globalisierung. Sein Credo lautete stets: Keine andere Wirtschaftsordnung als die Marktwirtschaft kann weltweit für breite Menschenmassen Wohlstand schaffen und sichern, der Sozialismus wird niemals funktionieren, sondern immer und in jeder Form scheitern und ausgeplünderte Volkswirtschaften mit verarmten Massen auf einem extrem niedrigen Wohlstandsniveau zurücklassen. Das zu verkünden, wurde er nicht müde, weder zu Hause in der Bundesrepublik, noch auf seinen zahlreichen großen Reisen, die ihn bis nach Indien und Südamerika führten. Deshalb hielt er auch den Zusammenschluss der sechs an der Montanunion beteiligten Staaten zur Europäischen Wirtschaftsgemeinschaft (EWG) für falsch, opponierte intern gegen die Römischen Verträge, selbst wenn er ihnen aus Gründen der Fraktionsdisziplin im Bundestag am Ende zustimmte.

Obwohl der Kanzler diese Entscheidung und den Auf- und Ausbau der EWG ausdrücklich zur Richtlinie seiner Politik gemacht hatte, zog Erhard anschließend weiter öffentlich gegen sie zu Felde und lancierte Anzeigenkampagnen, die ein Zusammengehen der EWG mit der von Großbritannien und den meisten skandinavischen Staaten als Konkurrenzinstitution gegründeten Europäischen Freihandelszone (EFTA) propagierten. Er warnte immer wieder auch öffentlich vor einer zu engen ökonomischen Partnerschaft mit Frankreich, weil er in dem dort praktizierten Modell der »Planification« ein unerträglich hohes Maß an staatlicher Lenkung und staatlichem Dirigismus erblickte, die keinesfalls in Brüssel Einzug halten durften. Dass genau dies auf französisches Drängen im Agrarbereich geschah – mit der Festlegung von Produktionsquoten und Abnahmegarantien wurde der marktwirtschaftliche Wettbewerb weitgehend ausgehebelt, was zu gigantischen Fehlsteuerungen und zu Überproduktionen, die ins Meer gekippt wurden, führte –, war für Erhard mehr als ein Tort. Ein schwacher Trost lag allenfalls darin, dass es gelang, mit Hans von der Groeben, Hans Michaelis, Ulrich Everding oder Ulrich Meyer-Cording eine ganze Reihe von tüchtigen, marktwirtschaftlichen Grundsätzen verbundenen und zugleich auf Westeuropa fokussierten Beamten aus dem Umfeld des Wirtschaftsministeriums zum Sprung nach Brüssel zu verhelfen und dort die Fahne globaler Freihandelskategorien hochhalten zu lassen – als kleines Gegengewicht zu den Befürwortern französischer »Plaification«.

Was die deutsche Europapolitik anging, so verdeutlichte diese Erhard einmal mehr, dass der Kanzler seine Prioritäten anders setzte und dass ökonomische Gesichtspunkte ihm offenbar zweitrangig blieben. Unter dem Eindruck des Todes von John Foster Dulles und angesichts des im Gefolge von Chruschtschow-Ultimatum, neuer Berlin- und Kuba-Krise heraufziehenden Entspannungszeitalters vollzog Adenauer einen Schwenk, den sein Wirtschaftsminister nicht mitzutragen bereit war: hin zu Charles de Gaulle.

So wie Helmut Kohl später gegenüber Francois Mitterrand die D-Mark opfern sollte, um französische Besorgnisse gegenüber einem wiedervereinigten Deutschland zu beschwichtigen, suchte Adenauer durch bedeutende Konzessionen im Bereich der EWG, nicht zuletzt etwa bei der Agrarmarktordnung de Gaulles Unterstützung bei seinem Abwehrkampf gegen britische und amerikanische Konzessionen auf Kosten der Bundesrepublik gegenüber der östlichen Hegemonialmacht UdSSR zu erhalten. Inzwischen ging es längst nicht mehr um das Erreichen einer Wiedervereinigung mit alliierter Hilfe, sondern darum zu verhindern, dass die Bundesrepublik für die Festschreibung des Status quo einen zu hohen Preis zu entrichten oder gar einen »Status quo minus« hinzunehmen hatte. Während die Eisenhower-Administration oder die britische Regierung unter Harold Macmillan 1959/60 zu beträchtlichen Zugeständnissen und Verhandlungen etwa über den Status von Berlin bereit waren, erwies sich der französische Präsident als »rocher de bronce« im Kreis der westlichen Siegermächte. Adenauer rückte daher mehr und mehr an seine Seite und wollte die deutsch-französischen Verbindungen noch enger gestalten. Im deutsch-französischen Vertrag von 1963 erblickte er schließlich sogar ein krönendes Element seiner Amtszeit. Dass Erhard Anteil daran hatte, dass dieser Vertrag von den Regierungsfraktionen CDU/CSU und FDP durch eine amerika- und NATO-freundliche Präambel entscheidend relativiert wurde, zeigte nicht nur den inzwischen eingetretenen Machtverlust Adenauers, sondern einmal mehr auch den tiefen sachlichen Dissens zwischen beiden.

Bundeskanzler Konrad Adenauer liest interessiert in dem Buch, das ihm Ludwig Erhard als Geburtstagsgeschenk überreicht hat, Januar 1956.

Nachfolgekabalen

Die seit 1957 in der Union virulente Nachfolgefrage wurde natürlich von den sachlichen Differenzen bestimmt. Aber Adenauer vermisste bei Erhard auch jenes »Machtgefühl«, das schon Max Weber bei einem Politiker für unabdingbar gehalten hatte und über das er selbst so reichlich verfügte. Wie sollte sich Erhard auf dem glatten internationalen Parkett behaupten, wie einem brutal-raffinierten Kontrahenten wie Chruschtschow begegnen? Auch in der Innenpolitik ging es in der Regel um Machtfragen, für die Härte, Stetigkeit – einer von Adenauers Schlüsselbegriffen –, dazu Zähigkeit und wohl sogar mehr als ein Schuss Brutalität gefragt waren. Erhard, der unbeirrt an den »guten Menschen« glaubte, wie sich Heinrich Krone, der langjährige Fraktionsvorsitzende, erinnerte, musste da doch zwangsläufig scheitern.

Im Frühjahr 1959 brachen während der sogenannten Bundespräsidenten-Krise all diese Konfliktlinien auf und wurden öffentlich sichtbar. Trotz des Zuratens seiner Frau Luise wollte Erhard sich nicht auf diese Position abschieben lassen und weigerte sich nach kurzer Bedenkzeit, die ihm angetragene Nachfolge von Theodor Heuss (FDP) anzutreten. Er sah in dem Vorschlag aus dem Kanzleramt das, was wohl tatsächlich dahinter steckte: den Versuch, ihm selbst den Weg ins Palais Schaumburg zu verbauen und stattdessen den bis dahin weitgehend unbekannten Franz Etzel als Nachfolger Adenauers durchzusetzen. Dieser war von

1952 bis 1957 Vizepräsident der Hohen Behörde der Montan-Union gewesen und anschließend von Adenauer als MdB und potentieller Kanzlernachfolger nach Bonn geholt worden. Die auf Erhards Verzichtserklärung folgenden überraschenden taktischen Volten des Kanzlers sind bekannt. Von seinen beiden engsten Vertrauten Globke und Krone bedrängt und das Vorbild de Gaulles vor Augen, der gerade mit der beginnenden 5. Republik die Weimarer Reichsverfassung auf französische Verhältnisse übertragen und einen machtvollen Präsidenten in Paris institutionalisiert hatte, entschloss sich Adenauer, mittlerweile 83 Jahre alt, selbst für die Heuss-Nachfolge zu kandidieren. Als er erschreckt feststellte, wie erleichtert seine eigene Fraktion reagierte und wie zügig sie den von ihm für gänzlich untauglich befundenen Ludwig Erhard als Nachfolger zu etablieren gedachte, zog er eilends die eigene Kandidatur zurück.

Schon dieses offensichtliche Manövrieren und Disponieren mit höchsten Staatsämtern schadete Adenauers Ansehen schwer. Noch verschlimmert wurde es durch sein Nachkarten, als er etwa der amerikanischen Journalistin Flora Lewis von der »New York Times« in den Notizblock diktierte, Erhard sei zwar ein guter Wirtschaftsminister, aber ungeeignet, ja unfähig für den »Top Job«. Adenauer wirkte jetzt wie ein verbittert grantelnder Erbhofbauer, der sein Amt einfach nicht in jüngere Hände legen mochte. In der anschließenden Fraktionssitzung ging es hoch her. Die »Wahllokomotive« Erhard drohte nachhaltig beschädigt zu werden. Der Fraktionsvorsitzende Krone musste – ein wohl einmaliger Vorgang in der deutschen Parlamentsgeschichte – den Bundeskanzler vom Betreten der Fraktionsräume abhalten, geleitete ihn persönlich zur Kanzlerlimousine zurück, um sicherzustellen, dass er auch wirklich gleich wieder in seinen Amtssitz zurückfuhr. Erhard seinerseits drohte, sichtlich tief beleidigt, öffentlich mit Rücktritt – und trat dann doch nicht zurück. Die Aussichten, nur noch mit seiner Frau Luise von Gmund am Tegernsee aus das Geschehen im fernen Bonn zu verfolgen, wirkte wohl doch nicht so verlockend. Allein, das böse Wort vom »Gummilöwen« war geboren – oder, um es mit Adenauers Worten aus jenen Tagen zu sagen: »Nageln Sie mal 'nen Pudding an die Wand.« Selbst der dem Wirtschaftsminister freundschaftlich verbundene Johannes Gross meinte rückblickend, Politik verderbe zwar den Charakter, zu viel Charakter verderbe aber auch die Politik, wie man am Beispiel Erhards sehen könne. Kurz, beide, weder Adenauer noch Erhard, überstanden diese Ereignisse unbeschadet.[18]

18 Vgl. ebenda, S. 348 ff.

Fortan schwelte der Nachfolgestreit. Adenauer taktierte, und Erhard lavierte. So entschieden der Minister 1960/61 in der heiß umstrittenen Frage der D-Mark-Aufwertung auftrat, um die weiter überbordende Konjunktur zu dämpfen, und sich am Ende im Bündnis mit der Bundesbank gegen den Kanzler und die Unternehmerverbände durchsetzte, so eindrucksvoll seine berühmten »Maßhalteappelle« an die Tarifparteien und Konsumenten auch gerieten, so wenig kämpferisch trat er im Streit um die Nachfolge Adenauers in Erscheinung. Das Kanzleramt sollte ihm als einzig legitimem »Kronprinzen« mit dem Segen des alten Kanzlers angetragen werden – Adenauer in offener Feldschlacht zu besiegen, war seine Sache nicht.

Das musste auch der FDP-Vorsitzende Erich Mende erleben. Im Vertrauen auf die Zusagen von Ludwig Erhard und Franz Josef Strauß, die ihm beide bei einer abendlichen Runde im Hause des Düsseldorfer Unternehmers Helmut Horten versprochen hatten, nach der Bundestagswahl 1961 in der Union die Ablösung des »Alten« zu bewerkstelligen, hatte er hoch gepokert und den Wahlkampf der Liberalen unter das Motto gestellt »Mit der CDU, aber ohne Adenauer«. Nachdem die Union bei den Wahlen unter dem Eindruck des Mauerbaus die absolute Mehrheit verloren hatte und einen Koalitionspartner benötigte, zeigte sich bei den Koalitionsverhandlungen zwischen CDU/CSU und FDP, dass Mendes Verbündete ihn im Stich lassen würden. Adenauer, der »Vater der Füchse«, hatte alle noch einmal ausmanövriert und sofort nach der Wahl die Initiative ergriffen. Erhard hatte er ganz direkt gefragt, ob er etwa gegen ihn antreten wolle – was dieser eher kleinlaut verneinte –, durch ein Verhandlungsangebot an die SPD hatte er den Liberalen seinen Handlungsspielraum vor Augen geführt und am Ende deren »Umfall« erzwungen. Dieser löste ein gewaltiges mediales Echo aus, das der FDP noch über Jahre nachhing. Wenn die Liberalen mitregieren wollten, mussten sie entgegen ihrer klaren Wahlaussage mit und unter Adenauer regieren. Immerhin setzte die FDP durch, dass die Amtszeit Adenauers auf lediglich zwei weitere Jahre befristet werden sollte. Das wurde, weil alle inzwischen misstrauisch waren, welche Tricks der Entfesselungskünstler im Kanzleramt demnächst noch präsentieren würde, schriftlich in einem Brief Adenauers an Mende festgehalten. Der CDU/CSU-Fraktionsvorsitzende Krone hatte beim widerstrebenden Adenauer die erforderliche Überzeugungsarbeit geleistet und fungierte als Vermittler zwischen den Kontrahenten. Erstmals in der Geschichte der Bundesrepublik musste nach den sich über acht schier endlose Wochen hinziehenden Verhandlungen auch ein förmlicher Koalitionsvertrag zwischen den neuen Regierungspartnern geschlossen werden.

Die FDP hatte damit gewissermaßen Erhard den Weg ins Kanzleramt freigekämpft – unter beträchtlichen Opfern. Mende beispielsweise trat nicht ins neue Kabinett ein, um wenigstens persönlich das Wahlversprechen einzuhalten. Aber auch Erhard musste Kompromisse machen. Vor allem aus seinem Zuständigkeitsbereich wurde für die FDP ein gänzlich neues Ressort kreiert: das Entwicklungshilfeministerium. Erster Minister wurde Walter Scheel, der seinen Parteivorsitzenden zuvor scherzhaft hatte wissen lassen, ihm sei an einem Ministerium gelegen, wo er möglichst wenig Akten lesen müsse, dafür aber viel reisen könne.[19]

Erhard nahm die Beschneidung seines Ressorts murrend und knurrend hin. Die Koalition mit der FDP war seine Wunschverbindung. Selbst als er später das Kanzleramt durch eine Offerte an die Sozialdemokraten vielleicht für sich hätte retten können, lag das außerhalb seiner Vorstellungskraft. Zu tief waren die bitteren Erfahrungen mit der SPD in ihm verankert, deren Repräsentanten immer und immer wieder seine Wirtschaftspolitik, vor allem deren zentrale Weichenstellungen im Wirtschaftsrat und Bundestag, mit Misstrauensanträgen sowie großen, vom DGB unterstützten Kampagnen bekämpft und ihn persönlich als Knecht des Kapitals angefeindet und diffamiert hatten. Nein, bei der SPD kannte man, so Erhards Auffassung, zweifellos allein und ausschließlich nur das Mantra »Umverteilung«. In der Union allerdings bröselte die Abwehrfront gegen die Sozialdemokratie. Immer mehr Christdemokraten sahen in den Liberalen rebellische Zwerge und begannen, mit einer Großen Koalition zu liebäugeln, weil man nur in einem solchen Bündnis die großen, mit verfassungsändernder Mehrheit zu beschließenden Gesetze, etwa die Notstandsgesetze und die Einführung eines Mehrheitswahlrechts, würde verabschieden können. Adenauer selbst suchte während der »SPIEGEL«-Krise im Herbst 1962 über eine Allianz mit der SPD von der bitteren Befristung seiner Kanzlerschaft loszukommen. Und tatsächlich waren die von Paul Lücke und dem Freiherrn Karl Theodor zu Guttenberg vermittelten vertraulichen Gespräche mit Herbert Wehner auch schon sehr weit gediehen, als die SPD-Fraktion alles platzen ließ.

Am Ende stand fest, dass der Gründungskanzler der Bundesrepublik im Sommer des Jahres 1963 zurücktreten und der erste Kanzlerwechsel vollzogen werden würde. Im Frühjahr dieses Jah-

19 Vgl. Erich Mende, Die neue Freiheit. Zeuge der Zeit 1945–1961, Herbig 1984, S. 487.

res fiel die Entscheidung über die Person des Nachfolgers. Noch einmal mobilisierte Adenauer seinen ganzen Widerstand gegen Ludwig Erhard. Und noch einmal erlebte Erhard auf bittere Weise, was er schon bei seinem früheren Mentor Vershofen hatte erleiden müssen. Wie Vershofen lehnte der scheidende Kanzler ihn beharrlich als Nachfolger ab. Als Journalisten Adenauer an seinem Urlaubsort in Cadenabbia die hervorragenden Umfragewerte Erhards vorhielten, meinte der Kanzler nur lakonisch, die werde er schon noch »auf Null« bringen. Im Fraktionsvorstand und in der Fraktion beharrte der mittlerweile 88-Jährige im April 1963 auf seiner Kritik: »Es kann jemand der beste Wirtschaftsminister sein, ohne dass er deswegen für politische Fragen dasselbe Verständnis aufbringt. […] Ich spreche es ungern aus, dass ich einen Mann, mit dem ich selbst seit 14 Jahren zusammengearbeitet habe und der Hervorragendes geleistet hat, nun für einen anderen Posten, den er haben möchte, nicht für geeignet halte!« Auf das erregte Gemurmel der Fraktion entgegnete er kühl: »Sie müssen das ertragen lernen, meine Damen und Herren!«[20]

Allein, einen Stimmungsumschwung in letzter Minute bewirkte er damit nicht mehr. Bei der Abstimmung in der Fraktion über die Kanzlerkandidatur Erhards stand auf 159 der abgegebenen 225 Stimmzettel ein »Ja«, nur auf 47 ein »Nein«, hinzu kamen noch 19 Enthaltungen. Kein besonders glanzvolles Ergebnis, zumal nur ein einziger Kandidat zur Wahl gestanden hatte, aber auch kein ganz schlechtes. Etwas mehr als zwei Drittel der Abgeordneten hatten Erhard als zukünftigem Kanzler ihr Vertrauen ausgesprochen, eine fraktionsinterne »Gruppe 47« stand ihm reserviert bis skeptisch gegenüber, einige waren noch unentschlossen. Es lag nunmehr an ihm, seine Gefolgschaft zu vergrößern, die Reihen hinter sich zu schließen.

Für Adenauer, bei dem die Lust am Herrschen unzweifelhaft stark ausgeprägt war, geriet dieser Machtwechsel zur traumatischen Erfahrung. »Träum ich, wach ich, leb ich, bin ich bei Sinnen?«, fragt sich der Prinz von Homburg in Kleists gleichnamigem Drama, als ihm Degen und Kommando genommen werden. »Mir ist, als hätte man mir Arme und Beine abgeschlagen«, bemerkte der Kanzler auf Abruf in jenen Tagen. Diese dritte Entlassung sei die schlimmste seines Lebens gewesen, nicht die entwürdigende Absetzung als Kölner Oberbürgermeister durch die Nationalsozialisten 1933 oder der durch die Briten erzwungene Abgang nach dem Zweiten Weltkrieg, eröffnete er dem Bundestagspräsidenten Eugen Gerstenmaier.

20 Koerfer, Der Kampf ums Kanzleramt, S. 743.

Bundeskanzlerschaft 1963–1966: Volkskanzler ohne Volk

Im Oktober 1963 hatte Ludwig Erhard den Kampf ums Kanzleramt für sich entschieden. Zumindest hofften er und seine Vertrauten das. Seine Regierungserklärung vom 18. Oktober 1963, die eine »Politik der Mitte und Verständigung« verhieß, war eine Fanfare gewesen, sein vehementes Bekenntnis zur »Demokratie und der tragenden Kraft des Geistes« gut angekommen. Allein, in den Mühen der Regierungsebenen wurde dieses Pathos bald zerrieben. Erhards Kanzlerschaft mündete zwar nicht in das von Adenauer unablässig prophezeite Desaster für die Bundesrepublik, war auch kein vollständiges Fiasko und Debakel. Die Aufnahme diplomatischer Beziehungen mit Israel – einer der wenigen Fälle, in denen Erhard entschlossen von seiner Richtlinienkompetenz Gebrauch machen sollte –, die tastende Suche nach neuen ostpolitischen Wegen, die von Erwin Wickert formulierte Friedensnote, die allerdings auf die DDR mit keinem Wort einging und daher im Ostblock zwangsläufig auf wenig Resonanz stoßen musste, Passierscheinabkommen, die die Mauer in Berlin erstmals etwas durchlässiger werden ließen – all das muss auf der Haben-Seite verbucht werden. An den zentralen Entscheidungen und Theoremen der Ära Adenauer, also an Westbindung, Alleinvertretungsanspruch, Nichtanerkennung der DDR (die in Papieren der Kanzleramtes weiterhin mit dem Rubrum »SBZ« bezeichnet wurde) und Hallstein-Doktrin mochte – und konnte wohl – Erhard nicht rütteln, auch wenn er intern darüber nachdenken ließ. Die Zeiten waren noch nicht reif dafür. Unzweifelhaft fehlt Erhards Kanzlerschaft daher jeder Glanz, wirkt sie mit ihrer Befristung auf drei knappe Jahre unvollkommen, unvollendet, episodenhaft.

Ludwig Erhard war ein Übergangskanzler in einer Übergangszeit. Besonders außenpolitisch begann in dieser Phase der Wind des Wandels mit Macht zu wehen, musste die Bundesrepublik ihren Standort in der Welt neu bestimmen. In den USA blickte man verstärkt nach Asien, nach Indochina, suchte nach Wegen der Entspannung, um sich mit der anderen Weltmacht, der Sowjetunion, zu verständigen und die Gefahr eines Dritten, dann atomar geführten Weltkrieges zu reduzieren. Die feuerbereiten Panzer am Checkpoint Charlie und die Raketenkrise um Kuba zeigten nachhaltige Wirkung. Dementsprechend sank die Bedeutung der Bundesrepublik für den Hegemon in Washington. Sollte man sich in dieser Situation nicht vielleicht doch noch enger an de Gaulle anlehnen, den amerikanischen gegen den französischen Atomschirm eintauschen, wie es Adenauer und zeitweise

Bundeskanzler Ludwig Erhard wird von Bundestagspräsident Eugen Gerstenmaier vereidigt, 16. Oktober 1963.

auch Franz Josef Strauß nahelegten? Oder war es ratsam, sich im Gegenteil noch bedingungsloser an die Vereinigten Staaten binden, um so auf die Entspannungsprozesse einwirken und deutsche Interessen besser vertreten zu können, wozu Erhard und Außenminister Gerhard Schröder neigten? Auch wenn der Streit zwischen »Atlantikern« und »Gaullisten« im Nachhinein seltsam anmuten mag, er bestimmte die damaligen Debatten.

Dass Erhard dem französischen Präsidenten offen die kalte Schulter zeigte – nicht zuletzt, weil dieser intern eine deutsche Mitsprache bei der Nutzung des französischen Atompotentials stets kategorisch zurückgewiesen hatte – und eben nicht taktierte und finassierte, bestärkte Kritiker wie Adenauer in der Überzeugung, außenpolitisches Terrain sei und bleibe dem Nachfolger ein Buch mit sieben Siegeln. Auch de Gaulle erklärte mit Leidensmiene, der deutsch-französische Vertrag werde bei allen Konsultationen nicht wirklich mit Leben erfüllt, die deutsch-französische Ehe nicht vollzogen. »Je suis resté vierge«[21], lautete seine prägnante Formulierung. Tatsächlich setzte Erhard, seit 1945 und seinem Eintritt in die Politik den USA traditionell stark verbunden, weiterhin auf diese Karte, nannte den amerikanischen Präsidenten Johnson mehrfach auch öffentlich »meinen Freund«. Im Streit um die deutsche Beteiligung an den Stationierungskosten der amerikanischen Truppen, als Erhard mit Blick auf das sich 1965 erstmals abzeichnende Defizit im Bundeshaushalt eine

21 Hentschel, Ludwig Erhard – Ein Politikerleben, S. 498 ff.

Bundeskanzler Ludwig Erhard und
US-Präsident Lyndon B. Johnson in
Texas, Dezember 1963.

Reduktion der Milliardensummen herauszuverhandeln suchte, musste er aber erleben, wie wenig Wert eine politische Freundschaft angesichts von Machtinteressen besaß. Johnson ließ Erhard abblitzen und trug dadurch nicht unwesentlich zu dessen raschem Sturz bei.

Aber es lag natürlich nicht an Johnson allein. Das Kanzleramt war unter Erhard keine Machtzentrale mehr, in der die Fäden wirklich konzentriert zusammenliefen, in der wie noch zu Adenauers und Globkes Zeiten straff, hart und klar Weisungen an die Ministerien ausgegeben und deren Einhaltung kontrolliert wurden. Kabinettsitzungen dauerten fast doppelt so lange wie zuvor. Entschieden wurde weniger. Vor dem sich immer ungebremster ausdehnenden Gefälligkeits-, Verteilungs- und Versorgungsstaat hatte der Minister Erhard unermüdlich gewarnt, den Weg hin zu einer unvermeidlich wachsenden Staatsverschuldung gebrandmarkt. Als Kanzler hätte er nach seiner richtigen Diagnose nun auch »operieren« können, ja müssen. Nennenswerte Schulden gab es bei seinem Amtsantritt im Bundeshaushalt nicht, aber die Entwicklung begann jetzt, auch wenn das Tor in den Schuldenstaat machtvoll erst 1966/67 aufgestoßen werden sollte durch die Große Koalition, durch Schiller und Strauß, später dann durch die Kanzler Brandt und Schmidt. Aber Erhard unterließ es, den für notwendig erachteten Mentalitätswechsel auch wirklich einzuleiten – die überall wuchernde Subventionsmentalität zurückzuschneiden und dabei jene abzuschütteln, die ihm in den Arm fielen. Als die Bundestagswahl 1965 heraufzog, tat er schließlich selbst, was er bei Adenauer stets kritisiert und moniert hatte: Er stimmte einer Fülle von Wahlgeschenken zu – an Ruheständler, Bauern, Mütter, Schulkinder, Kriegsgeschädigte und andere Gruppen. Der Bundestag verabschiedete 1965 nicht weniger als 56 ausgabenwirksame Gesetze.[22]

Zweifellos fehlte ihm jetzt die Kraft und Entschlossenheit zum zähen Kampf mit mächtigen Interessenverbänden und Lobbyisten, aber auch mit den unterschiedlichen Gruppierungen in seiner eigenen Partei und in der Koalition. Nicht allein, weil er diesem Feilschen und Ringen generell ablehnend gegenüberstand und sich zu glauben weigerte, was Adenauer stets betont und vorgelebt hatte: dass Politik im komplizierten föderalen System der Bundesrepublik immer aus einem ständig neu auszuhandelnden Kompromiss zwischen den unterschiedlichen Interessengruppen bestehe, die Machtbasis eines jeden Kanzlers also eigentlich höchst labil war und täglich neu gesichert werden müsse.

22 Vgl. Mierzejewski, Ludwig Erhard – Der Wegbereiter der sozialen Marktwirtschaft, S. 304 f.

Besuch des französischen Präsidenten Charles de Gaulle bei Bundeskanzler Ludwig Erhard, 11. Juni 1965.

Hinzu kam, dass Ludwig Erhard, bei seinem Amtsantritt bereits über 66 Jahre alt, erschöpft und zermürbt ins Amt gelangt war. Der spätestens seit 1959 ununterbrochene Erbfolgekrieg vor und, mehr noch, hinter den Kulissen hatte Spuren hinterlassen. Erhard, der in den Jahren seit 1948, seit dem Kampf um das Leitsätzegesetz, manche Probe seiner Durchsetzungsfähigkeit und Beharrlichkeit abgeliefert hatte, suchte jetzt Konsens und Harmonie. Und er hoffte, dass der Kampf um das Kanzleramt zu Ende wäre.

Allein, dieser ging weiter, nur mit umgekehrten Vorzeichen. Jetzt saß er auf dem Kanzlerstuhl und musste erleben, wie sich der Belagerungsring um ihn immer enger zusammenzog. Seine administrativen Schwächen, die Neigung zum Aussitzen, all das wurde jetzt von fleißigen Kritikern nicht zuletzt auch aus der eigenen Partei gegen ihn verwendet. Der Altkanzler, der kurz vor der Bundestagswahl 1965 in einem kaum verhüllten Mangel an Solidarität der Notwendigkeit einer Großen Koalition öffentlich das Wort redete – es war allgemein bekannt, dass Erhard dafür nicht zur Verfügung stehen würde –, erwies sich dabei als einer der wichtigen Wortführer.

Aber Adenauer stand nicht allein. Rainer Barzel hatte bei Erhards erster Kabinettsbildung seinen Ministersitz verloren und fühlte sich zu Höherem berufen. Seine Loyalität als CDU/CSU-Fraktionsvorsitzender gegenüber dem Kanzler stand auf äußerst

Bundeskanzler Ludwig Erhard mit Zigarre, 1963.

tönernen Füssen und geriet schon bei den ersten Anzeichen dafür, dass dessen Position gefährdet war, heftig ins Wanken. Aber auch der im Gefolge der »SPIEGEL«-Affäre ins Abseits gedrängte Franz Josef Strauß und Bundestagspräsident Gerstenmaier setzten ungeduldig auf die Zeit *nach* Erhard, in der sie selbst die Zügel in die Hand zu nehmen gedachten. Der Kanzler sah diese Gefahren nicht. Als Heinrich Krone ihn einmal fragte: »Herr Erhard, sehen Sie nicht, dass Strauß hinter Ihnen steht?«, antwortete dieser: »Aber natürlich steht Strauß hinter mir.« Wo Krone Rivalität und Machthunger sah, erblickte Erhard Loyalität und Unterstützung – tatsächlich war er von Naivität nicht frei.

Besonders nachteilig wirkte sich dabei sein Politikverständnis aus. Von Parteien, Parteiapparaten hielt er – darin vielen Deutschen durchaus ähnlich – zeitlebens wenig. Förmliches Mitglied der Union wurde er deshalb nie; die Unterlagen, die seine Mitgliedschaft seit 1963, dem Beginn seiner Kanzlerschaft, belegen sollen, sind gefälscht. Das war keine Pose, sondern entsprach seiner Grundüberzeugung. Erhard setzte auf den direkten Kontakt zur Bevölkerung, auf Reden, Auftritte vor großen Versammlungen, auch Fernsehansprachen. Im Rückblick und bei der Lektüre seiner verschachtelten Verlautbarungen mag einem das rätselhaft und unverständlich erscheinen, aber alle Zeitzeugen bestätigen sein Charisma als Redner, den machtvollen Optimismus, den er ausstrahlte und auf sein Publikum zu übertragen verstand.

Er wollte als Volkskanzler in die deutsche Geschichte eingehen, als Kanzler des Volkes, gestützt auf die Menschen. Nur waren die politischen Verhältnisse nicht dafür geeignet, Volkstribune im Grundgesetz nicht vorgesehen. Deshalb war es ein höchst waghalsiges Konzept, Parteien bewusst zu überspielen, auch die Union nicht durch ein enges Netz von persönlichen Kontakten einzubinden, wie es Adenauer und später Helmut Kohl vermochten, sondern nahezu alles auf eine Karte zu setzen: den Wahlerfolg, aus dem sich der Grad der Zustimmung der Bevölkerung und damit die eigene Legitimation ja doch schlagend herleiten und belegen ließen. Hatte man ihn in der Fraktion nicht in erster Linie wegen seiner Fähigkeit als »Wahllokomotive« auf den Schild gehoben, als Kanzler installiert – und weniger wegen seiner Wirtschaftskonzeption –, weil er wie kein Zweiter Mandate und Karrieren zu sichern, dem populär-attraktiven Gegenkandidaten Willy Brandt von der SPD wirksam Paroli zu bieten versprach? Beinahe wäre das Konzept sogar aufgegangen. Beinahe hätte Erhard zur Überraschung aller Wahlforscher und Parteienkenner bei der Bundestagswahl 1965 die absolute Mehrheit der Mandate zurückgewonnen. Dann wäre er für die nächsten vier Jahre vermutlich wirklich unangreifbar gewesen, hätte es sich im neuen, von seinem Lieblingsarchitekten Sep Ruf errichteten Kanzlerbungalow gemütlich machen können, soweit das in der modern-kühlen Baulichkeit überhaupt möglich war. Aber diese Mehrheit wurde hauchdünn verfehlt, der Zuwachs um fast drei Punkte auf 47,6 Prozent war zwar mehr als respektabel – bei 39,9 Prozent für die SPD und 9,5 Prozent für die FDP, dem großen Verlierer der Wahl –, war bei Ruhe betrachtet ein eindrucksvoller Sieg. Aber er reichte nicht aus, Erhards innerparteiliche Kritiker endgültig zum Schweigen zu bringen. Ganz im Gegenteil, sie machten sich daran, die »Wahllokomotive« aufs Abstellgleis zu schieben.

War die Entwicklung bis zum Sturz Adenauers bereits ein unschöner Vorgang gewesen, so fand jetzt noch eine Steigerung statt. Rainer Barzel gab im Herbst 1966 nicht nur wiederholt öffentlich Loyalitäts- und Treueversprechen gegenüber Erhard ab, sondern sprach auch vom »Auseiterungsprozess« der Regierung.[23]

Erhard musste jetzt erleben, wie wenig vergangene Leistungen und Lorbeeren zählten, wie wankelmütig Wählergunst und öffentliche Meinung sich erweisen konnten. Schon das ihm von Rüdiger Altmann an die Hand gegebene Konzept einer »Formierten Gesellschaft« – eine Art vorweggenommene »Konzertierte Aktion« der Interessengruppen zum Wohle der Gemeinschaft und zur Stabilisierung in ökonomisch schwierigeren Zeiten – wurde in der Presse überwiegend auf fast bösartige Weise missverstanden und als reaktionär, ja faschistoid beschimpft, nicht zuletzt weil Altmann sich gelegentlich auf Carl Schmitt bezog. Man wollte Erhard nicht mehr verstehen, war seiner Botschaften müde geworden. Und er konnte sich nicht mehr verständlich machen, stieß vor allem bei Intellektuellen auf Verständnislosigkeit und Aufgeregtheit. Der Zeitgeist wurde wieder, was er einst bei Erhards Eintritt in die Politik gewesen war: links. Die SPD, seit Godesberg und Wehners Bundestagsbekenntnis zu NATO und Bundeswehr von ideologischem, marxistischem Ballast befreit, war bereits auf der Überholspur, die in Deutschland, einem klugen Wort von Johannes Gross zufolge, bekanntlich allein und immer in der Mitte liegt. Erhard ärgerte sich, reagierte dünnhäutig, beschimpfte Kritiker wie Böll, Grass, Hochhuth als »kleine Pinscher«.

23 Vgl. Laitenberger, Ludwig Erhard – Der Nationalökonom als Politiker, S. 211 f.

Als dann ein leichter ökonomischer Abschwung – im ohnehin zyklischen Wirtschaftsgeschehen normal – auftrat und sich eine kleinere Rezession abzeichnete, als plötzlich wieder in einigen Regionen Arbeitslose registriert werden mussten und Bergarbeiter mit schwarzen Fahnen durchs Ruhrgebiet zogen, um gegen die Stilllegung von Zechen zu protestieren, war Erhard ganz unmittelbar im Kernbereich seiner politischen Legitimation tangiert.

Erhard und seine Vertrauten im Kanzleramt, mit Ludger Westrick an der Spitze, erkannten die Gefährlichkeit der Situation nicht sofort. Auch in dem von Karl Hohmann 1964 zu Erhards Beratung im Kanzleramt etablierten, einmal pro Woche tagenden »Sonderkreis« mit Rüdiger Altmann, Hermann Blome, Johannes Gross, Hans Klein, Manfred Koch und dem Politologen und Wahlforscher Rudolf Wildenmann gingen die Alarmlampen nicht frühzeitig an.

Der Kanzler reagierte daher nicht sofort entschieden, überzeugend und erklärend auf die Signale des kleinen Abschwungs, sondern wirkte ratlos und ärgerlich angesichts des rasanten Stimmungsumschwungs zu seinen Ungunsten zwischen der Bundestagswahl 1965 und dem Sommer 1966 mit der am 10. Juli von der Union klar verlorenen Landtagswahl in Nordrhein-Westfalen.

Einen Monat später, am 12. August 1966, sandte er aus seiner Heimat, seinem Feriendomizil in Gmund am Tegernsee, dem Fraktionsvorsitzenden einen zehn Seiten umfassenden Brief. Dort heißt es unter anderem: »In einem Land – eben in der Bundesrepublik – in dem 1,4 Millionen Gastarbeiter tätig sind und dazu noch 600.000 offene Stellen nicht besetzt werden können, kann man es nur als Hysterie bezeichnen, wenn angebliche Konjunktursorgen als Gründe des Stimmungsumschwungs angeführt werden. Zugegeben, die SPD hat diesen Landtagswahlkampf in Nordrhein-Westfalen mit allen Mitteln der politischen Lüge, der Verleumdung bis zur politischen Verunglimpfung geführt und es wurde immer deutlicher, dass sie ihre Giftpfeile im wesentlichen auf mich richtete in der sicheren Erwartung, damit der CDU als Partei am meisten zu schaden. Der SPD war in diesem Wahlkampf ja fast jedes Mittel recht; sie hatte dabei die Schützenhilfe der offenen und der geheimen Kommunisten! Und was haben wir getan? Wir haben vor allem Unsicherheit in das eigene Lager getragen und dem Querulantentum immer neuen Auftrieb gegeben. Die SPD brauchte gar nicht viel zu tun, um Bundesregierung und Bundeskanzler in Misskredit zu bringen, denn wir, die CDU, nehmen der Opposition diese Arbeit ab […].«

Das Schreiben geriet zu Erhards schonungsloser Generalabrechnung – mit Barzel, der Union und deren nachlassender Unterstützung, der SPD und dem Umgang der Medien mit ihm. Er schrieb: »Wohin eine sozialistische Politik führt, die mit Vorausschau, finanzieller Planung, Nationalbudget usf. die Wirtschaft in immer stärkere Abhängigkeit vom Staat zwingt, erleben wir jetzt z. B. in Großbritannien. Umso bemerkenswerter ist es, mit welch frecher Stirn die Opposition in Deutschland ohne ernsthaften Widerstand von Seiten der CDU die deutsche Wirtschaftspolitik auf die Anklagebank setzen will. Mein Bemühen, die Freiheit dadurch zu bewahren, dass der Mensch aus eigener Einsicht und Verantwortung sich so verhalten solle, sollte niemand als Mangel an einer Gesamtkonzeption auslegen. Tatsächlich sind es vor allem die einseitigen Interessenvertreter, die unter Außerachtlassung jeglicher Gesamtverantwortung das deutsche Volk immer wieder verblenden und in die Irre führen. Angesichts der allgemeinen Kritik an unserer Wirtschaftspolitik aus den eigenen Reihen könnte es fast scheinen, als ob ich die klare Linie der CDU-Wirtschaftspolitik nicht entschieden genug verfolgt hätte. Die Wahrheit lautet, wie Sie wissen, dass die CDU vor mir überhaupt kein nennenswertes wirtschaftspolitisches Programm hatte und dass ich den freiheitlichen Kurs unserer Wirtschaftspolitik oft genug auch gegenüber Teilen der eigenen Fraktion immer wieder neu durchsetzen musste.«

Man kann bei der Lektüre seiner Zeilen die Verärgerung, die Wut spüren, die der Ökonom empfand, weil die tatsächlich immer noch glänzende wirtschaftliche Lage überhaupt nicht gewürdigt, sondern in einer regelrechten Kampagne im Zusammenspiel von Medien und Parteien zerredet und zerrieben wurde. Einer Kampagne gegen ihn, den Bundeskanzler, der man in der Union nahezu teilnahmslos zusah und nach Erhards Auffassung nicht entschieden genug entgegentrat. Erhard rief Barzel in diesem Zusammenhang einige zentrale Wirtschaftsdaten in Erinnerung: »Die Statistik weist aus, dass Löhne und Gehälter vom 1. Halbjahr 1965 bis zum 1. Halbjahr 1966 um 8 1/2 Prozent gestiegen sind, die Preise um 4 Prozent und das Bruttosozialprodukt um 3 1/2 Prozent. Es ist mehr als beschämend, dass gleichwohl keine Partei und keine Fraktion ein direktes Wort gegen das Treiben der sozialistischen Gewerkschaften zu sagen wagt, aber umso mehr sind bereit, die Schuld für dieses Missverhältnis der

Regierung anzulasten. Das ist zweifellos risikoloser, denn ihr steht nicht das Mittel des Gesinnungsterrors zur Verfügung. Ich erinnere daran, dass ich über lange Jahre auch gegen die Unternehmer aufzutreten bereit war. Wie lange soll diese innere Unwahrhaftigkeit andauern?«

Die in jenen kritischen Tagen auch in der Union aufkeimenden Überlegungen, über eine Ausweitung der Mitbestimmung sich von der Partei abwendende Arbeitnehmergruppen zurückzugewinnen oder neu anzuziehen, verwirft der Bundeskanzler Ludwig Erhard ausdrücklich: »Wenn wir jetzt auch noch das Problem der paritätischen Mitbestimmung in die öffentliche Diskussion tragen, würde das Vertrauen zur deutschen Wirtschaft schweren Schaden leiden mit der Wirkung, dass nicht nur deutsches Kapital ins Ausland abgezogen wird, sondern ausländisches Kapital den deutschen Anlagenmarkt meiden würde. Es ist zu bedenken, dass es eine so weitgehende Mitbestimmung überhaupt sonst in keinem Land der freien Welt gibt. Die CDU wird sich auf die Dauer entscheiden müssen, ob sie eine freiheitliche oder eine pseudo-sozialistische Politik zu vertreten gedenkt […] Meine Kritik gilt manchen Gruppen in unserer Partei, insbesondere der ›vornehmen‹ Zurückhaltung, mit der diese den allmählich nicht mehr qualifizierbaren Angriffen der SPD begegnen oder vielfach völlig schweigen. Es wäre daher dringend notwendig, zwischen Regierung und Fraktion das vertrauensvolle Verhältnis nicht zu lockern, sondern zu festigen […].«[24]

Rückblickend war dies Erhards langer Brief zum raschen Abschied, durchaus mit Spuren eines politischen Vermächtnisses durchsetzt. Denn es brauchte tatsächlich während seiner kurzen Amtszeit nur diese einzige Landtagswahl – allerdings im Schlüsselbundesland Nordrhein-Westfalen – von der Union verloren zu werden, um sein Schicksal zu besiegeln. Der Volkskanzler Erhard wirkte sogleich wie ein Kanzler ohne Volk. Wie sollte man mit diesem Mann die nächste Bundestagswahl gewinnen, fragten sich die Abgeordneten in der Union? Panik breitete sich in der Fraktion aus. Dass Erhard erst 1966 Adenauer den Parteivorsitz abgerungen hatte, rächte sich jetzt. Um die Reihen der Partei fest hinter sich zu schließen, war es zu spät. Nach einem Herbst des Missvergnügens, der vom Streit über die Stationierungskosten und von erregten Konflikten über den erforderlichen Haushaltsausgleich sowie christdemokratische Geheimtreffen und Kungelrunden geprägt war, eskalierte die Situation im Oktober. Weil die Presse gemeldet hatte, in der FDP erwäge man plötzlich doch

24 Erhard-Schreiben vom 12.8.1966, Bestand Wolfram Langer, jetzt Archiv der Ludwig-Erhard-Stiftung, Bonn.

bescheidene Steuererhöhungen, verließen die FDP-Minister, angeführt von Walter Scheel, am 27. Oktober aus Sorge vor einem neuerlichen »Umfall-Etikett« die Koalition.

Erhard, dem in diesen Wirren auch noch sein wichtigster Helfer Ludger Westrick als Chef des Bundeskanzleramtes mehr oder minder abhanden gekommen war – Westrick war bereits am 15. September zurückgetreten, amtierte aber, da der Bundeskanzler keinen Nachfolger mehr fand, weiter – flüchtete sich in eine Minderheitsregierung und die Hoffnung, sich mit den Liberalen doch wieder verständigen zu können. Ohnehin nahm er an, dass sich die Union nicht mit der SPD zu einem konstruktiven Misstrauensvotum gegen ihn, den Gründervater, herbeilassen werde. Als sich all diese Hoffnungen, Erwartungen und Annahmen rasch als Trugbilder erwiesen, erklärte Erhard in der Fraktion, dass an ihm die Bildung einer neuen stabilen Regierung nicht scheitern werde, er allerdings an etwaigen »Schauprozessen« nicht teilzunehmen gedenke. Am 1. Dezember 1966 trat er als Bundeskanzler zurück.

Bundeskanzler Ludwig Ehrhard, März 1966.

Ein letztes Mal wandte er sich in einer Fernsehansprache an die Bevölkerung. In der Wirtschafts- und Finanzpolitik sei, so erklärte er, der Übergang zur Normalität nach Jahren des stürmischen und kontinuierlichen Aufschwungs mit ganz normalen »Anpassungsschwierigkeiten« verbunden, diese aber »als Staatsbankrott zu bezeichnen, ist ebenso falsch wie verantwortungslos. Das Fundament unserer wirtschaftlichen und sozialen Ordnung steht auf festem Grunde.«[25]

Dieser Befund Ludwig Erhards traf zu, wurde aber nicht gehört. Welch beträchtlichen Anteil er selbst an der Errichtung der tragenden Fundamente der bundesdeutschen Ordnung gehabt hatte, verschwieg er in seiner Abschiedsstunde überdies. Die vielen Journalisten und medialen Plappermäulchen, die in den Wochen und Monaten seines Sturzes vom ökonomischen Untergang der Republik schwadroniert hatten, sollten übrigens den gefährlichen Weg in den Schuldenstaat über Jahrzehnte hinweg durchaus wohlwollend und keineswegs mit der eigentlich dringend notwendigen Kritik begleiten.

So bleibt es eines der großen Rätsel dieser vom wirtschaftlichen Erfolg ganz maßgeblich geprägten Bundesrepublik, dass nach Ludwig Erhards Abschied ökonomischer Sachverstand in der Politik, im Kanzleramt, im Bundestag, aber auch in Presse, Rundfunk, Fernsehen zunehmend verschwand und immer weiter verschwindet.

25 Laitenberger, Ludwig Erhard – Der Nationalökonom als Politiker, S. 217.

Epilog

Ludwig Erhard verließ das Kanzleramt in Bitterkeit. Er mied fortan öffentliche Auftritte und erhob auch im Bundestag, dem er, stets sichtbar in der ersten Reihe sitzend, noch elf Jahren angehören sollte, nicht mehr seine Stimme. Bis an sein Lebensende trieb ihn die Sorge um, dass die von ihm mit konzipierte Wirtschaftsordnung missverstanden, missbraucht und am Ende zerstört werden würde. »Ich habe als Bundesminister 80 Prozent meiner Kraft dazu verwenden müssen, gegen ökonomischen Unfug anzukämpfen«, sagte er kurz vor seinem Tod im Jahr 1977. In dieser letzten Phase seines Lebens verbündete er sich mit Karl Schiller – dem neben ihm einzigen fundierten Ökonom in der deutschen Politik – und kämpfte etwa 1972 in aufsehenerregenden, aber wenig folgenreichen Anzeigenkampagnen gegen den wachsenden »Opportunismus« des Verteilerstaates an, bei dem das erwirtschaftete Sozialprodukt von Parteien, Parlamenten und Bürokratien in erster Linie unter dem Gesichtspunkt betrachtet wird, wie es am besten verteilt werden kann, um damit Gruppen zu gewinnen.

Für den Fundamentaloptimisten Ludwig Erhard galt vor allem die Botschaft der Freiheit, und zwar der simplen, bürgerlichen Freiheiten – Freiheit der Arbeitsplatzwahl, der Berufswahl, des Umzugs, des Reisens und der Konvertierbarkeit der Währungen bis hin zu den politischen Rechten und Freiheiten. Mit dieser Botschaft wurde er zum weltweit gefragten Missionar der Marktwirtschaft, zum unermüdlichen Mahner und Warner vor sozialistischen Experimenten und vor überbordendem Staatsinterventionismus. Dass ihm der Nobelpreis für Nationalökonomie vorenthalten blieb, war eine kleine Enttäuschung an seinem Lebensabend.

Erhards zentrale Frage, wie Werte und Wohlstand überhaupt geschaffen werden können, wobei derjenige belohnt und nicht bestraft werden muss, der sie schafft, geriet im weiteren Verlauf der Republikgeschichte immer stärker aus dem Blick – und ist heute sozial nahezu geächtet, wo von der Linken absurderweise Begriffe wie »neoliberal« und »marktradikal« zur medialen Diffamierung der Marktwirtschaft eingesetzt werden können, ohne auf nennenswerten Widerspruch zu stoßen, die Aushöhlung der einst von Ludwig Erhard und seinen ordoliberalen Mitstreitern konzipierten Wirtschaftsform immer weiter voranschreitet. Lautete in den 1970er Jahren seit Willy Brandt nicht das zentrale Motto der deutschen Wirtschafts- und Sozialpolitik »Wir wollen mehr Versorgungsstaat wagen«? Dass man 1970/71 in den Sozialministerien geradezu wahnhaft von binnen zehn Jahren zu erwartenden Überschüssen in den Rentenkassen in Höhe von 150 bis 200 Milliarden DM schwadronierte; dass die Personalausgaben der öffentlichen Hand durch Neueinstellungen allein 1971 um 15 Prozent gesteigert wurden, während man gleichzeitig immer entschlossener auf allen staatlichen Ebenen den Marsch in den Verschuldungsstaat antrat; dass die Berufung auf die Störung des gesamtwirtschaftlichen Gleichgewichts, die Ausnahmeregelung des Art.115 GG, in den Haushaltsdebatten zur Dauerausrede herabsank und mit milliardenschweren, aber letztlich nutzlosen Konjunkturprogrammen die heraufziehende neue Massenarbeitslosigkeit bekämpft werden sollte[26] – all das hat er noch mit wachsender Besorgnis registriert.

Am 5. Mai 1977 starb Ludwig Erhard in Bonn und wurde fern vom Ort seines langjährigen politischen Wirkens und seiner bittersten Niederlage auf dem Bergfriedhof in Gmund am Tegernsee beigesetzt. Schon damals wirkte er wie ein Fossil aus einer fernen Zeit. Bis heute ist sein Bild nahezu vollständig verblasst. Wie wir aus vielen Umfragen wissen, sinkt die Akzeptanz der Sozialen Marktwirtschaft in der Bevölkerung kontinuierlich ab, während der Ruf nach einem stärkeren Staat, nach stärkerer staatlicher Regulation vernehmlicher wird und 2009 bereits über fünf Millionen Wähler nicht mehr die SPD, sondern ihren kleineren Rivalen gewählt haben, der in seiner Mitte eine »kommunistische Plattform« beherbergt. Parallel dazu nehmen Verständnis, Kenntnisse und Interesse gegenüber ökonomischen Zusammenhängen bei der Mehrheit der Bevölkerung kontinuierlich ab, wäre die Einführung des Schulfachs »Wirtschaft« zur geistigen Unterfütterung der ökonomischen Fundamente dieser Republik dringlicher denn je. Wie bedeutsam Erhards Botschaft der Freiheit ist und wie berechtigt die meisten seiner Warnungen gewesen sind, mussten und müssen wir erst allmählich wieder lernen. Das kann noch eine bittere und schmerzliche Lektion werden. Ein neuer Ludwig Erhard ist nicht in Sicht.

26 Vgl. Gérard Bökenkamp, Das Ende des Wirtschaftswunders, Stuttgart 2010, S. 53 ff.

Schwarzmarkt am Brandenburger Tor in Berlin, 1945.

Flüchtlinge aus der Sowjetisch besetzten Zone in einem Bombenkrater, Berlin 1945.

Trümmerfrauen bergen Ziegelbruch, Berlin 1946.

1-PS-Motor in den Straßen Berlins, 1946.

NACHKRIEGSZEIT UND SCHWARZMARKT

Schwarzmarktgeschäfte: Fön gegen Schuhe – beide Handelspartnerinnen sind zufrieden, Berlin 1945.

Schwarzmarkt in Berlin-Pankow, 1947.

Polizeirazzia auf einem Schwarzmarkt in Berlin-Neukölln, 1948.

Schwarzhandel mit Zigaretten am Potsdamer Platz in Berlin, Januar 1949.

NACHKRIEGSZEIT UND SCHWARZMARKT

Udo Wengst

**Ludwig Erhard im Fokus
der Zeitgeschichtsschreibung**

Das Bundeswirtschaftsministerium ist kein klassisches Ressort und der Amtsinhaber gilt meist nicht als herausragender Repräsentant der jeweiligen Regierung. Das zeigt sich, wenn man die bisherigen 17 Bundesminister Revue passieren lässt. Die meisten Namen hat man längst vergessen oder man kann mit ihnen keine besonderen Leistungen im Rahmen der Wirtschaftspolitik verbinden. Dies gilt z.B. auch für Helmut Schmidt, der im Jahr 1972 vor seiner Wahl zum Bundeskanzler für wenige Monate das Wirtschaftsressort zusammen mit dem Bundesfinanzministerium leitete, ohne irgendwelche Spuren hinterlassen zu können. Letztlich gab es nur drei Amtsinhaber, die sich in das Gedächtnis der Nachwelt eingeschrieben haben, wobei die Erinnerung jeweils gänzlich unterschiedlich geprägt ist.

Da ist zunächst der FDP-Politiker Otto Graf Lambsdorff zu nennen, der das Wirtschaftsressort von 1977 bis 1984 leitete. Lambsdorff hatte sich bereits vor Übernahme des Ministeramtes als Bundestagsabgeordneter einen Namen als Vertreter eines strikt marktwirtschaftlichen Kurses gemacht, den er auch während seiner Zeit als Wirtschaftsminister der sozialliberalen Bundesregierung unter Helmut Schmidt durchzusetzen versuchte. Als dies auf heftigen Widerstand der SPD stieß, betrieb er im Jahr 1982 zusammen mit Hans-Dietrich Genscher den Bruch der Koalition und den Wechsel der FDP an die Seite der Union. In der Bundesregierung unter Helmut Kohl trug er wesentlich dazu bei, die Staatsfinanzen insbesondere durch schmerzliche Einschnitte bei den Sozialausgaben mittelfristig zu konsolidieren. Mitte 1984 gab Lambsdorff sein Amt als Bundeswirtschaftsminister wegen seiner Verwicklung in den »Flick-Spenden-Skandal« auf. 1987 wurde er wegen Steuerhinterziehung und Beihilfe zur Steuerhinterziehung verurteilt.

Damit war Lambsdorffs politische Karriere aber nicht beendet. Von 1988 bis 1993 fungierte er als Parteivorsitzender der FDP und übernahm 1995 für lange Jahre den Vorsitz der Friedrich-Naumann-Stiftung. In Erinnerung geblieben ist Lambsdorff letztlich aber weniger als Bundeswirtschaftsminister, sondern als ein herausragender Politiker der FDP, der insbesondere den »Machtwechsel« von 1982 betrieben hat.

Karl Schiller, Bundeswirtschaftsminister von 1966 bis 1972 – von 1971 bis 1972 zugleich auch Bundesfinanzminister – war von gänzlich anderer Statur. Er war nicht in erster Linie ein Politiker, sondern ein Volkswirtschaftler, der der SPD beigetreten war und in dieser Partei dank seines wirtschaftspolitischen Sachverstandes Karriere machte. Schiller war stets Anhänger eines marktwirtschaftlichen Kurses, und er war es, der den am meisten zitierten Satz des Godesberger Programms der SPD von 1959 prägte: »Wettbewerb so weit wie möglich, Planung so weit wie nötig.« Den Höhepunkt seiner politischen Karriere erlebte Karl Schiller als Wirtschaftsminister der Großen Koalition von 1966 bis 1969, als er in der Zusammenarbeit mit Finanzminister Franz Josef Strauß (CSU), in der damaligen Zeit gern »Plisch« und »Plum« genannt, den Rahmen für eine an der Theorie des britischen Nationalökonomen John Maynard Keynes orientierten Globalsteuerung schuf.

In der Tat gelang es dank dieser, die in der zweiten Hälfte der 1960er Jahre aufgetretene Delle wirtschaftlichen Wachstums zu beseitigen. Dabei verstand es Karl Schiller, das Stabilitätsgesetz von 1967, die »Konzertierte Aktion« und die »mittelfristige Finanzplanung« mit seinem Namen zu verbinden. Die Bundestagswahlen 1969 sind mit einiger Berechtigung als »Schiller-Wahlen« bezeichnet worden, da der knappe Erfolg von SPD und FDP durch die Wähler Schillers herbeigeführt wurde. Als Bundesminister der sozialliberalen Koalition begann der Stern Schillers allerdings schnell zu sinken, da die SPD seinem marktwirtschaftlichen Kurs immer weniger folgen wollte und die mit der Globalsteuerung verbundenen Hoffnungen auf eine rationale, krisenfreie Lenkung der Gesamtwirtschaft deutlich in Frage gestellt wurden. Karl Schiller selbst blieb bis heute als Hauptprotagonist der Globalsteuerung und innovativer »Wortmagier« der Wirtschaftspolitik in Erinnerung, der im Bundestagswahlkampf 1972 gemeinsam mit Ludwig Erhard auftrat, da er die Marktwirtschaft in Gefahr glaubte.

Damit tritt nun Ludwig Erhard in den Fokus der Betrachtung, der der eigentliche Gegenstand dieses Beitrags ist. Er hat so lange wie kein anderer das Bundeswirtschaftsministerium geleitet. 14 Jahre lang, von 1949 bis 1963, war er geradezu die Personifizierung des bundesdeutschen wirtschaftlichen Wiederaufstiegs, das Symbol für das »Wirtschaftswunder«. Gemeinsamkeiten mit Karl Schiller sind in der Hinsicht nicht zu übersehen, dass auch Ludwig Erhard in erster Linie Volkswirtschaftler war, den es in die Politik verschlagen hatte. Wie Schiller war er in der Partei nicht verankert und besaß deshalb auch keine Hausmacht. Die Distanz Erhards zu seiner Partei kam nicht zuletzt darin zum Ausdruck, dass er nicht einmal ihr Mitglied war. Hinweise darauf, dass er ihr 1963 beigetreten sei, können nicht belegt werden.

Wahlkampfreise des Bundeskanzlers Ludwig Erhard in Nordrhein-Westfalen, Juni 1966.

Die Politik Erhards speiste sich aus seinen wirtschaftlichen Einsichten, was beispielhaft in dem Titel der schmalen Biografie Volkhard Laitenbergers zum Ausdruck kommt: »Der Nationalökonom als Politiker«[1]. Noch pointierter bringt diesen Zusammenhang der amerikanische Historiker Alfred C. Mierzejewski auf den Punkt, indem er die 2005 in deutscher Übersetzung vorgelegte Biografie mit dem Titel »Der Wegbereiter der sozialen Marktwirtschaft«[2] überschreibt. Ähnlich fällt auch das Urteil des Adenauer-Biografen Hans-Peter Schwarz aus, der Erhard als einen Typen des in die Politik geratenen – von ideellen und wissenschaftlichen Konzepten ausgehenden – Ökonomen zeichnet. Die genannten Autoren setzen zwar im Detail unterschiedliche Akzente, lassen aber keinen Zweifel daran aufkommen, dass Erhard als einflussreicher Mitgestalter der Politik in den Anfangsjahren der Bundesrepublik gelten muss.

Das sieht Volker Hentschel in seiner voluminösen Biografie aus dem Jahr 1996 ganz anders.[3] Er stellt Erhard als einen »naiven Ökonomen« dar, bezeichnet dessen Wirtschaftspolitik als »armselig« und vermag keinen Zusammenhang zwischen Erhards »Ordnungspolitik« und dem »Wirtschaftswunder« zu erkennen. Dieses führt er vielmehr allein auf »Voraussetzungen und Zufälle, Umstände und Verhaltensweisen, deren Wirksamkeit Wirtschaftspolitik weitgehend überflüssig machte«, zurück. So stellt sich schließlich die Frage, warum Hentschel eine dickleibige Biografie über eine Figur geschrieben hat, deren Wirkungsmächtigkeit für ihn gegen Null tendiert.

Die Wertungen Hentschels haben indessen wenig Spuren hinterlassen. An der Bedeutung Erhards für die Frühgeschichte der Bundesrepublik bestehen keine Zweifel. Hans-Peter Schwarz und Daniel Koerfer betonen übereinstimmend, dass die Ära Adenauer auch eine Ära Erhard gewesen sei. Noch einen Schritt weiter geht Reinhard Neebe. Im Untertitel seines Buches über die »Weichenstellung für die Globalisierung« spricht er von einer »Ära Ludwig Erhard«[4] und misst damit dem ersten Bundeswirtschaftsminister eine Bedeutung zu, die noch höher zu veranschlagen ist als die des ersten Bundeskanzlers. Neebe begründet die starke Herausstellung Erhards damit, dass dieser im Vergleich zu Adenauer der modernere Politiker gewesen sei, der bereits frühzeitig die Globalisierung der Märkte antizipiert und zur Grundlage seiner Überlegungen und Entscheidungen gemacht habe und damit ganz wesentlich dazu beigetragen habe, den modernen, weltoffenen Handelsstaat in der Bundesrepublik und Westeuropa durchzusetzen.

---

1 Vgl. Volkhard Laitenberger, Ludwig Erhard – Der Nationalökonom als Politiker. Mit einem Vorwort von Helmut Kohl, Göttingen 1986.
2 Vgl. Alfred C. Mierzejewski, Ludwig Erhard – Der Wegbereiter der sozialen Marktwirtschaft, München 2005.
3 Vgl. Volker Henschel, Ludwig Erhard. Ein Politikerleben, München/Landsberg am Lech 1996.
4 Vgl. Reinhard Neebe, Weichenstellung für die Globalisierung. Deutsche Weltmachtpolitik, Europa und Amerika in der Ära Ludwig Erhard, Köln u. a. 2004.

Angesichts der unterschiedlichen, zum Teil gegensätzlichen Bewertungen der zeitgeschichtlichen Bedeutung Ludwig Erhards ist eine eingehendere Auseinandersetzung mit dessen politischem Werk angebracht. Im Folgenden sollen wichtige Zäsuren oder Entscheidungssituationen bzw. zentrale Probleme der Wirtschaftspolitik in der Frühgeschichte der Bundesrepublik einer näheren Betrachtung unterzogen und dabei ausgelotet werden, welche Bedeutung Erhards Wirken jeweils zuzumessen ist. Entsprechend wird anschließend auch in Bezug auf die Bundeskanzlerjahre verfahren, wobei sich der Fokus auf den Gesamtbereich der Politik erweitert. Dabei ist stets im Blick zu behalten, in welchem Verhältnis das politische Handeln und die öffentliche Wahrnehmung stehen, die im Fall von Erhard von herausragender Bedeutung war.

Währungsreform und Leitsätzegesetz

Nach dem Ende des Krieges wurde zunächst das NS-Bewirtschaftungs- und Lohnsystem aufrechterhalten, das anfangs die Alliierten steuerten und diese Kompetenz erst allmählich an deutsche Stellen abtraten. Es herrschte somit in allen Zonen eine Planwirtschaft, die bis in das Jahr 1948 hinein durch eine »Lähmungskrise« gekennzeichnet war. Auch der schnell einsetzende Anstieg der Industrieproduktion brachte keine entscheidende Besserung der Versorgungslage, da die Schwäche der Transportsysteme infolge der Kriegszerstörungen anhielt und die Produktion in der Konsumgüterindustrie auf niedrigem Stand verharrte. Das führte dazu, dass ein nicht unbeträchtlicher Teil des Handels auf dem Weg über Kompensationsgeschäfte abgewickelt wurde und private Verbraucher ihre schlechte Versorgungslage über den »Schwarzmarkt« zu verbessern versuchten. Weder durch die Kompensationsgeschäfte noch durch den »Schwarzmarkt« war jedoch eine Gesundung der Wirtschaft zu erzielen. Für die Entstehung funktionsfähiger Wettbewerbsmärkte war vielmehr die Durchführung einer Währungsreform eine unabdingbare Voraussetzung.

Notwendig war eine Währungsreform, weil als Ergebnis der vom »Dritten Reich« vorgenommenen Kriegsfinanzierung die öffentlichen Finanzen zutiefst zerrüttet waren. Das drastisch geschrumpfte Sozialprodukt und die umlaufende hohe Geldmenge befanden sich nicht mehr im Gleichgewicht. Angesichts der Bewirtschaftungsmaßnahmen und des aufrechterhaltenen Preisstopps gab es jedoch keine »offene Hochinflation«, sondern eine

»zurückgestaute Inflation«. Ein Währungsschnitt war daher unvermeidbar.

Versuche zu einer gesamtdeutschen Währungsreform scheiterten. Deshalb ergriffen die Amerikaner im Lauf des Jahres 1947 die Initiative für eine Währungsreform, die allein die Westzonen einbeziehen sollte. Obwohl die Amerikaner das Heft des Handelns bis zur Währungsreform im Juni 1948 in der Hand behielten, kann diese nicht als ein »Diktat der amerikanischen Militärregierung« (Eckhard Wandel) bezeichnet werden. Denn auch deutsche Experten waren an den Beratungen beteiligt und konnten ihre Vorstellungen durchaus in den Entscheidungsprozess einbringen.

Die deutschen Experten saßen in der Sonderstelle Geld und Kredit, die vom bizonalen Wirtschaftsrat eingesetzt und beauftragt worden war, das Problem der zurückgestauten Inflation zu durchdringen und Vorschläge für Maßnahmen zur Lösung der damit verbundenen Probleme zu unterbreiten. Zum Vorsitzenden dieser Sonderstelle wurde Ludwig Erhard berufen. Seine Diskussionsbeiträge in diesem Gremium zeichneten sich dadurch aus, dass sie Fragen der Währungsreform mit Fragen nach der zukünftigen Wirtschaftsordnung verbanden und damit über die rein technischen Probleme der Einführung einer neuen Währung hinauswiesen.

Dies ist mit aller denkbaren Klarheit einer Äußerung zu entnehmen, die Ludwig Erhard im Frühjahr 1948 gegenüber dem amerikanischen Militärgouverneur Lucius D. Clay und dem britischen Militärgouverneur Brian Robertson machte. Danach hielt Erhard eine gesamtdeutsche Währungsreform für unerwünscht, da dann eine einheitliche Wirtschaftspolitik nicht möglich sei. Denn ein Zusammenschluss der »sowjetischen kollektivistischen Zone« mit den Westzonen verhindere ein »freies Unternehmertum« und beschwöre die Gefahr herauf, dass »die Westzonen nur mit kollektivistischen Wirtschaftspraktiken infiltriert« würden.[5] Entsprechend verständigten sich die Experten der Sonderstelle Geld und Kredit auf eine Währungsreform, die mit der Einführung marktwirtschaftlicher Steuerungsmechanismen, einer Strukturumschichtung zugunsten der Konsumgüterindustrie, der Intensivierung und Entbürokratisierung des Außenhandels sowie dem Marshallplan verbunden war. Letzteren bewertete Erhard als notwendige Grundlage für eine neue Kapitalausstattung.

Anfang März 1948 wurde Ludwig Erhard zum Direktor für Wirtschaft der bizonalen Verwaltung für Wirtschaft gewählt. Da-

5 Michael Brackmann, Vom totalen Krieg zum Wirtschaftswunder. Die Vorgeschichte der westdeutschen Währungsreform 1948, Essen 1993, S. 246.

Andrang vor dem Geschäft »Der freie Laden« in der Leipziger Straße, Berlin im Dezember 1948.

mit schied er aus der Sonderstelle Geld und Kredit aus, sodass er an den abschließenden Beratungen zur Durchführung der Währungsreform nicht beteiligt war. Das neue Amt ermöglichte ihm aber in viel größerem Maße als der Vorsitz in der Sonderstelle, die Umstellung in den Westzonen von der Planwirtschaft zur Marktwirtschaft in Angriff zu nehmen.

Unter Aufgreifen der Überlegungen in der Sonderstelle Geld und Kredit verkündete Erhard bereits im April 1948 im bizonalen Wirtschaftsrat seine Absicht, am Tag der Währungsreform eine umfassende Liberalisierungsinitiative zu starten. Wenig später brachte er den Entwurf eines »Gesetztes über die Leitsätze für die Bewirtschaftung und Preispolitik nach der Geldreform« im Wirtschaftsrat ein. Das Credo Erhards ist darin bereits in zwei Kernsätzen der Präambel festgeschrieben, die wie folgt lauten: »Die Freigabe aus der Bewirtschaftung ist vor ihrer Beibehaltung der Vorzug zu geben. Der Freigabe der Preise ist vor der behördlichen Festsetzung der Vorzug zu geben.« Erhard selbst sah in dem Gesetz »ein Gesetz zum Schutze der deutschen Währung, ein Gesetz zur Wiederherstellung der demokratischen Freiheit, ein Gesetz des sozialen Schutzes und ein Gesetz des wirtschaftlichen Wiederaufbaus«, für das er am 18. Juni die Zustimmung der bürgerlichen Mehrheit des Wirtschaftsrats erhielt.[6]

Obwohl die notwendige Zustimmung des bizonalen Länderrats und der Militärregierungen noch ausstand, ließ Erhard Verord-

6 Zit. nach: Laitenberger, Ludwig Erhard – Der Nationalökonom als Politiker, S. 69.

nungen zur Aufhebung und Lockerung von Bewirtschaftungsvorschriften umgehend in Kraft setzen und die Öffentlichkeit hiervon über Rundfunk in Kenntnis setzen. Erst dieser Alleingang des Direktors für Wirtschaft führte zum »Schaufenster-Effekt« am 21. Juni 1948, als die Geschäftsleute die bisher zurückgehaltenen Waren zum Kauf für die an eben diesem Tag in den Geldumlauf gelangende neue Währung anboten. Erhard aber hätte dieses Vorgehen fast sein Amt gekostet. Im Rückblick gilt das entschlossene Handeln als eine seiner größten Taten, sehen doch nicht wenige Wirtschaftshistoriker hierin – neben der Marshallplanhilfe – den »Treibsatz« für den Start des »Wirtschaftswunders«. So bezeichnet Knut Borchardt die Währungsreform und die damit verbundenen Reformen des Wirtschaftssystems als »quasirevolutionären Gründungsakt« der Bundesrepublik, und Christoph Buchheim schreibt ihnen »eine Schlüsselrolle bei der Initiierung des dynamischen Wirtschaftswachstums in Westdeutschland« zu.

Dagegen vertritt Werner Abelshauser die Meinung, dass »systemunabhängige Wachstumsdeterminanten« für die schnelle Rekonstruktion der westdeutschen Wirtschaft wichtiger waren als die 1948 eingeführte Wirtschaftsordnung. Durchsetzen konnte er sich mit dieser Ansicht jedoch nicht.[7]

Die programmatische Umorientierung der CDU

In das Amt des Direktors der Verwaltung war Ludwig Erhard auf Vorschlag der FDP gelangt. In der CDU gab es wie in der CSU Vorbehalte gegen seine Kandidatur, die daher rührten, dass vor allem innerhalb der CDU zu der Zeit noch wirtschaftspolitische Vorstellungen dominierten, die mit Erhards marktwirtschaftlichem Konzept nur schwer in Einklang zu bringen waren.

In der Gründungsphase der CDU gab es ein Übergewicht der Kräfte, die einen »christlichen Sozialismus« bzw. einen »Sozialismus aus christlicher Verantwortung« als wirtschaftspolitisches Leitbild verfolgten. Diese Vorstellungen basierten auf den sozialistischen Ideen des Walberberger Dominikanerpaters Eberhard Welty und sie wurden vor allem in dem Zonenverband der CDU für die britische Zone diskutiert. Mit dem Programm von Neheim-Hüsten vom März 1946 und dem Ahlener Programm vom Februar 1947 waren diese Ideen erstmals als verbindlich anerkannt worden.

Dabei hat sich das Ahlener Programm bis heute in das kollektive Gedächtnis eingeprägt, da es an wirtschaftlichen Leit-

7 Vgl. Knut Borchardt, Wachstum, Krisen, Handlungsspielräume in der Wirtschaftspolitik, Göttingen 1982, S. 125; Christoph Buchheim, Die Währungsreform in Westdeutschland, in: Vierteljahrshefte für Zeitgeschichte, 36 (1988), S. 231; Werner Abelshauser, Wirtschaft in Westdeutschland 1945–1948. Rekonstruktion und Wachstumsbedingungen in der amerikanischen und britischen Besatzungszone, Stuttgart 1975, S. 170.

bildern orientiert war, die von der später von der CDU verfolgten Wirtschaftpolitik gänzlich abwichen. Im Ahlener Programm dominierten eher plan- als marktwirtschaftliche Elemente. Es forderte die Entflechtung der Konzerne in selbstständige Einzelunternehmen, doch auch ihre Konkurrenzfähigkeit gegenüber dem Ausland sowie die Verstaatlichung, überwiegend jedoch die Vergesellschaftung von Bergwerken und der Eisen schaffenden Industrie, wobei Vergesellschaftung definitorisch Kartellgesetzgebung, gesetzliche Beschränkung des Aktienbesitzes sowie das sogenannte Macht verteilende Prinzip umfasste, das die Aufteilung wirtschaftlicher Macht auf verschiedene Träger verlangte. Das von ihm »formulierte Prinzip der Gewaltenteilung« gründete jedoch nicht auf sozialistischen, sondern ordoliberalen Vorstellungen, und es stand in der Tradition des »katholischen Solidarismus«. Als Ziel der Wirtschaftspolitik nannte das Programm die »Bedarfsdeckung des Volkes«, die nicht durch eine Rekonstruktion der als gescheitert angesehenen kapitalistischen Ordnung anzustreben sei, sondern nur durch eine neue »gemeinwirtschaftliche Ordnung« erreicht werden könne.

Mit dem Ahlener Programm war jedoch zugleich der Höhe- und Endpunkt einer programmatischen Entwicklung erreicht, die Christentum und Sozialismus als Grundlage der CDU-Politik zusammenzufassen suchte. Bereits wenige Monate nach seiner Verabschiedung setzten Bestrebungen des neoliberalen Flügels der CDU in der britischen Zone ein, ein neues Wirtschaftsprogramm für die CDU zu schaffen. Dass die Vorstellungen und Absichten der Neoliberalen überraschend schnell Resonanz innerhalb der CDU fanden, ist insbesondere darauf zurückzuführen, dass die Wirtschaftspolitik in der Bizone, die Ludwig Erhard zielstrebig in marktwirtschaftliche Gleise lenkte, Erfolge zeigte und daher das besondere Interesse des Parteivorsitzenden Adenauer fand.

Dabei war Adenauer jedoch bemüht, nach außen hin auch künftig den Eindruck zu erwecken, dass das neu zu erarbeitende Wirtschaftsprogramm weiterhin auf den Grundlagen des Ahlener Programms basieren sollte. Dies lag jedoch lediglich daran, dass Adenauer Rücksicht auf die Befindlichkeit des Arbeitnehmerflügels der CDU nehmen musste. Dessen Repräsentanten Johannes Albers und Jakob Kaiser waren nämlich bestrebt, auch weiterhin an den eigentumsrechtlichen und gesellschaftspolitischen Grundsätzen des Ahlener Programms festzuhalten und neben dem marktwirtschaftlichen Prinzip staatliche Kontrollen und Regelungen einzufordern. Adenauers Zugeständnisse an diese Richtung waren allerdings zunehmend nur noch verbaler Art, denn der Wirtschaftspolitische Ausschuss der CDU in der britischen Zone, der das neue Wirtschaftsprogramm ausarbeitete, beschrieb seine Zielsetzung mit dem Satz: »Wir wollen eine Abkehr von der zentral gelenkten Verwaltungswirtschaft und eine Rückkehr zur Marktwirtschaft unter starker Betonung des Leistungswettbewerbs.«[8]

Im Grundsatz war dies die Politik, die Ludwig Erhard als Direktor für Wirtschaft in der Bizone verfolgte. Deshalb bemühte sich Adenauer mit Erfolg darum, diesen in die Arbeiten zur Reform der Parteiprogrammatik einzubinden. Auf dem Zonenparteitag der CDU in der britischen Zone Ende August 1948 hielt daher Erhard das Hauptreferat. Es stand unter der Überschrift »Marktwirtschaft moderner Prägung«. Sein Erfolg war überwältigend. Seit diesem Auftritt galt er als der »Wegweiser der Wirtschaftsprogrammatik der Union« und die endgültige Ausarbeitung des neuen Wirtschaftsprogramms fand unter seiner maßgeblichen Beteiligung statt.

Dies zeigte sich z. B. im Verlauf der Zonenausschusssitzung der CDU in der britischen Zone Ende Februar 1949. Hier lag ein Entwurf für ein Wirtschaftsprogramm vor, an dessen Gestaltung Erhard mitgewirkt hatte. Wichtiger war jedoch, dass er es verstand, während der besagten Sitzung sein marktwirtschaftspolitisches Konzept in so eindrucksvoller Weise zu entwickeln, dass Adenauer den Vortrag »klar und lichtvoll« nannte und die »grundlegenden Wahrheiten so deutlich und überzeugend« herausgearbeitet fand, dass er empfahl, ihn als Grundlage für das wirtschaftspolitische Wahlprogramm der CDU zu übernehmen. Auf Vorschlag Adenauers wurde ein Ausschuss führender Unionspolitiker aus allen drei Westzonen eingesetzt, der in Zusammenarbeit mit Erhard ein Wirtschaftsprogramm zu erstellen hatte. Das Programm war nach Ansicht Adenauers knapp zu halten und in »Leitsätzen« zu konzentrieren.

Am 3. Juni 1949 wurde das Programm, das neben der Wirtschaftspolitik noch die Sozial-, Agrar- und Wohnungspolitik behandelte, verabschiedet. Es ging unter dem Namen »Düsseldorfer Leitsätze« in die Geschichte ein. Sie gelten als die programmatische Grundlage der durch Ludwig Erhard von nun an verkörperten Sozialen Marktwirtschaft, die sich von der reinen Marktwirtschaft dadurch absetzte, dass auch sozialpolitische Zielsetzungen einbezogen wurden. Die herausragende Rolle, die Erhard in

8 Zur programmatischen Umorientierung der CDU und zum Bundestagswahlkampf 1949 vgl. detailliert Udo Wengst, Die CDU/CSU im Bundestagswahlkampf 1949, in: Vierteljahrshefte für Zeitgeschichte 34 (1986), S. 1–52; hieraus auch die Zitate.

diesem Zeitraum spielte, verdankte er in erster Linie Adenauer, der erkannt hatte, dass dieser und die von ihm vertretene Wirtschaftspolitik eine Chance für die Union darstellten.

Bundestagswahlkampf der CDU und die Bildung der ersten Bundesregierung im Jahr 1949

Schon im Februar 1949 hatte Adenauer einen Auftritt Erhards vor dem Zonenausschuss der CDU in der britischen Zone genutzt, um sich vor seinen Parteifreunden zum rückhaltlosen Befürworter der Erhardschen Wirtschaftspolitik aufzuwerfen. Den kommenden Bundestagswahlkampf wollte er mit Erhard und auf der Basis seiner Wirtschaftspolitik führen. Er tat dies mit der Begründung, dass Erhard die Fähigkeit besitze, »die Dinge zurückzuführen auf möglichst einfache und klare Begriffe«. Darüber hinaus war Adenauer davon überzeugt, dass die wirtschaftliche Entwicklung der letzten Monate die Richtigkeit von Erhards Prinzipien bewiesen habe.

Da das Echo der Anwesenden auf Erhards Ausführungen »weitgehend positiv« ausgefallen war, gelang es Adenauer relativ leicht, seine Parteifreunde zu bewegen, dessen zentrale Stellung in der Wahlkampfführung der Union zu akzeptieren. Vor dem Wahlrechtsausschuss der CDU am 19. Mai 1949 stellte Adenauer, ohne Widerspruch zu finden, fest, dass im Wahlkampf Erhard die Hauptreden halten werde.

Die Entscheidung Erhards, für die Union in den Wahlkampf zu ziehen, war gleichwohl nicht selbstverständlich, denn auch die FDP bat ihn, als ihr Repräsentant in Erscheinung zu treten.[9] Sie tat dies u. a. mit der Begründung, dass in erster Linie sie Erhards Kandidatur als Wirtschaftsdirektor betrieben habe, und sie erwartete nun hierfür eine Gegenleistung. Erhard entsprach in diese Richtung zielenden Wünschen aus der FDP zumindest insofern, als er hin und wieder in Parteiveranstaltungen der FDP als Redner auftrat.

Möglicherweise war es ein Ergebnis solcher Veranstaltungen, dass Anfang Mai 1949 in FDP-Kreisen der Eindruck entstand, Erhard könne geneigt sein, für die FDP bei der nächsten Bundestagswahl zu kandidieren. Der Oberbürgermeister der Stadt Göttingen bot ihm daraufhin am 14. Mai 1949 die Kandidatur für die FDP im Wahlkreis Göttingen an. Erhard lehnte dieses Angebot aber mit dem Argument ab, dass seine Entscheidung noch ausstehe, ob er überhaupt für den Bundestag kandidieren werde. Dies mochte zwar formal zutreffen; trotzdem ist davon auszugehen dass Erhard solchermaßen antwortete, um gegenüber einem

9 Vgl. zum Folgenden ebenda S. 24–27.

Repräsentanten der FDP nicht erklären zu müssen, dass er sein politisches Aktionsfeld endgültig innerhalb der CDU gefunden hatte.

Schon im Januar 1949 hatte der Vorsitzende der CDU Hessen von Erhard die Zusage erhalten, dass er bei den kommenden parteipolitischen Auseinandersetzungen mit besonderer Kraft für die CDU eintreten werde. Vor dem Zonenausschuss der CDU in der britischen Zone bekannte er wenige Wochen später: »Meine Linie ist die Ihrige. Wenn es nicht der Fall wäre, dann wäre ich so ehrlich und würde nicht hier stehen.« Diese frühzeitige Entscheidung für die Union ist wohl nicht zuletzt darauf zurückzuführen, dass Erhard in der CDU, der größeren Partei, bessere Möglichkeiten zur Durchsetzung seines Konzepts sah.

Am 30. Mai 1949 erreichte Erhard das Angebot, für die Union einen Bundestagswahlkreis zu übernehmen. Es kam aus Nürnberg, Erhards Heimat. Nur wenige Tage später lehnte Erhard jedoch ab. Er begründete dies zunächst mit den innerhalb der CSU existierenden Spannungen, in die er nicht hineingezogen zu werden wünschte. Anschließend wies Erhard darauf hin, dass er die Frage seiner Kandidatur bereits mit Adenauer besprochen habe und mit ihm übereingekommen sei, in Nordrhein-Westfalen zu kandidieren, da dort sein Einsatz die »größten Erfolge« erzielen könne.

Erhards Absage war gerade abgegangen, als ihn ein Brief des Vorsitzenden der CDU Nord-Württemberg erreichte, der ihn im Auftrag seines Landesvorstandes und mit Zustimmung Adenauers bat, sich als Spitzenkandidat der CDU Württemberg-Baden zur Verfügung zu stellen und gleichzeitig einen württembergischen Wahlkreis zu übernehmen. Erhard ging auf dieses Angebot zunächst nicht ein und hielt seinen Wunsch aufrecht, in Nordrhein-Westfalen zu kandidieren. Erst nach Rücksprache mit Adenauer, der Erhard mit »gewichtigen Argumenten« zuredete, die ihm angetragene Spitzenkandidatur in Württemberg-Baden anzunehmen, gab Erhard am 21. Juni 1949 seine Zustimmung und erklärte außerdem seine Bereitschaft, sich im Wahlkreis Ulm/Heidenheim um ein Direktmandat zu bewerben.

Das Problem, das für Erhard mit der Übernahme der Spitzenkandidatur in Württemberg-Baden verbunden war, lag vor allem darin, dass gerade in diesem Land ein besonderer Gegensatz zwischen der CDU und der DVP, wie die Bezeichnung für die Liberalen hier lautete, bestand. Verursacht wurde die ausgeprägte Gegnerschaft der beiden Parteien einmal durch die klare Frontstellung der südwestdeutschen Liberalen gegen die christlich-demokratische Kultur- und Schulpolitik, zum anderen aber auch dadurch, dass beide Parteien sich einen erbitterten Kampf um die Stimmen der protestantischen bäuerlichen Bevölkerung lieferten.

Erhard versuchte sich aus der Konfliktlinie zwischen CDU und DVP herauszuhalten, indem er mit dem FDP-Vorsitzenden Theodor Heuss, der die Landesliste der DVP anführte, ein persönliches Fairnessabkommen schloss. Demnach wollten beide Politiker in Wahlreden von gegenseitigen Angriffen absehen. Darüber hinaus erklärte Erhard in einem Schreiben an Heuss vom 14. Juli 1949, dass er jede »Trübung der gegenseitigen Übereinstimmung« zwischen ihm und der DVP zu verhindern versuche und in der Wahlkampfführung die Verbundenheit in wirtschaftspolitischen Zielsetzungen betonen werde, um klare Fronten zu schaffen.

Auch dem stellvertretenden FDP-Vorsitzenden Franz Blücher bot Erhard im Interesse des guten Einvernehmens und gleicher Ziele eine Vereinbarung über eine gegenseitige faire Wahlkampfführung an, auf die Blücher offensichtlich einging. Erhard erklärte sich darin u.a. bereit, nicht in den Bezirken Wahlreden zu halten, in denen die FDP stark sei oder sich auf eine starke Wählerschaft stützen könne.

Erhard war hinfort bestrebt, bei Wahlveranstaltungen nicht als Parteiredner aufzutreten, sondern als Vertreter der Frankfurter marktwirtschaftlichen Politik. Er betonte nicht seine Kandidatur für die CDU und attackierte grundsätzlich nur noch die SPD. Das ermöglichte ihm trotz seines Engagements für die CDU auch weiterhin ein weitgehend entspanntes Verhältnis zu den FDP-Vorsitzenden Heuss und Blücher, die ebenfalls entsprechend ihrer Absprachen mit Erhard agierten und in ihren Wahlreden zu Fragen der Wirtschaftspolitik ihre Übereinstimmung mit der Politik des Frankfurter Wirtschaftsdirektors betonten. So stellte z.B. Heuss Ende Juli 1949 in Kiel Sozialismus und Planwirtschaft der von ihm vertretenen freien Marktwirtschaft gegenüber, und Blücher betonte Mitte des Monats in München in aller Öffentlichkeit: »Solange Prof. Erhard in seiner Wirtschaftspolitik fortfahre und gegen die Zwangswirtschaft auftrete, werde die FDP seine Politik unterstützen.« Erhard erwies sich damit im Wahlkampf als ein stabilisierender Faktor in den Beziehungen zwischen CDU und FDP und durch sein starkes Engagement in Bayern trug er außerdem dazu bei, die Bindungen zwischen CDU und CSU zu festigen.

Ludwig Erhard hält als Direktor für Wirtschaft im Vereinigten Wirtschaftsgebiet eine Rede auf einer Wahlversammlung der CDU in Frankfurt, August 1949.

Ein Beleg für diese Rolle Ludwig Erhards ist die erste große Wahlveranstaltung der Christlich-Sozialen am 16. Juli 1949 in München, in der Erhard als Hauptredner neben dem bayerischen Ministerpräsidenten Hans Ehard auftrat. Damit wurde die Bedeutung Erhards für die CSU nachdrücklich unterstrichen. Er galt gleichsam als Symbol dafür, dass die Vorstellungen von CDU und CSU in der Wirtschaftspolitik übereinstimmten. Ludwig Erhard nutzte den Auftritt für eine scharfe Kritik an die Adresse der SPD, die er als »Nachtwächter der Zwangswirtschaft« bezeichnete und der »historischen Lüge« bezichtigte. Mit ähnlichen Verbalinjurien hatte er die Sozialdemokraten bereits einen Tag zuvor auf einer Pressekonferenz in Düsseldorf überzogen, als er sie als »verblendete Anhänger der sozialistischen Irrlehre« bezeichnet hatte. Demgegenüber verteidigte Erhard nachdrücklich den von ihm in Frankfurt eingeschlagenen Kurs der Marktwirtschaft. Hierdurch sei es gelungen, »aus einer fehlerhaft konstruierten eine aus inneren Kräften stabile Währung« zu machen. Er bekannte sich nachdrücklich zum Wettbewerb »als Motor der Marktwirtschaft«, dem er das Verdienst zusprach, den Wiederaufstieg der deutschen Wirtschaft bewirkt und die »moralischen Verfallserscheinungen« der Planwirtschaft beseitigt zu haben.

Die Verteidigung der eigenen Wirtschaftspolitik und die scharfe Auseinandersetzung mit dem planwirtschaftlichen Konzept der SPD kennzeichneten hinfort die Reden Erhards, die meist unter der Überschrift »Zwangswirtschaft oder Soziale Marktwirtschaft« standen. Erhard war im Folgenden der gefragteste Redner von allen Unionspolitikern, und er verteilte wie nur wenige andere seine Auftritte über das ganze Bundesgebiet. Die zentrale Wahlkampfführung unterstützte Erhards Reden dadurch, dass die von ihr an die Landesverbände versandten Plakate fast ausschließlich die Wirtschaftspolitik thematisierten.

Im Vergleich zur Auseinandersetzung über den Kurs der künftig einzuschlagenden Wirtschaftspolitik waren im Wahlkampf alle anderen Themen nur von sekundärer Bedeutung. Dies betonte auch Konrad Adenauer in seiner ersten Regierungserklärung im September 1949 und erklärte damit zugleich Ludwig Erhard zum eigentlichen Sieger der Bundestagswahl von 1949. In der rückschauenden Betrachtung muss der Historiker dieser Bewertung zustimmen. Es ist vor allem auf die durch Ludwig Erhard eingeleitete Frankfurter Wirtschaftspolitik, seine Einflussnahme auf die interne wirtschaftspolitische Programmdiskussion der CDU und nicht zuletzt den von ihm geführten Wahlkampf zu-

Das erste Kabinett der Bundesrepublik stellt sich im Bundestag den Fotografen.
1. Reihe, 2. v. l.: Bundeswirtschaftsminister Ludwig Erhard, 20. September 1949.

rückzuführen, dass die Unionsparteien mit einem kleinen Vorsprung vor der SPD die Bundestagswahlen von 1949 gewannen und damit in die Lage versetzt wurden, eine bürgerliche Koalitionsregierung zu bilden.

In den Beratungen über die Koalitions- und Regierungsbildung, die in den Wochen nach der Bundestagswahl im August 1949 innerhalb der Unionsparteien und zwischen den bürgerlichen Parteien geführt wurden, war die Besetzung des Amtes des Bundeswirtschaftsministers mit Ludwig Erhard weitgehend unstrittig. Dies erleichterte es Adenauer, den Widerstand von Opponenten in der eigenen Partei, die eine große Koalition mit der SPD befürworten, zu brechen. Deshalb stellte er in einer Sitzung mit den führenden Unionspolitikern am 31. August 1949 fest, »dass wir unter keinen Umständen die Frankfurter Wirtschaftspolitik verlassen dürften und dass wir unter keinen Umständen Professor Erhard, dessen Namen nun in der öffentlichen Meinung mit der Frankfurter Wirtschaftspolitik absolut verknüpft sei, fallen lassen dürften«[10].

Mit dieser Aussage, die in der Partei auf fast ungeteilte Unterstützung stieß, war einer Koalition mit der SPD eigentlich von vornherein der Boden entzogen. Denn der Sozialdemokratische Pressedienst hatte schon am 22. August eine Stellungnahme veröffentlicht, derzufolge der Eintritt der SPD in eine Bundesregierung mit einem Bundeskanzler Adenauer und einem Wirtschafts-

10 Zur Koalitions- und Regierungsbildung vgl. Auftakt zur Ära Adenauer. Koalitionsverhandlungen und Regierungsbildung 1949, bearb. von Udo Wengst, Düsseldorf 1985, Zitate S. 92, 87 und 258.

minister Erhard eine »allzu starke Zumutung« bedeuten würde. Der Parteivorstand sanktionierte in einer Sitzung am 29. und 30. August in Bad Dürkheim diesen Kurs. In der im Anschluss daran veröffentlichten Erklärung heißt es einleitend: »Das Ergebnis der Wahlen am 14. August beschwört die Gefahr herauf, das die bisherige Wirtschaftspolitik fortgeführt, die deutsche Arbeitskraft ruiniert und die Spannungen zwischen den Klassen so gesteigert werden, dass die staatsbildenden Kräfte gelähmt und die deutsche Demokratie zerstört wird.« Das war eine grundsätzliche Absage an die von Adenauer und Erhard eingeleitete Ausrichtung der Politik und zeichnete den Weg der SPD in die Opposition vor.

Im Unterschied zu Adenauer, der die innerparteilichen Diskussionen im Verlauf der Koalitions- und Regierungsbildung dominierte, meldete sich Erhard nur selten zu Wort. Wenn er es aber tat, dann mit deutlichen Worten, um die Konzeption Adenauers zu unterstützen. Als Beispiel soll eine Stellungnahme in der Sitzung der CDU/CSU-Bundesfraktion am 6. September 1949 genügen. »Ich glaube«, so führte er aus, »dass wir die Opposition [der SPD] nicht zu fürchten brauchen, weil wir eine soziale Politik machen wollen. Es ist ganz klar, wenn Sie den demokratischen Gedanken in Deutschland wirklich erwecken und am Leben erhalten wollen, müssen Sie eine klare und eindeutige Verantwortung schaffen und nicht Vermanschung und Vermischung, denn das hat die deutsche Demokratie [von Weimar] zerstört. Wir sind heute auf dem Wege, wirklich klare demokratische Verhältnisse zu schaffen.«

Den Vorstellungen Adenauers und Erhards entsprechend, begann am 20. September eine Koalitionsregierung aus Unionsparteien, der FDP und der Deutschen Partei ihre Arbeit. Sie war zum großen Teil das Ergebnis des engen Zusammenwirkens der beiden genannten Protagonisten, das insbesondere in der gemeinsamen Durchsetzung des marktwirtschaftlichen Kurses, der die Zustimmung der Mehrheit der Wähler gefunden hatte, zum Ausdruck gekommen war. Wenn es dennoch bald darauf zu tiefgreifenden Konflikten zwischen Adenauer und Erhard kam, dann ist das darauf zurückzuführen, dass Adenauer das Konzept der Sozialen Marktwirtschaft unter machtstrategischen Gesichtspunkten verfolgte, während es für Erhard im Zentrum aller Überlegungen stand und eine Abkehr von diesem für ihn überhaupt nicht diskutabel war. In dieser unterschiedlichen Haltung war ein Konflikt der beiden Politiker bereits angelegt, der nach kurzer Zeit offen und heftig ausbrach.

Diese Auseinandersetzung stand in Zusammenhang mit dem im Sommer 1950 ausgebrochen Koreakrieg, in dessen Gefolge es zu einer länger anhaltenden und einschneidenden Verknappung auf dem internationalen Rohstoffmarkt kam. In dieser Situation bestand eine Gefahr für die deutsche Wirtschaft nicht nur dadurch, dass ihre Versorgung mit unentbehrlichen Rohstoffen ernstlich bedroht erschien, sondern auch durch den Umstand, dass die Rohstoffpreise sprunghaft anstiegen und auf dem deutschen Markt einen Inflationsschub auslösten. Angesichts dieser Entwicklung geriet Erhards marktwirtschaftliches Konzept immer mehr in die Kritik. Diese wurde zusätzlich dadurch verstärkt, dass auch die US-Regierung in die amerikanische Wirtschaft eingriff (u.a. mit dem Erlass eines Lohn- und Preisstopps) und durch ihre Hohe Kommission in Bonn Forderungen nach entsprechenden Maßnahmen in der Bundesrepublik gegenüber der Bundesregierung erhob. Erhard widersetzte sich jedoch mit Entschiedenheit einem grundsätzlichen wirtschaftspolitischen Kurswechsel und geriet damit in einen Gegensatz zum Kanzler.

Adenauer hatte Erhard bei allen Bedenken gegen seine Fähigkeiten als Behördenleiter bisher die Stange gehalten, da seine Wirtschaftspolitik sehr schnell erste Erfolge erzielt hatte. Nun aber, als sich Rückschläge abzeichneten und die Bundesregierung mit einem Festhalten an Erhards Konzeption möglicherweise einen Konflikt mit der US-Regierung heraufbeschwor, rückte Adenauer von seinem Wirtschaftsminister ab. Bereits Anfang Oktober 1950 meldeten übereinstimmend Pressedienste deutliche Worte der Kritik des Kanzlers an der Marktwirtschaft. Diesen Berichten zufolge soll Adenauer in einer Sitzung der CDU/CSU-Bundestagsfraktion Erhard mit den Worten unterbrochen haben: »Sind Sie nur ganz ruhig mit Ihrer Marktwirtschaft. Sie sehen, dass auf vielen Gebieten eine Verknappung eingetreten ist und die Preise davon laufen und mir den Arbeitsmarkt beunruhigen. Wir werden uns möglicherweise gezwungen sehen, wieder Preisbindungen vorzunehmen.«[11]

Wenige Monate später, im Februar 1951, ließ Adenauer auch vor dem Parteiausschuss der CDU erkennen, dass er kein prinzipieller Anhänger der Marktwirtschaft sei, sondern sie nur so lange befürworte, wie sie Erfolg aufzuweisen habe. Der Dissens zwischen Kanzler und Wirtschaftsminister war offensichtlich. Adenauer hielt es daher für erforderlich, an der Politik Erhards Korrekturen anzubringen. Eine Chance hierzu sah er – für Adenauer typisch – in einer personellen Neubesetzung des Staats-

Die Koreakrise: Erhards marktwirtschaftlicher Kurs unter Beschuss

11 Zitat in Udo Wengst, Staatsaufbau und Regierungspraxis 1948–1952. Zur Geschichte der Verfassungsorgane der Bundesrepublik Deutschland, Düsseldorf 1984, S. 254; hieraus auch die folgenden Zitate.

sekretärspostens im Wirtschaftsministerium. Nach erfolglosen Gesprächen mit dem ehemaligen Staatssekretär im Reichswirtschafts- und Reichsfinanzministerium, Hans Schäffer, verhandelte er, ohne Erhard davon in Kenntnis zu setzen, gleichzeitig mit dem Industriellen Ludger Westrick, zu der Zeit Finanzdirektor in der deutschen Kohlenbergbauleitung, und mit Friedrich Ernst, ehemals Ministerialdirektor im Preußischen Ministerium für Handel und Gewerbe und 1931 Reichskommissar für das Bankgewerbe. Von beiden handelte sich Adenauer zunächst Absagen ein. Von der Ablehnung Westricks ließ er sich indessen nicht beirren. Dieser stimmte schließlich zu, und Adenauer setzte seine Ernennung bei Erhard durch. Im April trat Westrick sein Amt an.

Aber noch ehe diese Entscheidung endgültig gefallen war, ventilierte der Kanzler bereits einen neuen Plan, um größere Entscheidungsbefugnisse in der Wirtschaftspolitik an sich zu ziehen. Auf Vorschlag Adenauers bildete das Kabinett am 2. März 1951 einen Ministerausschuss für Koordinierungsfragen auf wirtschaftspolitischem Gebiet, dessen Vorsitz der Kanzler selbst übernahm und der sich mit der Rohstoffverteilung, der Preis- und Lohnentwicklung, der Ernährungs- und Versorgungslage sowie Ex- und Importfragen befassen sollte. Zu seiner Unterstützung wurde im Bundeskanzleramt ein wirtschaftspolitischer Koordinierungsstab eingerichtet, dem Referenten der betroffenen Ministerien und Sachverständige aus Wirtschaft und Landwirtschaft angehörten. Den Vorsitz dieses Stabes bot Adenauer Friedrich Ernst an, den er gleichzeitig mit »besonderen Vollmachten als Kommissar« auszustatten beabsichtigte. Damit drohte Erhard die Führung der Wirtschaftspolitik zu entgleiten, und selbst seine Ausbootung aus dem Kabinett schien in diesen Tagen unmittelbar bevorzustehen. Sie hätte sicherlich auch den Intentionen der Alliierten entsprochen, die in einem Schreiben vom 6. März 1951 an die Bundesregierung eine »umfangreiche Modifizierung der freien Marktwirtschaft gefordert«, andernfalls mit der Einstellung einer weiteren »Dollarhilfe« und der »Sicherstellung der Rohstoffzuteilungen« gedroht hatten.

Doch dieses Mal hatte der Kanzler die Schraube überdreht. Die Minister – um ihre eigenen Kompetenzen besorgt – machten gemeinsam gegen die Absicht Adenauers Front, Ernst mit den Vollmachten eines Kommissars auszustatten, und sie verstanden es durchzusetzen, »dass Ernst lediglich als ›Geschäftsführer‹ des wirtschaftspolitischen Koordinierungsausschusses eingesetzt wurde«. Für diesen Erfolg konnten sie sich vor allem bei Erhard bedanken, der am 14. März 1951 in einer leidenschaftlichen Rede vor dem Bundestag seine Wirtschaftspolitik verteidigt und unter dem lebhaften Beifall der Koalitionsparteien, deren Redner ihm anschließend ihre nachdrückliche Unterstützung zusicherten, ausgerufen hatte, dass er nichts von seiner Verantwortung als Wirtschaftsminister abzugeben gedenke. Diese Flucht in die Öffentlichkeit unterstützte Erhard auf Anraten von zwei engen Mitarbeitern damit, dass er den Vorsitzenden der Phoenix A.G. Hamburg, Otto A. Friedrich, der in der Vergangenheit selbst zu den Kritikern Erhards gezählt hatte und der nun seit Anfang 1951 einen Arbeitskreis für privatwirtschaftliche Wirtschaftslenkung beim Bundesverband der Deutschen Industrie leitete, zum Rohstoffberater in das Wirtschaftsministerium berief. Damit wollte Erhard sowohl dem Kanzler als auch den Alliierten demonstrieren, dass zum einen das Wirtschaftsministerium in der schwierigen Rohstofffrage aktiv wurde, zum anderen aber seine Politik nach wie vor Unterstützung in wichtigen Wirtschaftskreisen fand. Obwohl Adenauer Erhard dringend bat, von der Ernennung Friedrichs zunächst abzusehen, hielt dieser daran fest. Am 19. März 1951 begann Friedrich seine neue Tätigkeit.

Die Berufung Friedrichs zahlte sich für Erhard aus, da sich der Rohstoffberater wiederholt vor das Wirtschaftsministerium stellte und der von ihm gebildete Rohstoffausschuss, dem Vertreter aus Industrie, Handwerk und Gewerkschaften angehörten, Erhards Position der Aufrechterhaltung einer »relativen Marktfreiheit« mit nur begrenzten Lenkungsmaßnahmen unterstützte. Da es Friedrich schließlich auch gelang, das vor allem in den USA bestehende Missverständnis auszuräumen, »als opfere Westdeutschland lebensnotwendige Entscheidungen auf dem Altar einer dogmatischen Wirtschaftsfreiheit«, entspannte sich die Lage zusehends. Begünstigt wurde diese Entwicklung durch die Wandlungen auf dem Weltmarkt, die sich seit dem späten Frühjahr 1951 abzeichneten. Während die Preisentwicklung für Rohstoffe stark rückläufig ausfiel, hielt der Boom im Investitionsgüterbereich an, von dem nun auch die deutsche Exportwirtschaft nachhaltig profitierte, die damit die weitere wirtschaftliche Entwicklung der Bundesrepublik günstig beeinflusste.

Das gleichzeitige Ausscheiden von Friedrich und Ernst im Herbst 1951 aus ihren Krisenämtern zeigte auch der Öffentlichkeit, dass das Schlimmste überstanden war und der Wirtschaftsminister die Führung der Wirtschaftspolitik wieder in die eigenen Hände nahm. Daran konnten anfängliche Reibereien mit Westrick, in dem Erhard bei dessen Amtsantritt nicht ganz zu Unrecht einen Rivalen und Aufpasser Adenauers erblickte, langfristig ebenso wenig ändern, wie die gegen Ende des Jahres 1951 vom Kanzler durchgesetzte Übernahme einer Abteilungsleiterstelle im Wirtschaftsministerium durch den bisherigen Kanzleramtsreferenten Josef Rust. Denn Erhard gelang es trotz dieser personalpolitischen Eingriffe in sein Ressort schon bald, seine Stellung zu festigen. So berief er ohne vorherige Abstimmung mit dem Kanzler oder Westrick den ihm freundschaftlich verbundenen Kölner Nationalökonomen Alfred Müller-Armack, der mit anderen das Konzept der Sozialen Marktwirtschaft und den Begriff geprägt hatte, als Leiter der wichtigen Abteilung I in sein Ministerium. Zur weiteren Stabilisierung von Erhards Position trug alsbald aber auch Westrick bei, der sich zu einem glühenden Verehrer des Wirtschaftsministers entwickelte und der dafür sorgte, dass das Wirtschaftsministerium ein zuverlässiges Instrument zur Umsetzung der Erhardschen Wirtschaftspolitik wurde.

Politische Konflikte zwischen Adenauer und Erhard bis 1957

Allerdings musste Ludwig Erhard hinfort stets mit dem starken Misstrauen des Bundeskanzlers rechnen, der in der Koreakrise die Erfahrung gemacht hatte, dass der Wirtschaftsminister in der von ihm für zentral gehaltenen Frage nach der Ausrichtung der Wirtschaftspolitik entschieden an seiner Auffassung festhielt. Ebenso energisch gegenüber dem Bundeskanzler oder auch Ministerkollegen im Kabinett verhielt sich Erhard, wenn es darum ging, zur Kompetenzerweiterung seines Ministeriums beizutragen. So setzte sich Erhard schon wenige Wochen nach der Ernennung zum Minister dafür ein, dass sein Ressort die Zuständigkeit für die Geld- und Kreditpolitik erhielt. Diese Kompetenz, die bis 1945 in Deutschland stets der Wirtschaftsminister besessen hatte, war nach Kriegsende in den entstehenden Ländern auf Anordnung der Besatzungsmächte den Finanzministerien übertragen worden. Entsprechend hatte man es in der Bizone gehalten und diese Regelung bei der Bildung der Bundesregierung im September 1949 übernommen.

Obwohl Erhards Anspruch auf die Übernahme der Geld- und Kreditpolitik sowohl von den Wirtschaftsministern der Länder sowie vom Bundeskanzleramt als berechtigt anerkannt wurde, zögerte Adenauer, besagte Zuständigkeit vom Finanzministerium auf das Wirtschaftsministerium zu verlagern. Dieses Zögern war –

wie einem Aktenvermerk des Bundeskanzleramts zu entnehmen ist – auf »gewisse Gründe sachlicher und personeller Art« zurückzuführen. Es ist naheliegend, hieraus Vorbehalte des Bundeskanzlers gegenüber Erhard abzuleiten. Denn als der politische Druck so stark wurde, dass Adenauer eine Entscheidung zugunsten Erhards herbeiführen musste, verband er dies mit der Installation des besagten Josef Rust in herausgehobener Position im Wirtschaftsministerium. Mochte es damit auch so scheinen, Erhard habe lediglich einen Phyrrus-Sieg errungen, so ist dem entgegenzuhalten, dass der von Adenauer eingesetzte Rust das Wirtschaftsministerium bereits 1955 wieder verließ und damit Erhard diesen »Aufpasser« des Bundeskanzlers relativ schnell los war.

In dem Jahr 1955 begann ein weiterer zentraler Kompetenzkonflikt, in den Erhard involviert war. Dabei ging es um die Zuständigkeit in der Außenwirtschafts- bzw. Außenhandelspolitik, die der damals neu ernannte Bundesaußenminister Heinrich von Brentano für das Auswärtige Amt reklamierte. Damit rief er den entschiedenen Widerspruch Erhards hervor. Für ihn ging es in dieser Auseinandersetzung um die Grundentscheidung über die inhaltliche Ausrichtung der Außenhandelspolitik der Bundesrepublik. Denn er warf seinem Kontrahenten und ebenso Bundeskanzler Adenauer vor, eine Handelspolitik im Geiste »traditionellen Staatsdenkens« zu verfolgen und damit die »Instrumentalisierung der Handelspolitik für politische Zwecke« betreiben zu wollen. Dagegen setzte Erhard seine »Konzeption des modernen Handelsstaates«, des »weltoffenen Handelsstaates«, der allein der »multilateralen Weltwirtschaft«, wie sie nach 1945 geschaffen worden sei, angemessen sei. Erhard erreichte im Sommer 1958 schließlich einen Teilerfolg, als das Auswärtige Amt und das Wirtschaftsministerium vereinbarten, dass Heinrich von Brentano im Ministerrat der EWG die außenpolitischen Fragen vertreten werde, Ludwig Erhard aber für alle wirtschaftlichen und wirtschaftspolitischen Fragen zuständig sei.

Anhand der beiden Kompetenzkonflikte wird deutlich, dass Erhard durchaus über Durchsetzungsvermögen verfügte und Auseinandersetzungen mit dem Bundeskanzler nicht aus dem Weg ging. Es stellt sich aber die Frage, inwieweit es Erhard darüber hinaus gelang, seine Vorstellungen bei der inhaltlichen Ausgestaltung der Politik einzubringen und dabei dem Urteil gerecht zu werden, dass er die Ära Adenauer wesentlich geprägt habe. Dies kann im Rahmen dieses Beitrags nur in einigen zentralen Bereichen überprüft werden, deren Bedeutung für die Ära Adenauer nicht zu bezweifeln ist. Dies ist erstens die Ausarbeitung und Verabschiedung des Gesetzes gegen Wettbewerbsbeschränkungen (Kartellgesetz), zweitens die europäische Integrationspolitik, die zur Gründung der EWG führte, und drittens die Ausarbeitung und Verabschiedung des Rentenreformgesetzes.

Für Erhard galt das Gesetz gegen Wettbewerbsbeschränkungen von Beginn an als Kernstück der Sozialen Marktwirtschaft. So hieß es schon in einer Anlage zum Leitsätzegesetz von 1948: »Soweit der Staat den Verkehr mit Waren oder Leistungen nicht regelt, ist dem Grundsatz des Leistungswettbewerbs Geltung zu verschaffen. Bilden sich wirtschaftliche Monopole, so sind sie zu beseitigen und bis dahin staatlicher Aufsicht zu unterstellen.«[12] Die damals vorhandene Absicht, ein entsprechendes Gesetz bereits durch den bizonalen Wirtschaftsrat verabschieden zu lassen, ließ sich aber nicht verwirklichen.

Auch in der ersten Legislaturperiode vermochte es Erhard nicht, ein entsprechendes Gesetz durch den Bundestag zu bringen. Dies ist auf den ersten Blick erstaunlich, da auch die Amerikaner auf ein Kartellgesetz drangen und die Gesetzgebung in dieser Frage unter die alliierten Vorbehaltsrechte fiel. Dies erleichterte Erhards Position indessen nicht, da er keinesfalls in den Verdacht geraten durfte, Vollzugsorgan der Amerikaner zu sein. Der Wirtschaftsminister hat deshalb auch gegenüber dem Bundeskanzler darauf hingewiesen, dass ihn die amerikanische Auffassung überhaupt nicht interessiere, sondern das Kartellgesetz seiner eigenen Konzeption entspringe.

Dies war insofern richtig, als sich die Kartellgesetzgebung, wie sie Erhard anstrebte, aus dem ordoliberalen Gedankengut ableitete. Sie stimmte mit der amerikanischen Antitrustpolitik aber insofern überein, als auch Erhard strikter Anhänger des Verbotsprinzips war. Damit stellte er sich gegen die deutsche Kartellrechtstradition, die bis 1945 durch eine Missbrauchsgesetzgebung geprägt war. An dieser Tradition wollte der mächtige Bundesverband der Deutschen Industrie (BDI) auch in der Bundesrepublik festhalten. Er stellte sich folglich gegen die Pläne Erhards, der die Interventionen des BDI auch deshalb ernst nehmen musste, da dieser über gute Kontakte in die bürgerlichen Parteien und zu Bundeskanzler Adenauer verfügte.

Adenauer selbst brachte der Kartellgesetzgebung kein besonderes Interesse entgegen. Eine Lösung hielt er erst dann für nötig, als übergeordnete politische Überlegungen ins Spiel kamen. Das war bei den abschließenden Verhandlungen über die Pariser Ver-

---

12 Vgl. hierzu und zum Folgenden Laitenberger, Ludwig Erhard – Der Nationalökonom als Politiker, S. 109–197.

träge im Herbst 1954 der Fall. Die Amerikaner setzten nämlich als Gegenleistung der Bundesregierung für die ersatzlose Streichung der kartellrechtlichen Vorbehaltsrechte aus dem Übergangsvertrag die Verabschiedung einer Note der Bundesregierung durch, in der diese die Fortführung einer Kartellpolitik im Sinne amerikanischer Vorstellungen zusagte. Wörtlich hieß es in der von Adenauer abgegebenen Erklärung: »Die Bundesregierung hat damit zu erkennen gegeben, dass ihr die Verabschiedung eines Gesetzes gegen Wettbewerbsbeschränkungen ein ernstes Anliegen ist. Sie ist gewillt, an der bisher von ihr verfolgten Kartellpolitik festzuhalten und dahin zu wirken, dass die Freiheit des Wettbewerbs durch ein deutsches Gesetz umfassend und wirksam geschützt wird.«[13]

Trotz dieser Zusage des Bundeskanzlers gingen die Verhandlungen im Bundestag nicht so recht voran, da aus der CDU/CSU-Fraktion heraus alternative Gesetzentwürfe zum Entwurf des Wirtschaftsministeriums eingebracht wurden. Nach wie vor wogte der Streit um die Frage, ob eine Verbots- oder Missbrauchsgesetzgebung anzustreben sei, hin und her. Erst als der amerikanische Außenminister John Foster Dulles Adenauer im Sommer 1955 an dessen Zusage aus dem Herbst 1954 erinnerte, gab Adenauer sein Zögern auf und nahm in der Öffentlichkeit für Erhards Position Partei.

Von nun an verhandelte der wirtschaftspolitische Ausschuss ernsthaft über den Regierungsentwurf. Im Sommer 1957 wurde das entsprechende Gesetz schließlich verabschiedet. Das von Erhard von Anfang an verfolgte Verbotsprinzip war erhalten geblieben, aber durch gravierende Ausnahmeregelungen stark durchlöchert worden. Bestimmte Kartelle waren weiterhin erlaubt oder konnten erlaubt werden, und dem Wirtschaftsminister wurde darüber hinaus die Befugnis eingeräumt, jedes Kartell unter bestimmten Voraussetzungen zu genehmigen.

Der Ausgang der Kartellgesetzgebung ist mit Recht als Niederlage Erhards interpretiert worden. Das wusste auch Erhard selbst, obwohl er das Gesetz in der dritten Lesung im Bundestag schönzureden versuchte. Er sah im vorliegenden Gesetz nur einen ersten Schritt in die richtige Richtung und hoffte auf eine Weiterentwicklung des Kartellrechts gemäß seinen Vorstellungen in der Zukunft.

Während in der Kartellgesetzgebung der Konflikt zwischen Erhard und Adenauer nur ansatzweise zum Ausdruck kam, da letzterer die Frage für sekundär hielt und sich in der Phase bis 1955

13 Lisa Murach-Brand, Antitrust auf deutsch. Der Einfluss der amerikanischen Alliierten auf das Gesetz gegen Wettbewerbsbeschränkungen (GWB) nach 1945, Tübingen 2004, S. 212.

darauf beschränkte, sein Desinteresse zu bekunden und gelegentlich den Vorstellungen des BDI zu folgen schien, handelte es sich bei der europäischen Integrationspolitik um ein Politikfeld, das auf des Kanzlers Agenda ganz oben stand.

Adenauer war ein entschiedener Anhänger der institutionellen Integration, Erhard hielt dagegen die funktionelle Integration für den richtigen Weg. Aus diesem Gegensatz ergab sich ein konzeptioneller Grundsatzwiderstreit, der im Konflikt über die Zuständigkeit in der Außenhandelspolitik bereits angeklungen war. In der konkreten Auseinandersetzung über den Königsweg zur europäischen Integration führte er letztlich zum »irreparablen Bruch« (Reinhard Neebe) zwischen Adenauer und Erhard.

Ausgelöst wurde dieser durch den sogenannten Integrationsbefehl Adenauers vom Januar 1956. Hierin verpflichtete der Bundeskanzler seine Minister, die Integration der sechs Staaten gemäß dem Beschluss von Messina »entschlossen und unverfälscht« durchzuführen und »die Schaffung geeigneter gemeinsamer Institutionen anzustreben, um im Sinne der großen politischen Zielsetzung eine feste Bindung der Sechs herbeizuführen«.[14]

Erhard, der die Europapolitik Adenauers als »Pseudo-Integration« begriff, die sich in supranationalen Verwaltungsakten erschöpfe, nahm den Integrationsbefehl nicht unwidersprochen hin. In einem ausführlichen Schreiben an den Bundeskanzler bezweifelte er, dass dessen Politik zu einer »wahrhaft europäischen Lösung und Befriedung« führen werde. Erhard beklagte die in der europäischen Integrationspolitik angelegten »wirtschaftlichen Fehler und wirtschaftlichen Sünden« und mahnte eine »engste Zusammenarbeit« mit den USA und Großbritannien an. Adenauer kanzelte seinen Wirtschaftsminister daraufhin regelrecht ab. Reinhard Neebe ist zuzustimmen, wenn er feststellt, dass von nun an zwischen beiden offener Krieg in der Europapolitik herrsche.

Erhard unternahm bis zum Abschluss der Römischen Verträge mehrere Anläufe, an Adenauers Integrationskurs Korrekturen anzubringen. So wandte er sich entschieden gegen den französischen Vorstoß einer »sozialen Harmonisierung«, um protektionistischen Tendenzen vorzubeugen. Ebenso war er bestrebt, die Tür für einen Beitritt Großbritanniens zum Gemeinsamen Markt offenzuhalten und deshalb den Weg in Richtung fortschreitender Liberalisierung des Welthandels einzuschlagen. Mit seinen Interventionen erzielte Erhard aber kaum Erfolge. Der Bundeskanzler hielt allgemeinpolitische Gegebenheiten allemal für wichtiger als

14 Neebe, Weichenstellung für die Globalisierung, S. 289.

Bundeskanzler Konrad Adenauer (links) und Bundeswirtschaftsminister Ludwig Erhard auf einer Pressekonferenz, Januar 1955.

wirtschaftspolitische Überlegungen. So fiel denn auch die endgültige Entscheidung über die Unterzeichnung der Römischen Verträge und damit über die institutionelle Integration Europas im Schatten der politischen Doppelkrise vom Herbst 1956, dem Einmarsch der Warschauer-Pakt-Staaten in Ungarn und der Suez-Krise.

Erhard übte auch nach dem Entschluss zu ihrer Ratifizierung Kritik an den Römischen Verträgen und bezeichnete in einer Pressekonferenz den Gemeinsamen Markt als »wirtschaftlichen Unsinn«. Damit sorgte er zwar für Beunruhigung in einigen europäischen Hauptstädten und für Ärger bei Adenauer, letztlich handelte es sich aber um Nachhutgefechte, die am Scheitern seiner Konzeption nichts mehr zu ändern vermochten. In der Ratifizierungsdebatte der Römischen Verträge im Bundestag im März 1957 bekannte sich Erhard dann zu einem »eindeutigen« Ja, schränkte dieses jedoch insofern ein, als er erklärte, dass vom rein »ökonomischen Standpunkt« aus eine andere Konstruktion denkbar gewesen wäre. In der EWG sah Erhard keine Institution, die in der Lage sei, Europa »möglichst schnell auf eine gesunde freiheitliche Grundlage zu stellen«.

Während es sich bei der Kartellgesetzgebung und der europäischen Integrationspolitik um Politikfelder handelte, die für den Wirtschaftsminister von zentraler Bedeutung waren, trifft dies für die Rentenreform nicht zu. Hier waren insbesondere der Arbeits- und Finanzminister gefordert. Da es aber um eine politische Entscheidung ging, die für den Bundeskanzler von herausragender Bedeutung war und die auch der Wirtschaftsminister letztlich für außerordentlich wichtig hielt, erscheint auch dieses sozialpolitische Thema geeignet, den Stellenwert von Adenauer und Erhard in der Politik der 1950er Jahre auszuloten.

Angesichts der Unübersichtlichkeit des sozialen Leistungsrechts war die Regierung Adenauer mit der Absicht in die zweite Legislaturperiode gestartet, eine umfassende Sozialreform durchzuführen. Als sich herausstellte, dass dieses Vorhaben bis 1957 nicht zu realisieren war, hielt es der Bundeskanzler für angeraten, lediglich eine Rentenreform in Angriff zu nehmen. Dies erschien vor allem deshalb erforderlich, weil es aufgrund der niedrigen Renten eine verbreitete Armut unter den Rentnern gab. Zentrale Eckpunkte der Rentenreform sollten die Finanzierung durch ein Umlageverfahren, die Koppelung der Rente an die Lohnentwicklung und die Sicherung des im Arbeitsleben erworbenen Standards sein.

Obwohl Erhard von Beginn an grundsätzliche Zustimmung signalisierte, meldete er stets auch Bedenken an. Diese betrafen insbesondere die Höhe der Rente, die »um eine gewisse Spanne unter der Höhe des vergleichbaren Arbeitslohnes« liegen müsse, damit ein »gewisser Anreiz zum Sparen« bleibe. Ebenso äußerte Erhard Bedenken hinsichtlich einer automatischen Koppelung der Rente an den Lohn, da er »inflationistische Tendenzen« befürchtete. Zudem appellierte Erhard an seine Kollegen im Sozialkabinett, die Altersrente als reine Beitragsrente zu gestalten.[15]

Adenauer behagten die von Erhard erhobenen Einwände überhaupt nicht. In einer Sitzung des Sozialkabinetts im Februar 1956 entgegnete er auf den Vorschlag Erhards, dass die Rente 60 Prozent des Nettoeinkommens nicht übersteigen solle, dass dies »psychologisch falsch«[16] sei. Als Erhard in einer Kabinettssitzung im Mai 1956 dann erneut »schwerwiegende Bedenken« gegen die geplante Rentenfestsetzung und ihre Koppelung an die Lohnentwicklung geltend machte und für die Zukunft als Bemessungsgrundlage das preisbereinigte Nettosozialprodukt vorschlug, platzte dem Bundeskanzler der Kragen. Er wies Erhards Vorschlag zurück, der ihn in »Erstaunen« versetze, da er im Widerspruch zu den Beschlüssen des Sozialkabinetts stehe, an denen der Wirtschaftsminister mitgewirkt habe. Adenauer fügte hinzu, dass er nicht beabsichtige, »sich im Hinblick auf die bisherigen Verlautbarungen der Bundesregierung in der Öffentlichkeit lächerlich«

15 Kabinettsprotokolle der Bundesregierung. Ministerausschuss für die Sozialreform 1955–1960, bearb. von Bettina Martin-Weber, München 1999, S. 132 f.
16 Ebenda, S. 155.

zu machen.[17] Erhard hielt gleichwohl an seiner Auffassung fest und schloss sich in der Abstimmung über den Entwurf im Kabinett dem Mehrheitsvotum nicht an.

Der Wirtschaftsminister fühlte sich daher auch nach diesem Kabinettsbeschluss frei, seine abweichenden Vorstellungen öffentlich zu vertreten. Adenauer ließ sich dies zwar eine Zeit lang gefallen, rief im Oktober Erhard dann aber mit dem Hinweis zur Ordnung, dass dieser den Grundsätzen der Reform im Mai im Bundeskabinett zugestimmt habe. Daraufhin ließ Erhard den Kanzler wissen, dass er in besagter Kabinettssitzung seine Bedenken vorgebracht habe und sich deshalb berechtigt sehe, sich im Rahmen seiner damaligen Einwände in der Öffentlichkeit zu äußern.

In den Kabinettssitzungen im Oktober 1956, in denen die Rentenreform abschließend beraten wurde, meldete sich Erhard nur noch einmal zu Wort und plädierte dabei erneut für eine Herabsetzung des Rentenniveaus. Ansonsten erhob er keine Bedenken und stimmte dem Entwurf auch abschließend zu.

Für Adenauer bedeutete es deshalb eine böse Überraschung, als kurz darauf dpa meldete, dass Erhard in einer Rede gesagt habe, »die Renten sollten nur so hoch festgesetzt werden, dass sie als Existenzminimum ausreichen«[18]. Dies war so eindeutig gegen die Intention Adenauers und der von ihm betriebenen Rentenreform gerichtet, dass der Bundeskanzler Erhard mit zwei Briefen zur Ordnung rief und ihn zu einer Klarstellung aufforderte. Zugleich teilte er Erhard mit, dass er die Rentenreform zur Richtlinie seiner Politik mache und damit verbindlich für alle Minister.

Erhard kam der Aufforderung des Bundeskanzlers wenige Tage später nach, indem er in einem Interview darauf hinwies, dass man aus seinen Äußerungen nicht folgern dürfe, dass er für die Rentner lediglich das Existenzminimum gefordert habe. Er ließ es jedoch dabei nicht bewenden, sondern machte noch einmal deutlich, worin er das Hauptproblem der Rentenreform sah: »Wohl habe ich darauf hingewiesen, die Renten sollten wiederum nicht so hoch bemessen werden, dass wegen zu hoher Beitragsleistungen keine individuelle Spartätigkeit mehr möglich wäre und das Gefühl der Eigenverantwortlichkeit und der Selbstvorsorge für das Alter und die Familie völlig erlahmen müsste.«

Auch in der Auseinandersetzung zwischen Adenauer und Erhard über die Rentenreform dachte Adenauer politisch, Erhard wirtschaftspolitisch. Dabei handelte der Bundeskanzler wie in den anderen dargestellten Fällen aus der Position des politisch

17 Kabinettsprotokolle der Bundesregierung, Bd. 9, 1956, bearb. von Ursula Hüllbusch, München 1998, S. 369.
18 Vgl. hierzu und zum Folgenden Konrad Adenauer, Briefe 1955–1957, bearb. von Hans Peter Mensing, Berlin 1998, S. 255 f. und S. 520.

Mächtigeren und setzte sich deshalb in den Konflikten mit dem Wirtschaftsminister letztlich stets durch. Gleichwohl gelang es Erhard im Verlauf der 1950er Jahre, in der Öffentlichkeit immer stärker hervorzutreten und allmählich zum ernsthaften Konkurrenten Adenauers aufzusteigen.

»Wahllokomotive« und Symbol des »Wirtschaftswunders«: Ludwig Erhard und die Öffentlichkeit bis 1961

Noch 1949 hatte Adenauer dafür gesorgt, dass der Bundestagswahlkampf der Union ganz auf Erhard zugeschnitten war. Sein Kalkül, dass es mit Erhard als Spitzenkandidaten gelingen würde, eine bürgerliche Mehrheit zu erringen, war schließlich ja auch aufgegangen. Nach vier Jahren Kanzlerschaft Adenauers hatten sich die Voraussetzungen jedoch grundsätzlich geändert. Der Bekanntheitsgrad Adenauers war deutlich angestiegen, und er war der unbestrittene Führer der Partei und der Bundesregierung.

Deshalb war das Wahlkampfkonzept der CDU im Jahr 1953 im Unterschied zu 1949 vor allem auf den Bundeskanzler ausgerichtet. Das Hauptplakat zeigte ein väterlich wirkendes Porträt Adenauers mit der Aufschrift »Deutschland wählt Adenauer«. Der Bundeskanzler selbst begann den Wahlkampf auf einem Parteitag der CDU in Hamburg, der am Ende einer viel beachteten USA-Reise stand, die in der Wahlwerbung der Union in einem Wochenschau-Film unter das Volk gebracht wurde. Adenauer war der beliebteste Politiker des Landes, und es erwies sich als erfolgreich für die CDU, im Sommer 1953 einen »Kanzlerwahlkampf« zu führen.

Dennoch spielte neben Adenauer auch Erhard wieder eine besondere Rolle im Wahlkampf der Union. Mit starker Unterstützung aus der Industrie führte er einen persönlichen Wahlkampf für die Soziale Marktwirtschaft. Damit kam er bei der Bevölkerung an, für die er den wirtschaftlichen Wiederaufstieg symbolisierte. Der grandiose Wahlerfolg der CDU wurde deshalb von Wahlbeobachtern neben Adenauer vor allem Erhard zuerkannt, dem der »SPIEGEL« nach der Wahl Titelbild und -geschichte widmete und ihn damit über den Kanzler stellte. Der Wirtschaftsminister begann Adenauer in der Gunst der Wähler bereits zu diesem frühen Zeitpunkt den Rang abzulaufen.

Die 1953 eingeleitete Entwicklung setzte sich 1957 fort. Auch dieses Mal konzentrierte die CDU ihren Wahlkampf auf die Person des Bundeskanzlers. Das zentrale Wahlplakat zeigte ein gemaltes Konterfei Adenauers: sonnengebräunt, mit blondem Haar und verjüngtem Antlitz. Allerdings hielten es die Wahlstrategen angesichts seines hohen Alters für notwendig, das zentrale Wahlplakat durch Plakate mit der Aufschrift »Adenauer und seine Mannschaft« zu ergänzen und damit den Eindruck zu vermitteln, dass die Union auch bei einem Ausscheiden des Bundeskanzlers aus der Verantwortung über handlungsfähige und erfahrene Politiker verfüge.

Wie 1953 führte Erhard auch 1957 einen persönlichen Wahlkampf auf eigene Rechnung, was bei »Adenauer und der Mannschaft« zu erheblichen Irritationen führte. Eine 2003 vorgelegte Wahlanalyse weist nach, dass Erhard in den Wahlanzeigen der CDU deutlich öfter genannt wurde als Adenauer. Außerdem wird belegt, dass der Name Erhard fast immer mit dem Begriff »Soziale Marktwirtschaft« in Verbindung gebracht wurde und damit Symbolcharakter erhielt.[19] Trotzdem waren sich alle Wahlanalytiker damals einig, dass der Wahlsieger Konrad Adenauer hieß. Es war die von ihm – auch gegen den Widerstand Erhards – durchgesetzte Rentenreform, die der Union die absolute Mehrheit bescherte. Die Verdienste Erhards für den Erfolg der Union waren trotzdem sehr hoch zu veranschlagen. Das musste auch Adenauer anerkennen, der seinen Wirtschaftsminister nach der Neubildung des Kabinetts zum Vizekanzler berief.

Leicht fiel Adenauer diese Entscheidung sicherlich nicht. Denn die – oben beschriebenen – Auseinandersetzungen der vorangegangenen Jahre hatten ihn überzeugt, dass er und Erhard meistens abweichende politische Konzeptionen verfolgten und eine unterschiedliche Politikauffassung hatten. Zudem hatte Adenauer sehr früh erkannt, dass die wachsende Volkstümlichkeit Erhards ihm früher oder später gefährlich werden konnte.

Mit dem Jahr 1957 begann der Aufstieg Erhards zum Kronprinz und Konkurrenten Adenauers Fahrt aufzunehmen. Im Februar des Jahres feierte er seinen 60. Geburtstag mit pompösem Gepränge, und selbst Adenauer kam nicht umhin, mit großen Gesten den Jubilar zu ehren: Erstmals betrat der Bundeskanzler ein Ministerium und er überreichte Erhard ein Kanzlerfoto mit der Widmung: »Meinem treuen Mitarbeiter in Freundschaft«. Zum Geburtstag erschien das Buch »Ludwig Erhard: Wohlstand für alle«. Verfasser des Buches war nicht Ludwig Erhard, sondern ein Redakteur des »Handelsblatts«, der ihm »menschlich und geistig sehr nahe« stand und den »Duktus und Tenor« Erhards so gut traf, dass es nahe lag, diesen als Verfasser des Buches zu betrachten.[20]

Wahlplakat der CDU für die Bundestagswahl 1957 mit einer Porträtzeichnung von Ludwig Erhard.

19 Vgl. Silke I. Keil, Wahlkampfkommunikation in Wahlanzeigen und Wahlprogrammen, Frankfurt am Main u. a. 2003, S. 282 f.

Seit 1957 stiegen die Werte für Erhard in den Meinungsumfragen, wenn nach dem geeigneten Nachfolger für Adenauer gefragt wurde. Während 1955 und 1956 Außenminister Heinrich von Brentano noch deutlich vor Erhard gelegen hatte, zog dieser 1957 und 1958 gleich und setzte sich schließlich 1959 mit deutlichem Abstand an die Spitze. 32 Prozent votierten in diesem Jahr für Erhard, weit abgeschlagen folgten die CDU-Politiker Eugen Gerstenmaier (sechs Prozent) und Heinrich von Brentano (drei Prozent), während der SPD-Politiker Carlo Schmid immerhin noch einen Wert von zehn Prozent erreichte und damit deutlich vor seinem Parteifreund Willy Brandt lag, für den sich drei Prozent aussprachen.[21]

Die wachsende Resonanz in der Bevölkerung hatte Erhard in großem Maße Karl Hohmann zu verdanken, der seit 1956 als Pressereferent des Wirtschaftsministers fungierte. Hohmann verstand es glänzend, die Person (Erhard) mit dem Produkt (Soziale Marktwirtschaft) zu verbinden und damit Erhard ein unverwechselbares Image in der Bevölkerung zu verschaffen. Volker Hentschel spricht im Hinblick hierauf von einer »Verklärung« Erhards, der als die Verkörperung des »Wirtschaftswunders« wahrgenommen wurde. Bildhaft festgehalten wird dies in einem Foto aus dem Jahr 1957, das den wohlgenährten Wirtschaftsminister mit Zigarre zeigt, der das aufgeschlagene Buch »Wohlstand für alle« in den Händen hält. Obwohl Erhard selbst bis 1959 die Kanzlernachfolge nicht anstrebte, konnte er sich dem Druck der ihm nahestehenden Presse, der Mehrheit der CDU/CSU-Bundestagsfraktion und seiner engeren Mitarbeiter immer weniger entziehen, die ihn in diese Richtung drängten.

Adenauer war freilich schon längere Zeit überzeugt, dass eine Kanzlerschaft Erhards nur in einer Tragödie für das deutsche Volk enden könne. Er tat deshalb alles, um die Ambitionen seines Wirtschaftsministers auf das Kanzleramt abzuwehren. Nach einigem Zögern führte er daher Ende Februar 1959 einen Beschluss von CDU-Spitzenpolitikern herbei, Erhard als Nachfolger von Theodor Heuss zum Kandidaten für das Bundespräsidentenamt zu nominieren. Das Kalkül des Bundeskanzlers für den Coup war offensichtlich: Ein Bundespräsident Erhard kam als Nachfolger im Bundeskanzleramt nicht mehr in Frage.

Erhard war davon keineswegs begeistert. Trotzdem gab er zunächst einmal eine leicht verklausulierte Zustimmung, bat aber zugleich um Bedenkzeit. Rückblickend erwies sich dieses Vorgehen als richtig, denn in der Union kam es zu einer »wilden Rebel-

20 Hentschel, Ludwig Erhard – Ein Politikerleben, S. 295.
21 Vgl. Michael K. Caro, Dr. Volkskanzler. Ludwig Erhard, Köln 1965, S. 144.

Ludwig Erhard mit seinem Buch »Wohlstand für alle«, Januar 1957.

lion« (Theodor Heuss), da große Teile der Bundestagsfraktion auf die »Wahllokomotive« Erhard nicht verzichten wollten. Ebenso rieten Erhards engste Mitarbeiter von der Kandidatur ab, und auch in der Öffentlichkeit überwogen die Stimmen, die Erhard weiterhin als aktiven Politiker behalten wollten. Deshalb erklärte der Wirtschaftsminister nur wenig später seinen Verzicht auf die Kandidatur für das Präsidentenamt und meldete zugleich in einem Brief an Adenauer seinen Anspruch auf die Kanzlernachfolge an.

Dieses Ansinnen konnte bei Adenauer nur Entsetzen auslösen. Die im Rückblick nur schwer nachvollziehbaren Entscheidungen, die er in der anschließenden Suche nach einem geeigneten Kandidaten für das Bundespräsidentenamt fällte, dienten letztlich allein dazu, das Streben seines Wirtschaftsministers auf das Kanzleramt abzuwehren. Zunächst kandidierte Adenauer selbst für das Bundespräsidentenamt, da er vorübergehend glaubte, auf der Grundlage des dem Bundespräsidenten zustehenden Vorschlagsrechts für die Wahl des Bundeskanzlers Erhard den Weg in dieses Amt versperren zu können. Als er feststellte, dass das Grundgesetz diese Interpretation nicht zuließ und seine Wahl zum Bundespräsidenten Erhard umgehend die Übernahme des Bundeskanzleramts ermöglichen würde, zog Adenauer seine Kandidatur kurzerhand zurück. Damit blieb er zwar Bundeskanzler, die »Präsidentenposse« (Hans-Peter Schwarz) hatte sein Ansehen aber dauerhaft ramponiert. Erhard dagegen ging nicht nur unbeschädigt aus der von Adenauer herbeigeführten Krise hervor, sondern war nun endgültig zum Hoffnungsträger der Union aufgestiegen, in der die Stimmen derer immer zahlreicher wurden, die dafür votierten, den alt gewordenen Adenauer über kurz oder lang als Bundeskanzler abzulösen.

Wie dramatisch sich die Gewichte zwischen Erhard und Adenauer während der 3. Legislaturperiode verschoben hatten, zeigte sich im Bundestagswahlkampf von 1961. Zum Ärger des Bundeskanzlers begann die CDU mit einem zentralen Plakat Wahlwerbung zu betreiben, das den Text »Adenauer, Erhard und die Mannschaft« enthielt. Von Beginn an fanden Erhards Wahlkampfauftritte mehr Resonanz als die des Bundeskanzlers und in den wenigen gemeinsamen Veranstaltungen erhielt der Wirtschaftsminister mehr Beifall als Adenauer. Volker Hentschel führt dies weniger auf den Inhalt der Reden zurück als vielmehr darauf, dass Erhard mittlerweile zum »fleischgewordenen Mythos« aufgestiegen sei. Zudem vergaloppierte sich der Bundeskanzler nach dem Mauerbau vom 13. August, als er in den Tagen danach Berlin fernblieb, den Wahlkampf ungerührt fortführte und dabei hemmungslos auf den Spitzenkandidaten der SPD, den Regierenden Bürgermeister von Berlin, Willy Brandt, einprügelte. Das kam bei vielen Westdeutschen nicht gut an und beschädigte das Ansehen Adenauers weiter. In der Schlussphase des Wahlkampfes distanzierte sich schließlich auch noch die CSU vom Bundeskanzler, indem sie in Bayern eine Plakat-Aktion mit Erhards Konterfei und dem Satz »Dieser Mann verbürgt Deutschlands Freiheit« startete.

Adenauers Kanzlerschaft schien noch vor der Wahl dem Ende nahe. Denn die FDP hatte schon seit einiger Zeit ausgeschlossen, nochmals in eine Koalition unter Adenauers Führung einzutreten. So hatten bereits zwei Monate vor der Wahl Geheimverhandlungen zwischen Spitzenpolitikern der FDP und CSU stattgefunden. Hierin war man übereingekommen, dass beide Parteien die Nachfolgefrage für Konrad Adenauer im Herbst, also nach der Bundestagswahl, lösen wollten. Dies bedeutete im Klartext, dass sich die Parteiführungen von FDP und CSU auf einen Kanzlerwechsel geeinigt hatten. Dabei stand für sie fest, dass der neue Bundeskanzler nur Ludwig Erhard sein könne.

Das Ergebnis der Wahlen schien zunächst gute Voraussetzungen für dieses Vorhaben zu schaffen, denn die Unionsparteien verloren ihre absolute Mehrheit von 1957, während die FDP mit annähernd 13 Prozent einen glänzenden Wahlerfolg erzielte. Wenn es Adenauer dennoch gelang, eine zeitlich befristete Fortsetzung seiner Kanzlerschaft zu erreichen, lag das zunächst einmal an der CSU, die von dem mit der FDP-Führung verabredeten Kanzlersturz abrückte. Es lag aber auch an Ludwig Erhard, der seine der FDP-Führung ausdrücklich gegebene Zusage zu einer Kampfkandidatur gegen Adenauer nach nur kurzer Zeit wieder zurückzog. Schließlich und endlich war es aber auch der Taktiker Adenauer selbst, der mit klugen Schachzügen seine Gegner gegeneinander ausspielte und die notwendige Unterstützung der CDU/CSU-Bundestagsfraktion für eine Fortsetzung seiner Kanzlerschaft errang.

Sieg über Adenauer: Wahl zum Bundeskanzler im Jahr 1963

Die beiden letzten Jahre der Regierung Adenauer waren durch innerparteiliche Kontroversen in der Union und durch Konflikte dieser mit der FDP gekennzeichnet. Dazu kam als tiefer Einschnitt die Regierungskrise 1962 im Zusammenhang mit der »SPIEGEL-Affäre«. Sie trieb die Regierung in eine so tiefe Krise, dass Verteidigungsminister Strauß seinen Abschied nehmen musste und selbst der Rücktritt des Bundeskanzlers möglich schien. Aber auch dieses Mal gelang es Adenauer, seinen Kopf aus der Schlinge zu ziehen, wenn auch nur mit der festen Zusage, im Herbst 1963 seinen Abschied zu nehmen.

Aber auch in den verbleibenden Monaten seiner Kanzlerschaft setzte Adenauer alles daran, einen Bundeskanzler Ludwig Erhard doch noch zu verhindern. Er führte mit ihm öffentliche Auseinandersetzungen über den außenpolitischen Kurs und tat in Hintergrundgesprächen mit Journalisten alles, um seinen Wirtschaftsminister zu demontieren. Adenauer hielt seinen Vizekanzler zu keinem Zeitpunkt für geeignet, die Führung der Bundesregierung zu übernehmen. Um Erhard den Weg in das Bundeskanzleramt doch noch zu versperren, versuchte er potentielle Rivalen wie Heinrich von Brentano oder Gerhard Schröder ins Spiel zu bringen, ohne damit jedoch besonders erfolgreich zu sein.

Vielmehr gewann Erhard in den Auseinandersetzungen mit Adenauer an »Kanzler-Wert« (Hans-Peter Schwarz) und im Unterschied zu früheren Zeiten begegnete er Adenauer mit deutlich erkennbarem Selbstbewusstsein. Dies kam nicht zuletzt darin zum Ausdruck, dass er auf eine schnelle Entscheidung in der Nachfolgefrage drängte. Unterstützung fand er dabei bei einer

Abschiedsfeier für Konrad Adenauer in Bonn, 1963.

wachsenden Zahl von Unionspolitikern, die überzeugt waren, dass der anhaltende Streit zwischen Adenauer und Erhard und die weitere Unsicherheit über die Kanzlernachfolge negative Auswirkungen für die öffentliche Wahrnehmung der Unionsparteien haben würde. Meinungsumfragen und die Landtagswahlen in Rheinland-Pfalz Ende März 1963 bestätigten diese Auffassung.

Obwohl Adenauer unter den gegebenen Umständen einsehen musste, dass er den Kampf gegen Erhard verloren hatte, versuchte er gleichwohl noch immer, seinen Widerstand gegen dessen Nominierung zum Kanzlerkandidaten aufrechtzuerhalten. Als am 25. April 1963 die Fraktion zur Wahl des Kanzlernachfolgers zusammentraf, stand nur noch die Kandidatur Erhards zur Abstimmung. Trotzdem wandte sich Adenauer mit einer hart formulierten Stellungnahme gegen ihn: »Ich spreche nicht gern aus, dass ich einen Mann, mit dem ich selbst 14 Jahre zusammengearbeitet habe und der Hervorragendes geleistet hat, nun für einen anderen Posten, den er haben möchte, für nicht geeignet halte.«[22]

Verhindern konnte Adenauer damit die Kanzlerschaft Erhards jedoch nicht mehr. Die Wahl in der Fraktion fiel eindeutig aus. Von 225 abgegebenen Stimmen erhielt Erhard 159. Die Zahl der Nein-Stimmen betrug 47, die Zahl der Enthaltungen 19. Die FDP nahm den Beschluss der Unionsfraktion mit Erleichterung zur Kenntnis: Denn mit Ludwig Erhard war nun endlich der von ihr

22 Hans-Peter Schwarz, Adenauer. Der Staatsmann 1952–1967, Stuttgart 1991, S. 838.

schon seit längerer Zeit favorisierte Mann nominiert, mit dem sie sich eine bessere Zusammenarbeit als mit Adenauer erhoffte. Die Wahl Erhards zum Bundeskanzler im Deutschen Bundestag warf keine Probleme auf. Er wurde am 16. Oktober 1963 mit einer Mehrheit von 279 gegen 180 Stimmen bei 24 Enthaltungen gewählt. Die Ära Adenauer war beendet, und Ludwig Erhard hatte die Position erreicht, auf die er teils hingearbeitet, auf deren Übernahme er aber ebenso von seinen Mitarbeitern sowie der Unionsparteien und der FDP gedrängt worden war. Nicht zuletzt entsprach diese Entwicklung den Erwartungen einer Mehrheit der bundesdeutschen Öffentlichkeit, die in Erhard den Garanten des wirtschaftlichen Erfolgs erblickte und mit ihm weiterhin eine hoffnungsvolle Zukunft erwartete.

Im Bundeskanzleramt: Der Nationalökonom scheitert als Politiker

Erhard hat zwar die bei Weitem längste Amtszeit als Wirtschaftsminister aufzuweisen, als Bundeskanzler brachte er es aber nur auf drei Jahre und ist damit derjenige, der mit Kurt-Georg Kiesinger unter den bisherigen Bundeskanzlern am kürzesten an der Spitze einer Bundesregierung stand. Drei Jahre lassen wenig Zeit für eine nachhaltige Gestaltung und Prägung in der Politik. Dies gilt insbesondere dann, wenn die politische Stellung von Beginn an wenig gefestigt erscheint und sich das Ende der Amtszeit derart frühzeitig abzeichnet, dass Versuche zur Machtsicherung alles andere beherrschend in den Vordergrund treten.

Dies war bei Erhards Kanzlerschaft unbestreitbar der Fall. Viele derjenigen, die seine Kandidatur 1963 unterstützten, taten dies in der Absicht, ihn einrahmen und damit ihre eigenen politischen Vorstellungen umsetzen bzw. Erhard nach einer gewissen Übergangszeit stürzen und beerben zu können. Außerdem blieb Erhards langjähriger politischer Gegenspieler und Kritiker Altbundeskanzler Adenauer weiter auf der politischen Bühne präsent, da er bis zum Frühjahr 1966 den Parteivorsitz beibehielt und von hier aus als »Frondeur« (Hans-Peter Schwarz) gegen Erhard und dessen Regierung agierte. Bis zur Bundestagswahl 1965 erlegte er sich dabei noch eine gewisse Zurückhaltung auf, formulierte danach jedoch seine Kritik umso deutlicher. Sein Einfluss nahm erst ab dem Frühjahr 1966 merklich ab, als er den Parteivorsitz an Erhard abgab. Der konnte hiervon jedoch kaum noch profitieren, da in der Partei bereits jüngere Politiker wie der Vorsitzende der Bundestagsfraktion der CDU/CSU, Rainer Barzel, großen Einfluss gewonnen hatten und auf ihre Chance

Bundeskanzler Ludwig Erhard im Arbeitszimmer seines Hauses am Tegernsee, April 1965.

zur Ablösung Erhards als Bundeskanzler lauerten. So wurden die drei Jahre der Kanzlerschaft Erhards in der Geschichte der Bundesrepublik lediglich zu einem Intermezzo, zum ersten Teil einer Übergangszeit, die einen »Machtwechsel« zu einer Regierung unter Führung der SPD einleitete.

Das alles hatte Erhard bei seinem Amtsantritt noch nicht kommen sehen. Vielmehr ging er davon aus, »am Beginn einer neuen Epoche« zu stehen, und er verlangte die »geistige Umkehr im Denken des Volkes«.[23] Das waren große Worte, die sicherlich dem Hang Erhards zu pathetischen Formulierungen geschuldet waren, aber auch dessen feste Absicht belegen, bei aller Wahrung der Kontinuität zur Ära Adenauer deutlich neue Schwerpunkte zu setzen.

Dies bezog sich zunächst auf den Regierungsstil. Erhard stand für mehr Menschlichkeit und Gemütlichkeit in der Politik, und er betonte gleich zu Beginn seiner Amtszeit, als Bundeskanzler weniger machtorientiert handeln zu wollen als sein Vorgänger; ein Vorhaben, das sich zuerst im Kabinett niederschlug, dessen Diskussionen der neue Kanzler weniger straff führte als Adenauer und dessen Mitglieder er »an längerer Leine« agieren ließ. Außerdem hob Erhard das bisher geltende Rauchverbot auf, wovon er als leidenschaftlicher Zigarrenraucher selbst profitierte. Der neue Regierungsstil, der sich schon in der ersten Regierungserklärung niederschlug, kam anfangs durchaus an. Die Presse lobte seinen

23 Hentschel, Ludwig Erhard – Ein Politikerleben, S. 451.

Auftritt und zeigte sich vom neuen Ton und der neuen Sprache angetan. Erhard begann seine Arbeit mit Vorschusslorbeeren.

Das große außenpolitische Problem, mit dem Erhard über seine gesamte Kanzlerschaft hinweg konfrontiert war, war der Konflikt zwischen »Atlantikern« und »Gaullisten«. Dabei ging es um die Frage, ob sich die deutsche Außenpolitik eher an die USA oder Frankreich »anlehnen« sollte. Letztlich handelte es sich um die ins Sicherheitspolitische gewandelte Auseinandersetzung über die Integrationspolitik in den 1950er Jahren. Während Erhard damals eine funktionalistische Integration unter Einbeziehung der USA und Großbritanniens verfolgte, favorisierte Adenauer das Konzept einer institutionellen Integration Europas unter Führung Frankreichs und der Bundesrepublik. Erhard stand mit Außenminister Gerhard Schröder an der Spitze der »Atlantiker«, Adenauer führte gemeinsam mit Franz Josef Strauß die »Gaullisten« an. Während erstere den – atomaren – Schutz der USA für unabdingbar hielten, waren letztere angesichts der von Kennedys Administration eingeleiteten Detente-Politik gegenüber der Sowjetunion davon überzeugt, dass eine stärkere Anlehnung an das Frankreich de Gaulles angeraten sei und erhofften sich den notwendigen – atomaren – Schutz von dessen »force de frappe«.

Dies hatte unmittelbare Auswirkungen auf das Verhältnis Erhards zu de Gaulle, das von Beginn an verkrampft war und schließlich von gegenseitiger Verständnislosigkeit gekennzeichnet wurde. Die gestörte Beziehung zu de Gaulle hatte schließlich sogar innenpolitische Auswirkungen, da sie nicht nur die Angriffe Adenauers auf Erhard befeuerte, sondern auch die Kritik aus der CSU am Bundeskanzler förderte.

Dagegen begegneten sich Erhard und der amerikanische Präsident Lyndon B. Johnson von Beginn an mit großer Sympathie. Die beiden Politiker trafen in den drei Jahren von Erhards Kanzlerschaft fünfmal zusammen und demonstrierten damit ihr besonders enges Verhältnis. Für Erhard entbehrte es deshalb nicht einer gewissen Tragik, dass der amerikanische Präsident einen nicht unwesentlichen Beitrag zu seinem Sturz leistete, als er sich im Herbst 1966 – angesichts der negativen amerikanischen Handelsbilanz – weigerte, Erhard ein Moratorium für die deutschen Ausgleichszahlungen für die Stationierung der amerikanischen Truppen in der Bundesrepublik zu gewähren.

Für die Außenpolitik war unter der Kanzlerschaft Erhards weiterhin Gerhard Schröder zuständig, der wie der Bundeskanzler als entschiedener »Atlantiker« galt. Die von ihm eingeleitete »Politik der Bewegung«, die eine Auflockerung der Beziehungen zu den osteuropäischen Staaten unter Umgehung der DDR beabsichtigte, passte zwar in das von den Amerikanern verfolgte Detente-Konzept, war aber nur bedingt erfolgreich. Höhepunkt dieser Politik, die Erhard konsequent unterstützte, war die sogenannte »Friedensnote« vom März 1966, mit der der Sowjetunion und den osteuropäischen Staaten der Austausch förmlicher Gewaltverzichtserklärungen angeboten wurde. Damit deutete sich bereits zu einer frühen Phase jener Wechsel der Ostpolitik der Bundesregierung an, den vier Jahre später die Regierung Brandt/Scheel beherzt vollzog.

Wenig Übereinstimmung zwischen Erhard und Schröder bestand jedoch in der Nahostpolitik. Während der Außenminister mit Rücksicht auf die Beziehungen der Bundesrepublik zu den arabischen Staaten eine zurückhaltende Politik gegenüber Israel anmahnte, hielt der Bundeskanzler die möglichst rasche Aufnahme voller diplomatischer Beziehungen zu Israel aus moralischen und politischen Gründen für erforderlich. Damit setzte er sich mit Unterstützung durch den Vorsitzenden der CDU/CSU-Bundestagsfraktion, Rainer Barzel, durch und erhielt dabei auch die Zustimmung des CSU-Vorsitzenden Strauß. Im Mai 1965 nahmen die Bundesrepublik und Israel volle diplomatische Beziehungen auf, was die Mehrzahl der arabischen Staaten mit dem Abbruch der Beziehungen zur Bundesrepublik beantwortete. Wenn die moralischen Implikationen dieses außenpolitischen Schrittes Erhards auch überwiegend Anerkennung fanden, so wurde jedoch an der operativen Umsetzung, dem als Alleingang des Bundeskanzlers empfundenen Vorgehen Kritik angemeldet. Ein weiteres Mal erschien der Beweis erbracht, dass Erhard die erforderlichen außenpolitischen Qualifikationen abgingen.

Für Erhard selbst besaß die Außenpolitik, soweit es nicht ihre grundsätzliche Ausrichtung oder aber Fragen der Außenwirtschafts- bzw. Außenhandelspolitik betraf, nur sekundäre Bedeutung. In erster Linie verstand er sich, selbst als Bundeskanzler, als Innen- und Wirtschaftspolitiker. Besonders auf diesem Feld wollte er neue Denkanstöße geben, um die von ihm diagnostizierten Mängel des bestehenden »Verteilerstaats« und der reinen »Konsumentengesellschaft« zu beheben. Ein persönlicher Beraterstab erarbeitete ab Oktober 1964 das Konzept der »formierten Gesellschaft«, mit dem Erhard im Frühjahr 1965 an die Öffentlichkeit trat. Die damit verbundenen Absichten mögen ehrenwert gewesen sein, da Erhard und sein Beraterkreis eine Weiterentwicklung der Sozialen Marktwirtschaft anstrebten. Konkret liefen die Überlegungen auf eine längerfristig angelegte Haushaltspolitik, eine Reform der Parlamentsarbeit, die Zurückdrängung des Einflusses der Verbände und eine Neuausrichtung der Sozialpolitik hinaus.

Problematisch war indessen die dafür verwendete Begrifflichkeit. Sie ließ sogleich den Eindruck entstehen, dass hier ein antipluralistisches, autoritäres, an gemeinschaftsideologischen Vorstellungen orientiertes Gesellschaftsmodell implementiert werden solle, das an den Grundlagen des seit 1949 erfolgreich arbeitenden politischen Systems der Bundesrepublik rührte. Dasselbe galt für das von Erhard vorgeschlagene »Deutsche Gemeinschaftswerk«, mit dessen Hilfe der Bundeskanzler eine grundlegende Finanzreform einführen wollte. Das öffentliche Echo auf Erhards Vorschläge war vernichtend und auch in seiner Partei stieß er auf Unverständnis. Sowohl das Konzept selbst wie auch die Art und Weise, wie es in Politik und Öffentlichkeit vermittelt wurde, lassen auf eine gewisse politische Naivität des Bundeskanzlers schließen. Angesichts der negativen öffentlichen Reaktionen verschwanden die Schlagworte »formierte Gesellschaft« und »Deutsches Gemeinschaftswerk« bald wieder aus der Diskussion und spielten schon im Bundestagswahlkampf von 1965 keine Rolle mehr.

Trotz ungünstiger Wahlprognosen – die führenden Meinungsforschungsinstitute sagten ein Kopf-an-Kopf-Rennen von Unionsparteien und SPD voraus – ging Erhard mit Elan in den Bundestagswahlkampf 1965. Obwohl die Partei nicht geschlossen hinter ihm stand – immerhin orakelte der Parteivorsitzende Adenauer in aller Öffentlichkeit über alternative Koalitionsmöglichkeiten –, beherrschte Erhard die Wahlkampfbühne. Wider Erwarten so mancher Parteifreunde erwies er sich immer noch als erfolgreiche »Wahllokomotive«, die für die Unionsparteien ein alle überraschendes positives Wahlergebnis einfuhr. CDU/CSU verfehlten nur knapp die absolute Mehrheit und erreichten mit den Stimmen der FDP eine stattliche Mehrheit für eine neue schwarz-gelbe Regierung. Alle Spekulationen über die Bildung einer Großen Koalition, die von Unionspolitikern und Sozialdemokraten gestreut worden waren, hatten sich in Luft aufgelöst. Ludwig Erhard sah sich als »Volkskanzler«, der über den Parteien stand, bestätigt.

Diese Stimmung hielt jedoch nicht lange an. Die Koalitionsverhandlungen erwiesen sich als schwierig, und Erhard konnte

Bundeskanzler Ludwig Erhard mit seinem späteren Nachfolger, Ministerpräsident Kurt Georg Kiesinger, während einer Wahlreise in Freudenstadt, 21. August 1965.

seine personellen und inhaltlichen Vorstellungen kaum durchsetzen. Seine Gegner in der Union arbeiteten weiterhin darauf hin, ihn als Bundeskanzler abzulösen und mit der SPD eine Regierung der Großen Koalition zu bilden. Anlass hierfür boten die nachlassende Konjunktur, die als Wirtschaftskrise aufgebauscht wurde, und die damit verbundene Sparpolitik in den öffentlichen Haushalten.

Es war nicht zu übersehen, dass die Eintrübungen am bis dahin lichten bundesdeutschen Wirtschaftshimmel zu Popularitätseinbußen Erhards führten. Die Landtagswahlen im Juli 1966 in Nordrhein-Westfalen, das von einer Strukturkrise des Bergbaus gebeutelt wurde, gerieten für Erhard zu einem Fiasko. Er wurde zum Buhmann für die angebliche wirtschaftliche Malaise ausgerufen, was sich im Wahlergebnis für die CDU niederschlug, die annähernd vier Prozent verlor, während die SPD fast die absolute Mehrheit erreichte. Der »Wahllokomotive« war offensichtlich der Dampf ausgegangen. Für die CDU hatte Erhard damit seinen Wert verloren. Von nun an betrieben die Granden der Union seinen Sturz. Die Einzelheiten der nachfolgenden Entwicklung müssen hier nicht nachgezeichnet werden; festzuhalten bleibt lediglich, dass am 1. Dezember 1966 ein »waidwund geschossener« Ludwig Erhard seinen Rücktritt als Bundeskanzler erklärte. An seine Stelle trat Kurt-Georg Kiesinger, der nunmehr eine Regierung der Großen Koalition anführte.

Ludwig Erhard und die Repräsentation der Bonner Demokratie

Wenn auch Ludwig Erhard als Bundeskanzler keine besonders tiefen Spuren in der Außen- und Innenpolitik hinterließ, so ist er doch dafür verantwortlich, dass in seinen Amtsjahren der Bau einer »Dienstwohnung« für den Bundeskanzler in Angriff genommen und fertiggestellt worden ist. Der damals entstandene »Kanzlerbungalow« prägt die Repräsentation der Bonner Demokratie seit dem Ausgang der 1960er Jahre. Auf diesen Bau näher einzugehen, ist im Rahmen dieses Beitrags auch deshalb notwendig, um am überlieferten Bild Erhards als einem wenig kunstsinnigen, mit den herausragenden Intellektuellen seiner Zeit im Konflikt lebenden Bundeskanzler Retuschen anzubringen. Dieses Bild rührt vor allem aus dem Bundestagswahlkampf von 1965, als Erhard auf Schelte von Günter Grass und Rolf Hochhuth an der Sozialen Marktwirtschaft überzogen reagierte und seine Kritiker als »Pinscher« bezeichnete.

Wenn Ludwig Erhards Kunstgeschmack eher konventionell war, so galt das nicht für seine Vorstellungen von Architektur. Schon seit den 1950er Jahren lebte er in Gmund am Tegernsee in einem Haus, das der Architekt Sepp Ruf gebaut hatte, der in unmittelbarer Nachbarschaft lebte. Dabei handelte es sich um einen Architekten, der in der Tradition der Bauhausarchitektur stand und nach 1945 im Stil einer »Moderne der Zweiten Generation« baute.[24] In diesem Stil entstand vor allem in München und Bonn in den 1950er und Anfang der 1960er Jahre eine ganze Reihe von Gebäuden.

Einer größeren Öffentlichkeit bekannt geworden ist Sepp Ruf jedoch erst durch den Beitrag der Bundesrepublik auf der Brüsseler Weltausstellung von 1958. Der von ihm und Egon Eiermann entworfene Pavillon erhielt international ein sehr positives Echo, während er in der Bundesrepublik selbst zurückhaltender aufgenommen wurde. Dies traf jedoch nicht für Wirtschaftsminister Erhard zu, der, als er die Ausstellung besuchte, für den deutschen Pavillon ausgesprochen lobende Worte fand.

Als sich mit der Wahl Ludwig Erhards die Notwendigkeit ergab, für den Bundeskanzler eine »Dienstwohnung« zu bauen – für Adenauer war das nicht nötig gewesen, da sein Haus in Rhöndorf als Kanzlerwohnung geeignet war –, setzte Erhard durch, dass Sepp Ruf den Auftrag erhielt. So entstand im Park zwischen der Villa Hammerschmidt, dem Sitz des Bundespräsidenten, und dem Palais Schaumburg, dem Bundeskanzleramt, ein Bungalow, der sich durch eine ausgesprochen moderne Architektur auszeichnete.

24 Vgl. hierzu und zum Folgenden: Kanzlerbungalow, hrsg. von der Wüstenrot Stiftung und der Stiftung Haus der Geschichte der Bundesrepublik Deutschland, München 2009.

Für die Inneneinrichtung, die dem Äußeren entsprach, wählten Ruf und Erhard das klassisch-moderne Mobiliar aus der Herman-Miller Collection. Dabei handelte es sich um von Charles und Ray Eames entworfene Sessel und Sofas, deren Bezüge in schwarz und weiß gehalten waren. Außerdem stattete Ruf den Bungalow mit Bildern moderner Künstler aus und stellte im Park zeitgenössische Skulpturen auf.

Der Bundeskanzler fand Gefallen am Bungalow, der seinen Vorstellungen vom modernen Wohnen entsprach. Und er hielt ihn auch in seinem Empfangsteil für angemessen, wenn er ausführte: »Wir müssen den Stil unserer Zeit repräsentieren.« Mit dem Kanzlerbungalow hatte Erhard einen modernen Bau errichten lassen, in dem er den Ausdruck seines »innersten Wesens« erblickte.

Die breite Öffentlichkeit tat sich mit dem Gebäude von Beginn an schwer. Weder gefiel ihr die Architektur noch war sie damit einverstanden, dass für die »Dienstwohnung« des Bundeskanzlers so viel Geld ausgegeben wurde. Die Kommentare der Presse zeichneten sich vor allem durch Ambivalenz aus. So wurde unter Aufgreifen der »Volksstimmung« moniert, dass im Innenhof des Wohnteils des Bungalows ein Swimmingpool gebaut wurde, zugleich aber darüber gespottet, dass es sich angesichts der geringen Größe nur um ein »Planschbecken« handele. Teile der Presse bezeichneten das Gebäude in durchaus pejorativer Absicht als »Ludwigslust«, während die »Bildzeitung« nach dem Einzug des Bundeskanzlers titelte: »Erhard wohnt wie ein Maulwurf«.

Ungeachtet der spöttischen Note entsprach dies der Wirklichkeit. Denn der Wohntrakt war so klein und eng gehalten, dass sich kein Nachfolger Erhards darin wohlfühlte. Willy Brandt zog erst gar nicht ein. Gern nutzten dagegen alle Bundeskanzler den Empfangsteil. Zwar ließen vor allem Kiesinger und Helmut Kohl durch bauliche Eingriffe und eine eher »bürgerliche« Möblierung an den Gebäuden Veränderungen vornehmen. Die Architektur als solche blieb jedoch erhalten, und insbesondere Helmut Schmidt und Helmut Kohl führten im Empfangsteil gern politische Gespräche mit aus- und inländischen Gästen in vertraulicher Atmosphäre. Nicht wenige Staatsgäste waren von dem bescheidenen Ambiente überrascht, da sie ein wesentlich prunkvolleres Gebäude als Residenz des Bundeskanzlers erwartet hatten. In seiner Nüchternheit und Modernität setzte der Kanzlerbungalow einen Kontrapunkt zu den bombastischen Regierungsbauten der wilhelminischen und nationalsozialistischen

»Kanzlerbungalow« in Bonn mit der Skulptur »Figurenbaum« von Bernhard Heiliger, November 1979.

Zeit. Dagegen zeichnete sich der Kanzlerbungalow durch Leichtigkeit und Helligkeit aus, die großen Glasfronten demonstrierten Offenheit, sodass das Gebäude als architektonisches Sinnbild für das neue demokratische Deutschland stand. Insofern war dies zweifellos eine der großen Leistungen, die Erhard als Bundeskanzler vollbrachte.

Bilanz

Abschließend gilt es, noch einmal die Frage aufzunehmen, welchen Stellenwert Erhard für die Frühgeschichte der Bundesrepublik besitzt. Die Darstellung von Erhards Wirken macht deutlich, dass er maßgeblichen Anteil an der Implementierung einer marktwirtschaftlichen Ordnung im westlichen Nachkriegsdeutschland besaß. So war er an den Arbeiten zur Währungsreform von 1948 beteiligt und setzte fast im Alleingang das Leitsätzegesetz, das die Planwirtschaft grundsätzlich abschaffte, in Kraft. Auch seine Rolle bei der programmatischen Umorientierung der CDU von der Planwirtschaft zur Marktwirtschaft zwischen 1948 und 1949 kann kaum überschätzt werden. Schließlich stand er nicht zuletzt aufgrund seiner bis dahin erreichten Erfolge im Zentrum des Bundestagswahlkampfes der Union von 1949, und es war vor allem seinem Einsatz zu verdanken, dass die Union als Sieger aus dieser Wahl hervorging und Adenauer eine Regierung mit bürgerlicher Mehrheit bilden konnte.

Bundeskanzler Ludwig Erhard in seinem Arbeitszimmer im Kanzlerbungalow in Bonn, April 1965.

Bis zu diesem Zeitpunkt hatte Adenauer Erhard stets gefördert und mit ihm an einem Strang gezogen. Die 1950er Jahre jedoch waren durch ein wachsendes Konkurrenzverhältnis zwischen dem Bundeskanzler und seinem Wirtschaftsminister Erhard gekennzeichnet. Dies rührte zum einen daher, dass Erhard gegen jede Abweichung vom marktwirtschaftlichen Kurs mit Entschiedenheit opponierte und in zentralen Fragen wie der Außenhandelspolitik und der europäischen Integration, der Kartellpolitik sowie der Sozialpolitik andere Vorstellungen als Adenauer hegte. Auch wenn Erhard in diesen Auseinandersetzungen häufig Niederlagen hinnehmen musste, änderte dies nichts an seiner Anerkennung in der Öffentlichkeit. Als Symbol des »Wirtschaftswunders« und »Wahllokomotive« der Union gewann Erhard zusehends Unabhängigkeit vom Bundeskanzler und wuchs immer mehr in die Rolle des Rivalen und Kronprinzen hinein. Seit der »Präsidentenposse« von 1959, mit der Adenauer seinen eigenen Ruf nachhaltig beschädigte, war die Übernahme des Bundeskanzleramts durch Erhard nur noch eine Zeitfrage.

Bis 1963 war Erhard neben Adenauer der herausragende Politiker in der Bundesregierung. Ohne sein Wirken hätte die Soziale Marktwirtschaft kaum so zügig durchgesetzt und der wirtschaftliche Wiederaufstieg derart schnell bewerkstelligt werden können. Adenauers Politik war zu großen Teilen von Erhards Mitwirkung abhängig, sodass es mehr als gerechtfertigt ist, Erhard als Gründungspolitiker der Bundesrepublik grundsätzlich auf eine Stufe mit Adenauer zu stellen.

Dagegen muss das Urteil über die Bundeskanzlerjahre kritischer ausfallen. Auf sie fällt nicht nur der Schatten des schnellen Scheiterns, sondern es fehlen auch außen- und innenpolitische Erfolge. Bei näherem Hinsehen erweist sich die Aufnahme diplomatischer Beziehungen mit Israel als verdienstvoll – trotz »handwerklicher« Fehler bei der Umsetzung. Ebenfalls darf Erhard dafür Anerkennung beanspruchen, dass er als Bundeskanzler, gegen Bestrebungen Adenauers und de Gaulles, den Kampf um den weltoffenen Handelsstaat unbeirrt fortsetzte. Und nicht zuletzt machte er sich mit dem Bundeskanzlerbungalow um die Repräsentation der Bonner Demokratie nachhaltig verdient.

Aufs Ganze gesehen kann deshalb das abschließende Urteil nur lauten: Ludwig Erhard war der erfolgreichste Wirtschaftsminister in der Geschichte der Bundesrepublik. Als Bundeskanzler jedoch agierte er glück- und erfolglos und scheiterte an sich und der eigenen Partei.

Schaufensterauslagen vor der Einführung der D-Mark am 21. Juni 1948.

Währungsreform, Schreibtische mit Bündeln von Geldscheinen in einer Umtauschstelle, 1948.

118 DAS DEUTSCHE WIRTSCHAFTSWUNDER

Nach der Währungsreform: Berliner Frauen drängen sich vor den Schaufenstern, die nun wieder mit Fleisch- und Wurstwaren gefüllt sind, Mai 1948.

Schmiedepresse der Borsig Aktiengesellschaft, Berlin-Tegel, Juli 1954.

DAS DEUTSCHE WIRTSCHAFTSWUNDER

Bundeswirtschaftsminister Ludwig Erhard hält die Eröffnungsrede auf der Deutschen Industriemesse in Hannover, 1956.

Verladung von VW-Transportern für den Export nach Amerika im Hamburger Hafen, 1952.

Der Käfer rollt um die Welt: Eine deutsche Urlauberin fotografiert vor ihrem VW-Käfer den Tempel der Juno Lacinia in Agrigent auf Sizilien, 1952.

Wohlstand für alle: Frau schaut Fernsehen auf dem Fernsehsessel »Himolla Cumulus«.

DAS DEUTSCHE WIRTSCHAFTSWUNDER

Peter Gillies

Ludwig Erhard – Ökonom der Freiheit

Sein Denkmal ist verwittert, irgendwie aus der Zeit gefallen, wiewohl im politischen Diskurs wieder oder noch immer präsent. Ludwig Erhard, der einst verehrte »Vater des Wirtschaftswunders«, der gescheiterte Kanzler und später Belächelte, ist wieder aktuell. In wirtschaftlichen Normallagen pflegt die Verteilungspolitik – meist auf Pump – zu triumphieren. In Zeiten der Finanz-, Wirtschafts- und Währungskrise dagegen ist es hilfreich, dass sich auch die Politik wieder an Prinzipien, an die marktwirtschaftlichen Fundamente des Wohlstands erinnert, was nicht bedeutet, dass sie danach handelt.

Ludwig Erhard ist Geschichte, und er hat Geschichte geprägt. Die Zeiten sind lange vorbei, in denen aus Trümmern muntere Wirtschaftskräfte erwuchsen. Historiker streiten darüber, ob Gesellschaften aus ihrer Geschichte zu lernen vermögen, ob sich Historie wiederholt oder ob alle Fehler von Neuem begangen werden. Weil Letzteres recht wahrscheinlich ist und weil fast jeder zweite Deutsche an der Marktwirtschaft zweifelt, ist eine Erinnerung an die Erhardschen Grundsätze geboten.

Rückblende auf die »Stunde Null« der Bundesrepublik: Nach dem verlorenen Krieg klopften Trümmerfrauen Steine aus den Ruinen. In der zerbombten Städtelandschaft spielten Kinder Räuber und Gendarm, suchten Heimkehrer in abgerissener Wehrmachtskluft verzweifelt ihre Angehörigen. Die »Eingeborenen aus Trizonesien« (so ein damaliger Karnevalsschlager) kämpften um ihr nacktes Überleben. Die Deutschen froren, hungerten und waren heimatlos. Ihre Energie richtete sich darauf, Lebensmittelkarten und Bezugsscheine zu erlangen, ihre Hoffnung auf den Schwarzmarkt.

Die Reichsmark war weitgehend wertlos und auf dem Schwarzen Markt durch die Zigarettenwährung – zwölf Reichsmark für eine »Chesterfield« – abgelöst. Verzweifelte Frauen, viele verwitwet, verhökerten ihre Eheringe gegen eine Schale Butterschmalz. Das nach den Naziverbrechen zwischen den alliierten Siegern vierfach geteilte Reich schien keine Zukunft zu haben.

Im Rathaus zu Münster hingen 1945 zwei Plakate: Für die Ergreifung eines Mörders wurden 2.000 Reichsmark Belohnung ausgelobt, für die Wiederbeschaffung eines gestohlenen Fahrradschlauchs dagegen 3.000. Kaum jemand glaubte, dass man ohne staatliche Planwirtschaft weiterleben könne, selbst Teile der CDU jagten sozialistischen Programmen nach – bis auf Ludwig Erhard.

Dieser Mann hatte eine Vision: das Bild vom freien Bürger, der fleißig arbeitet, selbstbewusst für sich und die Seinen sorgt, beherzt anpackt und nicht auf den Staat wartet. Bereits in den 1950er Jahren nannte man Ludwig Erhard, den »Dicken mit der Zigarre«, den »Vater des Wirtschaftswunders« – ein Ehrentitel, den er selbst überhaupt nicht mochte. Er erwiderte stets, es handle sich nicht um ein Wunder, sondern um das schlichte Ergebnis der fleißigen Arbeit aller Deutschen.

Studie mit Sprengstoff

Dem jungen Diplom-Kaufmann Erhard waren im »Dritten Reich« die wissenschaftlichen Weihen versagt geblieben, weil er sich geweigert hatte, der NSDAP beizutreten. Von 1942 an arbeitete er im Institut für Industrieforschung, von der Reichsgruppe Industrie finanziert. Er dachte über die mögliche Wirtschaftsordnung nach dem Krieg nach, ähnlich wie einige Kollegen des Freiburger Kreises. 1943/44 verfasste Erhard eine Denkschrift mit dem unverfänglich klingenden Titel »Kriegsfinanzierung und Schuldenkonsolidierung«. Der »Sprengstoff« dieser Studie bestand darin, dass der Autor Erhard von einer Niederlage Hitlers ausging – damals ein todeswürdiges Verbrechen.

Wenn Erhard Freunde aus dem Widerstand mit der Studie bekannt machte, transportierte er das brisante Papier während der Straßenbahnfahrt in seiner Aktentasche. Auch Carl Friedrich Goerdeler, später mit den Verschwörern vom 20. Juli 1944 hingerichtet, hatte sich ein Exemplar geben lassen. Erhards Überlegungen flossen in die Ideen des Widerstandes ein. Dass diese Studie nach Goerdelers Verhaftung dem Autor Erhard nicht zum tödlichen Verhängnis wurde, darf ein Glücksfall genannt werden.

Aber die Ideenwelt des Widerstandes gegen Hitler, vor allem jene der »Freiburger«, bereitete die Grundlagen des Erhardschen Leitbildes vor. Zum ordnungspolitischen Paukenschlag nach dem Krieg geriet der Abschied von Bewirtschaftung und Planwirtschaft. Hierüber ist diese Anekdote überliefert: Der damalige Wirtschaftsdirektor der westlichen Besatzungszonen Erhard hatte am Tag vor der Währungsreform vom 20. Juni 1948 durch den Rundfunk das Ende von Zwangsbewirtschaftung und Preisbindung verkünden lassen. Man schrieb 1948, ein Jahr vor der Geburtsstunde der Bundesrepublik, als der US-Militärgouverneur Lucius D. Clay Erhard zu sich bestellte, um ihm eine Gardinenpredigt zu halten. Clay fuhr ihn an: »Wie können Sie sich unterstehen, die alliierten Bewirtschaftungsregeln zu ändern?« Darauf entgegnete Erhard: »General, ich habe sie nicht geändert, ich habe sie abgeschafft!« Clay soll gekontert haben: »Meine Berater

Ludwig Erhard als Bundeswirtschaftsminister, 1950.

sagen mir, Sie hätten einen schrecklichen Fehler gemacht.« Erhard erwiderte: »Meine Berater sagen mir das gleiche.«

Die Stimmung im Nachkriegsdeutschland war weder auf freien Warenverkehr noch auf Marktwirtschaft getrimmt. Die Bürger erwarteten vom Staat vor allem, dass er ihre Grundbedürfnisse sicherte. Die Journalistin Marion Gräfin Dönhoff gab diese Anti-Erhard-Stimmung wieder, als sie 1948 über Erhard schrieb: »Wenn Deutschland nicht schon eh ruiniert wäre, dieser Mann mit seinem absurden Plan, alle Bewirtschaftung aufzuheben, würde es gewiss fertig bringen. Gott schütze uns davor. Das wäre nach Hitler und der Zerstückelung Deutschlands die dritte Katastrophe.« Ein vom Zeitgeist geprägter, scharfsinniger, damals vielleicht verzeihlicher Irrtum, dem jedoch jede ordnungspolitische Phantasie abging.

Treffender lassen sich die Schwierigkeiten in der Geburtsstunde der Sozialen Marktwirtschaft nicht umschreiben. Die Deutschen waren durch die Planwirtschaft der Nationalsozialisten den Kräften einer freien Wirtschaftsordnung entwöhnt. Die Erhardsche Grundregel, dass wirtschaftlicher Wohlstand nicht durch staatliche Planung und Lenkung von oben, sondern durch Menschen und Märkte von unten bewirkt werde, war ihnen fremd geworden. Den Ausgleich von Angebot und Nachfrage erwarteten sie von staatlicher Regulierung, nicht durch freie Preisbildung.

Ludwig Erhard trat als Prediger einer fremden Welt auf: Er vertraute auf den Wettbewerb, der dafür sorgt, dass sich leistungsfähige und preiswerte Produkte durchsetzen. Betriebe, die in diesem Wettlauf nicht mithalten können, weil sie zu teuer, zu langsam oder zu altmodisch sind, müssen ausscheiden. Weil der Verbraucher sie meidet, machen sie Konkurs. Dieses Ausleseprinzip sorgt dafür, dass die knappen Ressourcen – beispielsweise das Kapital, das Material, die Energie oder Umweltgüter – am effektivsten genutzt werden.

Sprachverwirrte Ordnungspolitik

»Das mit der modernen Technik zusammen hängende Anlehnungsbedürfnis der Menschen an Gruppengebilde, die Lebensangst und das Verlangen nach sozialer Sicherheit sind der Ausprägung des persönlichen Muts und persönlicher Verantwortungsfreudigkeit wenig hold. Aber gerade diese Gesinnung gilt es zu wecken und zu bezeugen, wenn wir von unserer Freiheit den rechten Gebrauch machen wollen.« So umschrieb Erhard in den 1950er Jahren seinen ordnungspolitischen Kontrapunkt.

Schon 1947 – also noch vor der Währungsreform und dem Ende der Bewirtschaftung – hatte Ludwig Erhard die »babylonische Sprachverwirrung« in ordnungspolitischen Fragen beklagt. Als ihm die damals noch sozialistische SPD heimlichen Kapitalismus vorwarf, entgegnete er, die Kapitalismuskritiker wollten im Grunde nur Markt und Wettbewerb ausschalten. Kapitalistische und kollektivistische Planwirtschaftler »glauben an die Rechenhaftigkeit des wirtschaftlichen Geschehens – wo es doch in Wahrheit um die Freiheit des Individuums geht«.

Die Auseinandersetzung mit Systemkritikern geriet für den ersten Wirtschaftsminister und zweiten Kanzler der jungen deutschen Republik zu einem lebenslangen Dauerkonflikt. Der aus seiner Sicht menschenverachtende Gegenentwurf zu seiner Sozialen Marktwirtschaft war die Planwirtschaft sozialistischer oder kommunistischer Prägung. Schon damals focht er mit den Kapitalismuskritikern manchen Kampf aus.

Erhard sagte von sich, er sei bei »seiner liberalen Einstellung« von »einseitiger kapitalistischer Interessenvertretung weit entfernt«. Der kapitalistischen Wirtschaft warf er vor, »dass sie in zunehmendem Maße die tragenden Prinzipien der Marktwirtschaft – Leistungswettbewerb und freie Preisbildung – verleugne beziehungsweise zu unterbinden versuchte und mit zunehmender Kollektivierung immer mehr zur Planwirtschaft entartete«. Und: »Es zeugt nicht gerade von volkswirtschaftlicher Einsicht, wenn es Übung geworden ist, den Kapitalismus durch die beharrliche Ablehnung des marktwirtschaftlichen Konkurrenzprinzips zu bekämpfen.« Das sei ein »tragischer Irrtum von sozialistischer Seite«.

Andererseits lehnte Erhard den Laissez-faire-Kapitalismus ab. Sein Gegenmodell war anders geprägt: Der Staat legt als Schiedsrichter die Wettbewerbsregeln fest, nimmt aber selbst nicht am Wirtschaftsprozess teil und steuert ihn auch nicht. Nur freie Märkte seien produktiv und könnten jene Überschüsse erwirtschaften, die Sozialleistungen ermöglichen. »Die Lösung liegt nicht in der Division, sondern in der Multiplikation des Sozialprodukts«, so einer seiner Kernsätze.

Ordnungspolitisch ist Erhard, ein Mann ohne Sinn für die Ranküne der Machtpolitik, nicht leicht einzuordnen. Seine Kapitalismuskritiker von links entpuppten sich meist auch als Anhänger von staatlicher Investitionslenkung. Von ihnen setzte er sich Zeit seines Lebens ab: »Je freier die Wirtschaft, um so sozialer ist sie auch«, entgegnete er ihnen. Aber auch von der anderen Seite musste er sich mancher Einwände erwehren. In einem Gespräch mit seinem liberalen Kritiker, dem Nobelpreisträger Friedrich August von Hayek, bemerkte Erhard: »Ich meine, dass der Markt an sich sozial ist, nicht dass er sozial gemacht werden muss.«

Gern und oft bemühte der Fußballfan Erhard Metaphern aus seinem Lieblingssport: »Ebenso wie beim Fußballspiel der Schiedsrichter nicht mitspielen darf, hat auch der Staat nicht mitzuspielen. Die Zuschauer würden es den Spielpartnern auch außerordentlich übel nehmen, wenn diese vorher ein Abkommen geschlossen und dabei ausgehandelt haben würden, wie viel Tore sie dem einen oder anderen zubilligten. Die Grundlage aller Marktwirtschaft bleibt die Freiheit des Wettbewerbs.«

Gegen den Vorwurf, sein marktwirtschaftliches Leitbild sei kapitalistisch infiziert, also menschenfeindlich, kämpfte er sein gesamtes politisches Leben. So wetterte er 1947 gegen jene, die »die zweifellos nachweisbaren Fehlentwicklungen dieses Systems der Marktwirtschaft schlechthin zur Last legen«. Liberalismus, wie er ihn verstehe, sei aber »weder Freibeutertum noch ein seelenloser Termitenstaat«.

Aus der Sicht vieler Nachgeborener stellt sich die ordnungspolitische Weichenstellung Erhards als historische Zwangsläufigkeit dar. Da stand ein Ökonom zur richtigen Zeit an der richtigen Stelle und fällte die notwendigen Entscheidungen. Nach den Zeiten der Nazidiktatur kam doch eigentlich nichts anderes als ein Wechsel in Richtung freier Wirtschaftsentfaltung in Frage! Doch das ist eine Fehleinschätzung, denn er hatte nicht nur die Alliierten, die SPD, die KPD und die Gewerkschaften gegen sich, sondern sogar weite Teile der CDU/CSU. »Welches ist eigentlich die Wirtschaftspolitik der SPD?«, fragte Erhard auf dem Parteikongress der CDU 1948 in Recklinghausen. Wenn er die Marktwirtschaft in den Mund nehme, »wird dies als Freibeuterei ausgelegt«. Wenn die SPD dagegen von der Marktwirtschaft rede, werde sie »geheiligt und gesalbt durch das Öl der sozialen Gesinnung«.

Als Vater und »Erfinder« des Begriffs der Sozialen Marktwirtschaft gilt Alfred Müller-Armack, Nationalökonom und Religionssoziologe aus Münster. Er entwarf 1947 dieses Leitbild als »eine ordnungspolitische Idee, deren Ziel es ist, auf Basis der Wettbewerbswirtschaft die freie Initiative mit dem gerade durch die marktwirtschaftliche Leistung gesicherten sozialen Fortschritte zu verbinden. Auf der Grundlage einer marktwirtschaftlichen Ordnung kann ein vielgestaltiges und vollständiges System sozialen Schutzes errichtet werden.« Diese Idee stehe auf den drei Säulen Wettbewerb, individuelle Freiheit und sozialer Fortschritt.

Er nannte sie »die irenische Formel eines dritten Weges zwischen Sozialismus und Liberalismus«. Erhard setzte dann politisch um, was Müller-Armack wissenschaftlich vorgedacht hatte, wobei das Verhältnis zwischen beiden stets gespannt war. Erhard berief ihn zwar in sein Bundeswirtschaftsministerium und 1958 zum Staatssekretär, warf ihm aber vor, er wolle die Wirtschafts- mit der Sozialpolitik synchronisieren, indem er die Ergebnisse des Marktes korrigiere und »gerecht« umverteile. Das nannte Erhard kurzsichtig, weil es eine Bankrotterklärung der Wirtschaftspolitik sei, wenn sie versuche, Einkommen umzuverteilen.

Aus der Sicht Müller-Armacks habe das Land nach dem Krieg vor der Alternative »Lenkungswirtschaft oder Marktwirtschaft« gestanden. Er wunderte sich darüber, »mit welcher Treue und Beständigkeit gleichwohl die öffentliche Meinung am Ideal der Wirtschaftslenkung« fest gehalten habe. Soziale Marktwirtschaft war in den ersten fünf Jahren nur eine theoretische Konzeption. Es sei aber töricht zu sagen, sie sei eine Vorstellung ohne geistigen Hintergrund. Trotz der fundamentalen Differenzen mit Erhard rühmte Müller-Armack »das historische Verdienst von Ludwig Erhard, dass er mit der Währungsreform vom 20. Juni 1948 und mit der Beseitigung des gesamten Bewirtschaftungssystems den Gedanken in die Tat umsetzte«.

Der Weggefährte Erhards vertrat die Ansicht, dass die Soziale Marktwirtschaft »kein fertiges System, kein Rezept, das, einmal gegeben, für alle Zeiten im gleichen Sinne angewendet werden kann«. Sie sei eine evolutive Ordnung, in der es neben dem festen Grundprinzip, dass sich alles im Rahmen einer freien Ordnung zu vollziehen hat, immer wieder nötig ist, Akzente neu zu setzen gemäß den Anforderungen einer sich wandelnden Zeit. Nach dem Wiederaufbau, nach der Sicherstellung der Grundversorgung, habe die zweite Phase der Sozialen Marktwirtschaft andere Schwerpunkte setzen müssen: Bildungspolitik, Vermögensbildung, Umweltschutz, Siedlungspolitik und Städtebau, die unter dem anspruchsvollen Titel der Verbesserung der Lebensqualität propagiert wurden. Die Soziale Marktwirtschaft bleibe jedoch der »geschichtliche Versuch, alle Gruppen auf das engste an Ergebnisse und Erfolge des expandierenden Marktes anzuschließen«. Die Soziale Marktwirtschaft brachte die Befreiung des deutschen Volkes von wirtschaftlicher Not und sozialem Zwang. Das Programm »Wohlstand für alle« wurde Realität. Auch für die Zukunft könne »kein dürftiger Pragmatismus eine gewollte Ordnung ersetzen«. Ein Vergleich mit anderen Wirtschaftssystemen zeige deutlich, dass sich die Soziale Marktwirtschaft besser bewährt habe als alle kollektivistisch gearteten Gesellschaftsformen. »Das ist auch der Grund, warum ich zuversichtlich auf den Fortbestand der Sozialen Marktwirtschaft in einem freien Europa vertraue«, so Erhard.

Die CDU, in den ersten Nachkriegsjahren eher dem Sozialismus verhaftet, nahm dieses Leitbild 1949 mit ihren Düsseldorfer Leitsätzen in ihr Programm auf. Erst zehn Jahre später schloss auch die SPD auf dem Godesberger Parteitag ihren Frieden mit der Marktwirtschaft.

Im Streit um die Kartellgesetzgebung – kein Ruhmesblatt in der Geschichte der deutschen Industrieverbände – hatte Ludwig Erhard nicht nur den Präsidenten des Bundesverbandes der deutschen Industrie (BDI), Fritz Berg, sondern auch seinen eigenen Bundeskanzler gegen sich. Die unternehmerische Planwirtschaft sei um nichts weniger verwerflich als die staatliche Bürokratie, so donnerte er 1950 gegen die Kartellbrüder in der Industrie.

Auf dem Dortmunder Parteitag der CDU 1962 beklagte der Bundeswirtschaftsminister eine »zwielichtige SPD-Politik«, weil sie die Folgen gewerkschaftlicher Politik totschweige, aber »hasserfüllte Angriffe auf Großunternehmen« starte. Mittelständische Betriebe kämpften mit ihrer Produktivität. »Wenn aber die Großunternehmen Preise nehmen, die auch die mittelständische Wirtschaft mitkommen lassen, dann sind die ersteren ›Monopolkapitalisten‹ und ›Schädlinge‹, denen das Handwerk gelegt werden müsse. Die Rechnung geht einfach nicht auf!« Die »Schädlinge« von damals mutieren zu den »Heuschrecken« von heute.

Der Kuchen-Ausschuss

Erhards Warnungen vor der Rentenreform von 1956/57 wurden von Adenauer und der Union ignoriert. Ein Schlüsselereignis für den letztlich verlorenen Kampf gegen die übermächtigen Verteilungspolitiker fand in einem Unionszirkel statt, der vor den Wahlen von 1957 angesparte Haushaltsüberschüsse noch rasch als Wahlgeschenke verteilte. Bonns politische Gerüchteküche und respektlose Journalisten tauften das Gremium beziehungsreich »Kuchen-Ausschuss«. Erhards Warnung, den Kuchen besser zu vergrößern, statt ihn trickreich zu verteilen, verhallte unbeachtet.

Es darf ein Treppenwitz der Wirtschaftsgeschichte genannt werden, dass Adenauer mit seiner Taktik bei den folgenden Wahlen einen phänomenalen Sieg einfuhr. Damit schienen alle kritischen Einwände Erhards an der Wahlurne widerlegt. Seine Warnungen vor einer Verteilungsorgie verhallten echolos. Seither haben Regierungen aller politischen Färbungen mit eigenen Kuchen-Ausschüssen Wähler und Wahlen gewonnen. Stets wurde der Kuchen des verteilbaren Wohlstandes über- und die Folgen der Verschuldung unterschätzt.

Dennoch eroberte Ludwig Erhard 1957 der Union und Adenauer die erste und bisher einzige absolute Mehrheit. Dabei war er nicht einmal Mitglied der CDU. Ob und wann er ihr jemals beitrat, ist umstritten. Mit Vollbeschäftigung, Massenwohlstand, Wirtschaftswachstum, starker D-Mark und Exporterfolgen durch Globalisierung stand er im Zenit seines Erfolgs. Dennoch kündigte sich bereits zu dieser Zeit ein schleichender Niedergang an.

Wenn Ludwig Erhard, der damals schon legendäre Wirtschaftsminister, auf Wahlreise ging, wunderte er sich immer wieder über die Verehrung, die ihm entgegenschlug. Hielt seine Limousine, genügte es manchem Bürger, den Wirtschaftsminister einfach nur zu berühren, »den Saum des Gewandes«. Er war ein Denkmal bereits zu Lebzeiten. Erhard, darauf angesprochen, meinte schmunzelnd, vielleicht liege das an seiner Zigarre.

Ordnungspolitisch wurde er zunehmend zum Rufer in der Wüste. Seine Warnungen vor einer Dynamisierung der gesetzlichen Rente, die übrigens von Finanzminister Fritz Schäffer geteilt wurden, verhallten. Er bezeichnete die Rentenreform als »Anfang vom Ende der Sozialen Marktwirtschaft«. Die Rente an die Lohnentwicklung zu koppeln und das System eines Kapitalstocks zu verwerfen, laufe auf ein »Schönwettersystem« hinaus. Kanzler Adenauer, ohnehin ständig gegen Erhard stichelnd, ließ sich jedoch nicht umstimmen. Das Geld musste unter die Leute gebracht werden.

»Solche Wohltaten muss das Volk immer teuer bezahlen, weil kein Staat seinen Bürgern mehr geben kann, als er ihnen vorher abgenommen hat – und das noch abzüglich der Kosten einer zwangsläufig immer mehr zum Selbstzweck ausartenden Sozialbürokratie«, wetterte der Wirtschaftsminister. »Nichts ist darum in der Regel unsozialer als der so genannte Wohlfahrtsstaat.« Ein lehrreiches Menetekel – leider eines, um das sich die Nachgeborenen nicht scheren.

Der »Vater des Wirtschaftswunders« verstand die soziale Markwirtschaft nie als Ausschüttungsautomat staatlicher Nettigkeiten, sondern vor allem als System der Freiheit. Ihre zweite Säule ist der wirtschaftliche Wettbewerb im Markt. Wenn er lebhaft

Bundeswirtschaftsminister Ludwig Erhard, um 1953.

funktioniert, produziert er jenen Wohlstand, aus dem der soziale Fortschritt gespeist werden kann.

Gibt es so etwas wie eine polit-genetische Vorlage für eine erfolgreiche Wirtschaftspolitik? Grundsätze, ein Programm oder die zündende Rede? Erhard, der später als Kanzler scheitern sollte, war kein Demosthenes. Seine Rede war oft pathetisch, barock und gewunden. Sein fränkisch rollendes »R« vermittelte indes stets den Eindruck von gediegener Grundsätzlichkeit. Heutige Generationen dürften seinen Redestil altfränkisch nennen. Verstand ihn das Publikum überhaupt? Doch auch wer die zuweilen verwickelten Zusammenhänge nicht begriff, nahm vom Marktplatz oder aus dem Radio zumindest einen festen Eindruck mit: Dieser Mann weiß, wovon er redet, auch wenn ich nicht jedes Argument verstehe.

Andererseits verfügte Erhard durchaus über das Talent zur einfachen, griffigen Botschaft, gepaart mit unvergleichlicher Grundsatztreue. Seine Amtsnachfolger – wie Karl Schiller oder Otto Graf Lambsdorff – beherrschen die Kunst der plakativen Rede zwar weit besser, aber im deutschen Geschichtsbuch rangieren sie weit nach Erhard. Er verstand es, jene Kräfte freizusetzen, die ein zerstörtes Land in eine blühende Landschaft verwandelten.

Erschreckende Unkenntnis

»Ich bin erschrocken, wie übermächtig der Ruf nach kollektiver Sicherheit im sozialen Bereich erschallte. Falls diese Sucht weiter um sich greift, schlittern wir in eine gesellschaftliche Ordnung, in der jeder die Hand in der Tasche des anderen hat. Das Prinzip heißt dann: Ich sorge für die anderen und die anderen sorgen für mich. Das mir vorschwebende Ideal beruht auf der Stärke, dass der Einzelne sagen kann: Ich will mich aus eigener Kraft bewähren, ich will das Risiko des Lebens selbst tragen, will für mein Schicksal selbst verantwortlich sein.« Schlichter kann man das Prinzip der Subsidiarität nicht umschreiben. Die Politik von heute führt den Begriff im Munde, nicht ahnend, dass sich – laut Umfragen – nur zwei von 100 Bürgern darunter etwas vorstellen können.

Mit dem Dilemma, dass öffentliche Kritik an den ökonomischen Zuständen umso kraftvoller ausfällt, je ferner die Redner den Wirtschaftsproblemen stehen, kämpfte auch Erhard schon. »Sie erleben es täglich, es gibt drei Gesprächsstoffe, bei denen alle und jeder glauben mitreden und urteilen zu können: das ist das Wetter, die Politik und die Wirtschaft. [...] Der geradezu erschreckenden Unkenntnis über selbst einfache wirtschaftliche und soziale Zusammenhänge müsste schon von der Schule her begegnet werden. Nur so kann den Demagogen und politischen Kurpfuschern das Handwerk gelegt werden. Was auf diesem Felde oft an bewusster Irreführung getan wird, ist kaum noch erträglich. Dass Leute, die sich wahrscheinlich lächerlich vorkommen würden, wenn sie als Laien etwa über technische, medizinische oder physikalische Probleme urteilen wollten, keinerlei Hemmungen zeigen, sich in wirtschaftspolitischen Fragen als Sachverständige oder gar als Schiedsrichter aufspielen zu können, verwundert immer wieder.«

Weg in den Wohlfahrtsstaat

Ins zweite Jahrzehnt dieses 21. Jahrhunderts geht Deutschland mit einer Rekordverschuldung von rund 1,7 Billionen Euro. Tendenz steigend. Erst heute räumen die Regierenden ein, dazu beigetragen zu haben, dass ihr Land über seine Verhältnisse lebt. Selbst hektisch geschnürte Sparprogramme, unter heftigen politischen Wehen geboren, reduzieren den Berg der Altschulden um keinen Cent. Vielmehr wächst er durch stete, selbst durch eine gedrosselte Neuverschuldung weiter. Dieser tückische Prozess begann in der Ära Erhard, der sich vergeblich gegen die Überforderung des Wohlfahrtsstaates wehrte.

Bundesregierungen aller Couleur haben sich darin gefallen, die soziale Leimrute auszulegen. Den Wählern wurde suggeriert, der Kuchenteller sei stets üppig und voll und warte nur auf Verteilung. Staatliche Leistungen, die nicht erarbeitet sondern gepumpt wurden, machten die Bürger geneigt. Warnungen vor Überforderung und unseriöser Finanzpolitik verhallten. Der Zeitgeist lastete die Folgen einem angeblich unsozialen Neoliberalismus an. Die Gefahr dieser Taktik, die Erhard schon spürte, liegt darin, dass der oberflächliche Augenschein für die Verteilung und gegen eine generationenbewusste Budgetplanung sprach.

Vom späteren Bundeskanzler Helmut Kohl ist die Bemerkung aus einem Journalistenkreis überliefert, er wolle schließlich nicht den Ludwig-Erhard-Preis gewinnen, sondern Wahlen. Das erste Wetterleuchten dieser Ordnungspolitik, die in den Treibsand einer langfristig riskanten Tagespolitik geriet, kritisierte bereits der »Dicke mit der Zigarre«: »Die Menschen haben es zwar zuwege gebracht, das Atom zu spalten, aber nimmermehr wird es ihnen gelingen, jenes eherne Gesetz aufzusprengen, das uns mit unseren Mitteln haushalten lässt, das uns verbietet, mehr zu verbrauchen, als wir erzeugen können – oder erzeugen wollen.« Der CSU-Politiker Franz Josef Strauß kleidete mangelhafte Haushaltsdisziplin in die Schumpeter-Metapher: »Eher legt sich ein Hund einen Wurstvorrat an als eine demokratische Regierung eine Budgetreserve.« So verschob sich über die Jahrzehnte die Vision eines ausgeglichenen Staatshaushalts auf Sankt Nimmerlein. »Entweder ein Staat vergrößert seine Schulden, und das bedeutet in letzter Konsequenz Inflation, oder aber wenn ihm dieser Weg verbaut zu sein scheint, dann werden die Steuern noch einmal erhöht«, mahnte Erhard. Der Staat könne nichts tun und nichts leisten, was nicht aus der Kraft seiner Bürger fließe. »In der Struktur einer Volkswirtschaft spiegelt sich ja nicht zuletzt auch die geistige und moralische Haltung der Völker und ihrer Regierungen wider«, so seine prophetische Bemerkung aus dem Jahre 1958.

Wider die Gefälligkeitspolitik

Die Rentenreform und weitere Schritte in den Wohlfahrtsstaat markieren den Zenit Erhardscher Wirkungsmacht. Die Kluft zwischen ihm und dem alternden Bundeskanzler Adenauer vertiefte sich immer mehr. Erhards Umfeld registrierte, dass der Wirtschaftsminister jetzt selbst das Kanzleramt anzustreben schien. Gleichzeitig wirkte er Ende der 1950er Jahre ermüdet, den politischen Ränkünen nicht mehr gewachsen. Mit ihrer absoluten Mehrheit setzte die CDU, deren Mitgliedsbuch er immer noch nicht besaß, ihre Gefälligkeits- und Begünstigungspolitik fort.

Wenn er diesen Trend schon nicht stoppen konnte, so wollte Erhard doch sein Leitbild der Sozialen Marktwirtschaft über die Zeit retten. Er focht weiter für freie Märkte, für selbstverantwortliche Bürger und für einen »schlanken« Staat. Als Ausweg aus einem überforderten Sozialstaat setzte er in diesen Jahren wieder auf sein Erfolgsrezept aus der Nachkriegszeit: Wachstum. Aber die Spielräume wurden enger, so eng, dass es für eine Trendwende nicht mehr reichte. Immerhin erreichte Erhard 1958 noch eines seiner Traumziele: die freie Konvertierbarkeit der Deutschen Mark sowie die Aufhebung der Devisenbewirtschaftung.

Im Kampf um eine westeuropäische Freihandelszone unterlag Erhard Adenauer und de Gaulle, beim Streit um die Aufwertung der D-Mark setzte er sich jedoch durch. Die seit Jahren von den Deutschen angehäuften Devisenüberschüsse waren vor allem den Amerikanern ein Dorn im Auge. Die Exportwirtschaft profitierte zwar von der unterbewerteten D-Mark, aber Erhard fürchtete vor allem die daraus entstehenden Inflationsgefahren.

Genau diese Wirkung bestritt BDI-Präsident Fritz Berg, mit dem Erhard schon beim Streit um das Kartellgesetz aneinandergeraten war. Adenauer wiederum hatte in dieser Aufwertungsfrage schon die Bundestagswahlen von 1961 im Visier. Die Industrie machte Front gegen Erhard. Fritz Berg ließ im Bonner Presseclub die denkwürdige Bemerkung fallen: »Ich brauche nur einmal zum Kanzler zu gehen, und die ganze Aufwertung ist vom Tisch.«

Diesmal klappte die Lobby-Intervention jedoch nicht. Der einflussreiche Bankier und CDU-Abgeordnete Robert Pferdmenges, ansonsten ein Mann Adenauers, unterstützte Erhard. Nachdem auch Bundesbank-Präsident Karl Blessing zustimmte und die USA immer drängender für eine Aufwertung plädierten, setzte die Regierung im März 1960 den Kurs auf 4,00 D-Mark je US-Dollar fest. Erhard hatte zwar für 3,90 votiert, aber der alte Fuchs Adenauer milderte den Schritt noch etwas ab, weil vier Mark so ein netter runder Wert sei.

Der gegen Gruppeninteressen gewonnene Währungsstreit war ein unbestreitbarer Erfolg Erhardscher Politik. In einer Rundfunkrede begründete der Wirtschaftsminister die Maßnahme damit, dass sich die Importe verbilligten und die Inflation abgemildert würde. Er verband dies ferner mit der Hoffnung, dass sich die erhitzte Konjunktur etwas abkühlen und die Tarifparteien zur Lohnmäßigung angehalten würden. Noch einmal konnte Erhard einen bemerkenswerten ordnungspolitischen Sieg verbuchen.

Als besondere Herausforderung begriff er die europäische Integration. In seinem steten Kampf um freie Märkte und gegen Protektionismen fand sich Adenauer jedoch nicht an seiner Seite. Schon 1956 hatte der Franke betont, die beste Integration Europas, die er sich vorstellen könne, »beruht nicht auf der Schaffung neuer Abgaben, Ämter und Verwaltungsformen oder wachsender Bürokratien, sondern sie beruht in erster Linie auf der Wiederherstellung einer freizügigen internationalen Ordnung«.

Bei dem Streit um EWG-Mitgliedschaft und Freihandelszone war Erhard die französische Wirtschaftspolitik der »Planification« stets ein Kritikpunkt. Er nannte sie »primitiv und im Kern zentralistisch« und wetterte gegen de Gaulle, der den Beitritt Großbritanniens blockierte.

Das Misstrauen gegenüber der französischen Spielart zentralstaatlicher Wirtschaftspolitik prägt bis heute eine Grundmelodie deutsch-französischer Verhandlungen. Zwischen dem französischen Staatspräsidenten Nicolas Sarkozy und der deutschen Bundeskanzlerin Angela Merkel sorgt sie auch mehr als drei

Jahrzehnte nach Erhards Tod noch für Konflikte. Mit seinem Vorstoß, in den Euroländern eine Wirtschaftsregierung nach französischem Vorbild – eine »gouvernance économique« – zu errichten stieß Sarkozy auf den erbitterten Widerstand der deutschen Kanzlerin. Merkel gibt sich zwar aufgeschlossen für eine lockere Koordination der Wirtschaftspolitiken, sperrt sich aber gegen eine Harmonisierung, besser: eine Gleichschaltung der nationalen Kompetenzen. Paris versteht darunter jedoch eine zentrale Wettbewerbs- und Finanzpolitik, Schuldenabbau, Sparen und Mehrwertsteuern im Gleichschritt, alles natürlich nach französischer Art.

Atlantiker versus Gaullisten

Den kritischen Angriff aus Paris auf die deutschen Exporterfolge nimmt Berlin als ein Warnsignal. Frankreich hatte die Deutschen für ihre Handelsüberschüsse getadelt und sie zur Mäßigung ihrer Exportanstrengungen gemahnt. Sarkozy strebt ein neues wirtschaftspolitisches Machtzentrum an, das auch die Geldpolitik der bisher unabhängigen Europäischen Zentralbank an die Kette legen könnte. Damit gefährdete die EU ihre Stabilitätspolitik und käme einen weiteren Schritt einer Transferunion nahe, bei der die Deutschen Zahlmeister wären und sich französisch-zentralistischer Wirtschafts- und Finanzphilosophie beugen müssten. Zu Erhards Zeiten und noch immer eine Horrorvorstellung für Liberale.

Leider befindet sich das deutsche Leitbild von Sozialer Marktwirtschaft – ebenfalls damals wie heute – in einer europäischen Minderheitsposition. Der Formelkompromiss, dem Merkel schließlich zustimmte, lautet, dass eine engere Wirtschaftskooperation nicht auf die 16 Euroländer beschränkt, sondern auf alle 27 EU-Mitglieder ausgeweitet werden sollte.

Dennoch schloss Adenauer damals, um die deutsch-französische Achse besorgt, gegen den Willen Erhards eine Kooperation mit Paris und unterzeichnete den Élysée-Vertrag. Erhard schimpfte in und außerhalb des Kabinetts gegen den Pakt. Den Beitritt Großbritanniens hielt er für zwingend notwendig. Er soll sogar mit seinem Rücktritt gedroht haben, was nicht ohne Wirkung blieb. Denn Bonn entschärfte den Vertrag gegen den Wunsch Adenauers.

Die Verwirklichung eigener Ambitionen auf die Kanzlerschaft erreichte Erhard schließlich 1963: Am 16. Oktober wurde er zum zweiten Kanzler der Bundesrepublik Deutschland gewählt. Im

Gegensatz zu Adenauer führte Erhard die Ministerien an langer Leine. Intrigen und Ränkespiele waren ihm fremd, das Aktenstudium nicht seine Leidenschaft. Über den zahlreichen außenpolitischen Problemen kam seine eigentliche Botschaft – eine Ordnungspolitik der Freiheit und des Marktes – in seiner Kanzlerschaft zu kurz. Bald warf man ihm Führungsschwäche vor.

Ludwig Erhard hatte sich immer gegen die Versuche de Gaulles gewehrt, Europa – selbstredend unter französischer Führung – gegen die Vereinigten Staaten in Stellung zu bringen. »Wir werden immer dankbar sein für die große Freundschaft und Hilfe, die uns das amerikanische Volk in schweren Stunden unserer Geschichte bewiesen hat. Wir werden unsererseits in guten wie in schlechten Tagen stets treu an der Seite des amerikanischen Volkes stehen«, bekräftigte er im ersten Jahr seiner Kanzlerschaft. Hier schwang ein Schuss Idealismus mit, zumal sein Eintreten für die USA vom amtierenden Präsidenten Lyndon B. Johnson nicht honoriert wurde.

Der Konflikt zwischen »Atlantikern«, zu denen Erhard sich rechnete, und den »Gaullisten« überschattete die nächsten Jahre. Gerade in der Agrarpolitik, die er als einen Hort des Protektionismus ansah, gab es ständige Konflikte mit Paris. Kanzler Erhard musste feststellen, dass die deutschen Interessen, zumal das Bekenntnis zur Wiedervereinigung, weder in Paris noch in Washington mit Begeisterung zur Kenntnis genommen wurden. Im Kalten Krieg hatten sich die Großmächte mit der deutschen Teilung und dem Status Berlins arrangiert. Einen Anlass zu Änderungen erkannten sie nicht.

In der weiter schwelenden Auseinandersetzung zwischen Atlantikern und Gaullisten versäumte es Erhard, zwischen den verfestigten Interessen geschickter zu vermitteln. So verlor die Bundesrepublik an außenpolitischem Einfluss. Ökonomisch brachte der Kanzler nicht mehr die Kraft auf, sich gegen den ständig ausgeweiteten Sozialstaat und entsprechende Haushaltsdefizite zu stemmen. Mächtige Interessengruppen hatten den Wohlfahrtsstaat in ihre Hände genommen, ohne dass Erhard den Prozess stoppen konnte. Hinzu kam, dass er auch gesundheitlich angeschlagen war.

Mahnungen wie diese verhallten: »Wachsende Sozialisierung der Einkommensverwendung und um sich greifende Kollektivierung der Lebensplanung, weitgehende Entmündigung des Einzelnen und zunehmende Abhängigkeit vom Kollektiv oder vom Staat wären die Folgen dieses gefährlichen Weges, an des-

Bundeswirtschaftsminister Ludwig Erhard vor seinem Haus auf dem Ackerberg in Gmund am Tegernsee, Februar 1962.

LUDWIG ERHARD – ÖKONOM DER FREIHEIT   137

sen Ende der ›soziale Untertan‹ und die bevormundende Garantierung der materiellen Sicherheit durch den allmächtigen Staat sowie die damit verbundene Lähmung des wirtschaftlichen Fortschritts in Freiheit stünde.«

Als Folge der steigenden Sozialleistungen, vor allem in der Kranken- und der Rentenversicherung, kletterte auch die Staatsquote stetig. Dadurch schwächte sich wiederum das wirtschaftliche Wachstum ab und mit den Staatsausgaben stiegen auch die Inflationsgefahren. Das Preisproblem hielt Erhard für lösbar, aber Sorgen bereitete ihm vor allem die Haltung der Bürger, die immer heftiger in eine Vollkasko-Mentalität abglitten.

Plädoyer für die Freiheit

Ziel der deutschen Sozialpolitik müsse es sein, alle sozialen Gruppen vor einer Entwicklung zu bewahren, in der sie zunehmend zu Objekten staatlicher Fürsorge würden. Denn »eine freiheitliche Wirtschaftsordnung kann auf Dauer nur dann bestehen, wenn und solange auch im sozialen Leben der Nation ein Höchstmaß an Freiheit, an privater Initiative und Selbstvorsorge gewährleistet ist.

Wenn dagegen die Bemühungen der Sozialpolitik darauf abzielen, dem Menschen schon von der Geburt an volle Sicherheit gegen alle Widrigkeiten des Lebens zu gewährleisten, d. h. ihn in einer absoluten Weise gegen die Wechselfälle des Lebens abschirmen zu wollen, dann kann man von solchen Menschen einfach nicht mehr verlangen, dass sie das Maß an Kraft, Leistung, Initiative und anderen besten Werten entfalten, das für das Leben und die Zukunft der Nation schicksalhaft ist und darüber hinaus die Voraussetzung einer auf die Initiative der Persönlichkeit begründeten Sozialen Marktwirtschaft bietet.«

Dieses Menetekel beeindruckte die Politiker nicht, auch nicht die der Union. Als die Bundestagswahlen 1965 anstanden, steuerte der Bundeshaushalt auf ein Defizit von bis zu acht Milliarden D-Mark zu – verglichen mit den Summen, über die man 2010 streitet, eine »Quantité négligeable«. Oder, wie Willy Brandt es später formulierte: eine Petitesse. Erhard, bisher ein glühender Feind von Wahlgeschenken auf Pump, ließ es dennoch geschehen, dass seine Regierung mehr als drei Dutzend Ausgabengesetze einbrachte, zu denen der Bundestag noch einige hinzufügte. Da wurden Bauern und Rentner, Mütter, Schulkinder und Kriegsopfer bedacht – wie schon in der Rentenreform von 1957 obsiegte Wahltaktik über seriöse Finanzpolitik.

Bundeskanzler Ludwig Erhard auf Wahlreise in Neumünster-Lübeck, August 1965.

Trotz der für Erhard nochmals triumphalen Wahl – die Union errang knapp 48 Prozent – befand sich sein Stern bereits im Sinken. Ex-Kanzler Adenauer warb für eine Große Koalition, während Unionspolitiker wie Rainer Barzel und Franz Josef Strauß bereits am Sturz Erhards arbeiteten. In CDU und CSU wurden, ungeachtet der Inflationsgefahr, höhere Staatsausgaben in den Blick genommen. Ermutigt wurden sie durch die anhaltende Vollbeschäftigung und die im internationalen Vergleich noch immer bescheidene Staatsverschuldung. Erhard war zu dieser Zeit seine Magie aus Wirtschaftswunderzeiten bereits abhanden gekommen. In der öffentlichen Meinung wurde der Zustand der westdeutschen Volkswirtschaft zunehmend kritisch gesehen. Vereinzelt schürten Medien eine diffuse, aber unberechtigte Krisenfurcht, die an die Weltwirtschaftskrise erinnern sollte. Erhards politische Gefolgschaft, die nie zahlreich gewesen war, schrumpfte weiter.

Der Anlass für seinen Sturz, die Haushaltsprobleme, war aus heutiger Sicht lächerlich gering. Als man um Ausgabenkürzungen und minimale Steuererhöhungen rang, ging ihm die FDP von der Fahne und kündigte das Bündnis mit der CDU/CSU. Nachdem sich Union und SPD auf eine Große Koalition geeinigt und Kurt Georg Kiesinger auf den Schild gehoben hatten, trat Ludwig Erhard am 1. Dezember 1966 zurück. Wie so oft war es die eigene Partei, die auf seinen Fall hingearbeitet hatte.

In den folgenden Jahren warb Erhard weiter auf Vorträgen und Reisen unbeirrt für sein Leitbild der Sozialen Marktwirtschaft. Aber der Zeitgeist hatte sich längst von diesem Erfolgsrezept abgewandt. Die »aufgeklärte Marktwirtschaft« unter Karl Schiller führte das Zepter. In seinem »Werkzeugkasten« der Wirtschaftspolitik tauchten neue und modern klingende Begriffe auf: »Globalsteuerung«, »Aufschwung nach Maß«, die »Konzertierte Aktion« als »Tisch der kollektiven Vernunft«. In dieser neuen magischen Begriffswelt dominierte jedoch planwirtschaftliches Denken und ein tiefes Vertrauen in die staatliche Steuerungskraft des Wirtschaftsgeschehens.

Keynes würde sich im Grabe umdrehen

Der britische Nationalökonom John Maynard Keynes stieg zum Star der Wirtschaftspolitik auf. Sogar unter Wirtschaftsforschern erfreute er sich steigender Beliebtheit. Es klang ja so einleuchtend: Wenn die private Nachfrage lahmt oder ausfällt, muss der Staat einspringen und Kredite aufnehmen. Also kurbelte man an, was das Zeug hielt, ohne an die spätere Rückzahlung der Schulden zu denken. Dabei wurde ein auf fast 50 Prozent explodierter Staatsanteil in Kauf genommen. Vergessen war, was Erhard schon 1950 prophezeit hatte: »Ich möchte glauben, dass sich Keynes im Grabe herumdrehen würde, wenn er wüsste, dass seine Epigonen aus ihm einen Zauberkünstler machen wollen, der durch einen kreditpolitischen Trick das Unheil tragischer Jahre über Nacht zu heilen vermöchte.«

Dennoch versagte es sich Erhard, Bundeswirtschaftsminister Schiller öffentlich zu kritisieren. Eine Nominierung zum Bundespräsidenten lehnte er mehrfach ab. Ämter, Gremien und Funktionen interessierten ihn nicht mehr. Um sein Ideenerbe zu sichern, regte er die Gründung einer Ludwig-Erhard-Stiftung an. Letztmalig trat er im März 1977 auf dem Düsseldorfer Parteitag der CDU auf. Bei einem Unfall auf der Rückfahrt wurde er schwer verletzt. Eine Genesung wurde durch seine Kreislaufprobleme erschwert, er musste ins Krankenhaus. Dort starb er am 5. Mai. Im Rahmen eines Staatsbegräbnisses wurde er eine Woche später in Gmünd an seinem geliebten Tegernsee beigesetzt.

Was bleibt von Ludwig Erhard? In welchen Händen befindet sich seine Ideenwelt? Sein öffentliches Ansehen war schwankender als alle Konjunkturen. Heute würde man sein Image wohl volatil nennen. In den 1950er Jahren wurde er als Schöpfer und Vater des deutschen Wirtschaftswunders national wie international verehrt; in den 1960ern galt er als der gescheiterte Bundeskanzler, in den 1970er Jahren spotteten nicht nur die Karikaturisten über ihn.

Horst Friedrich Wünsche, mehr als drei Jahrzehnte Geschäftsführer der Ludwig Erhard-Stiftung und dort 1973 noch von Erhard selbst eingestellt, fasst seinen Eindruck so zusammen: »Als ich meine Arbeit bei Erhard begann, sprach keiner auch nur mit einem Hauch Wohlwollen von ihm. Wo er auftauchte, wurde getuschelt, gelästert und gelacht. Manuskripte, in denen er sich zu aktuellen politischen Fragen äußerte, wurden ihm – teils mit geheucheltem Bedauern, teils mit unverhohlener Häme – zurückgeschickt. Erhard hatte seine Reputation vollständig eingebüßt. Niemand wollte von ihm noch etwas hören. Ich glaube nicht, dass er die Finger beider Hände gebraucht hätte, um seine Freunde abzuzählen.«

Aber der Stiftung gelang es, sein Denkmal wieder herzurichten und sein ökonomisches Leitbild, das die Wirtschaftswelt so eindrucksvoll geprägt hatte und zu einem Exportschlager geworden war, wieder mit Leben zu erfüllen. Auch Jahrzehnte nach Erhards Tod bleiben seine Vorstellungen einer freiheitlichen Ordnungspolitik hochaktuell. Und sie werden diskutiert. Eine der Kernfragen wird auch heute immer wieder gestellt: Wie sozial ist die Soziale Marktwirtschaft? Verführen das unbedingte Eintreten für den Wettbewerb und der Vorrang des Leistungsgedankens nicht zu einer Ellbogengesellschaft?

Wie das Adjektiv »sozial« auszulegen sei, wird bis heute kontrovers debattiert. Erhard hatte stets die Ansicht vertreten, dass ein funktionierender Markt immer sozial sei. Damit folgte er der Idee des schottischen Nationalökonomen Adam Smith (1723–1790), wonach eine »unsichtbare Hand« dafür sorge, dass eigennütziges Wirtschaften des Einzelnen stets auch zu mehr »Wohlstand für alle« führe. Insofern ist die Soziale Marktwirtschaft ein Pleonasmus. Mit dem Begriff des Sozialen werde nach Erhards Ansicht dagegen Schindluder getrieben: »Bemühen wir uns darum, jedwede Forderung an den Staat nicht vorschnell mit dem Wort ›sozial‹ oder ›gerecht‹ zu versehen, wenn es in Wahrheit nur zu oft um partikuläre Wünsche geht.«

Kollektiven Versorgungssystemen stand Erhard stets skeptisch gegenüber. »Wir kommen dann zu der grotesken Erscheinung, dass der übersteuerte Staatsbürger als Bittsteller bei dem gleichen Staat erscheint und versucht, auf dem Kreditwege das zurückzuerhalten, was nach Recht und Moral eigentlich sein Eigentum aus dem Ertrag seiner Arbeit sein müsste.« Der staatliche Zwangsschutz »hat dort halt zu machen, wo der Einzelne und seine Familie noch in der Lage sind, selbstverantwortlich und individuell Vorsorge zu treffen«.

Warnung vor dem Versorgungsstaat

Als Wirtschaftsminister musste Erhard erleben, dass die überforderten Sozialsysteme immer stärker am staatlichen Tropf hingen. In dieser Logik liegt es, den Kreis der Zwangsmitglieder bis zum hundertprozentigen Volkskollektiv auszuweiten – meist unter dem Beifall von Politik und Wählern. Aber: »Eine auf Zwang beruhende allgemeine Volksversicherung – sei sie nun ein Topf oder nach Gruppen gegliedert – unterscheidet sich allenfalls gradweise, nicht aber prinzipiell von der allgemeinen Staatsbürgerversorgung. Die Entwicklung zum Versorgungsstaat ist daher auch dann schon zu verzeichnen, wenn der staatliche Zwang über den Kreis der Schutzbedürftigen hinausgreift und wenn ihm Personen unterworfen werden, denen der Zwang und die Abhängigkeit wesensfremd ist«, hatte er schon in den 1950er Jahren gemahnt.

Die Sehnsucht der Menschen nach einem möglichst perfekten Sozialstaat hatte Erhard schon in seinem Buch »Wohlstand für alle« als »modernen Wahn« der Gesellschaft gebrandmarkt. Er zweifelte nicht daran, dass jede Wirtschaftspolitik auch die sozialen Wirkungen ihrer Ergebnisse zu berücksichtigen habe. Das Fundament müsse jedoch eine geistige Haltung sein, die die Bereitschaft wach halte, »für das eigene Schicksal Verantwortung zu tragen, und aus dem Streben nach Leistungssteigerung an einem ehrlichen freien Wettbewerb teilzunehmen«. Vermeintlich soziale Maßnahmen richteten auf anderen Feldern mitunter schwere Schäden an. Eine der Kehrseiten des heute gewaltigen Sozialbudgets ist die erdrückende Staatsverschuldung, mit der sich die Gesellschaft einen üppigen Konsum auf Kosten kommender Generationen genehmigt.

Angelpunkt des Erhardschen Gedankengebäudes ist deshalb, wie er unermüdlich betonte, die persönliche Freiheit. Deswegen sei er 1948 auch darangegangen, die bestehenden Unfreiheiten systematisch abzubauen. Eine Sozialpolitik, die sich darauf fixierte, jedem Bürger eine volle Sicherheit gegen alle Widrigkeiten des Lebens zu verheißen und dies auch zu garantieren, führe jedoch in eine Sackgasse. Denn von rundum versorgten Menschen könne man nicht mehr verlangen, dass sie alle Kräfte, Ideen und

Leistungen entfalten, zu denen sie eigentlich fähig wären. Dagegen stellte Erhard seinen Imperativ: Die erfolgreichste Sozialpolitik bestehe aus einer erfolgreichen Wirtschaftspolitik.

Dennoch könne es auch dann noch Situationen geben, in denen sozialer Flankenschutz nötig sei, räumte Erhard ein. Dabei müsse jedoch das Prinzip gelten, soziale Hilfe sei »nur auf der Grundlage eines ausreichenden und wachsenden Sozialprodukts« erlaubt. Auf der anderen Seite stehe die Sozialpolitik in der Pflicht, alles zu tun, damit die unternehmerische Wirtschaft stabil bleibt und expandiert. Eine freischwebende Sozialpolitik, die sich als unabhängig vom Schicksal der Wirtschaft empfindet, verstieße nicht nur gegen ihre eigenen Interessen, sondern auch gegen die Wirtschaft. »Wirtschaftliche Freiheit und totaler Versicherungszwang vertragen sich denn auch wie Feuer und Wasser.«

Schon im ersten Jahrzehnt seines Ministeramtes zeigte sich Erhard darüber erschrocken, wie allmächtig der Ruf nach kollektiver sozialer Sicherheit erschalle. Der Drang, immer weniger persönliche Verantwortung zu übernehmen und alles Heil in der kollektiven Versorgung zu suchen, nannte er fahrlässig und schädlich für das Gemeinwesen. »Hier liegt ein wahrlich tragischer Irrtum vor, denn man will offenbar nicht erkennen, dass wirtschaftlicher Fortschritt und leistungsgemäß fundierter Wohlstand mit einem System kollektiver Sicherheit unvereinbar sind.«

Würde man den Wortschwall der fordernden Gruppen auf eine einfache Formel reduzieren, dann werde nicht weniger verlangt, als eine Senkung der Steuern bei gleichzeitig höheren Forderungen an den Fiskus. In der Konsequenz führe solches Denken »zu höchst unsozialen Ergebnissen«. Es gelte also, diese Illusion des Versorgungsdenkens zu erkennen. Kein Volk könne auf Dauer mehr verzehren als es an Werten schaffe. Diese Grundwahrheit werde ständig verschleiert. Denn die Schutzsuchenden würden alsbald erkennen, dass es sie selbst sind, die zur Kasse gebeten werden. In Wahrheit nehme die Sicherheit ab und nicht zu. Der Staat schaffe letztlich nicht Wohlfahrt, sondern Armseligkeit.

Bei seiner Kritik am Trend zum Versorgungsstaat wollte Erhard nicht missverstanden werden: »Nach meinem Geschmack ist sogar ein weiterer Ausbau der Sozialversicherung durchaus möglich.« Es sei die selbstverständliche Pflicht der Gemeinschaft, den Lebensabend derer zu sichern, die alt sind und ohne eigene Schuld ihre Ersparnisse verloren haben. Bei dieser Hilfe dürfe es auch keine sozialen Unterschiede geben. Arbeitern, Angestellten, Selbstständigen, Einheimischen wie Flüchtlingen müsse gleichermaßen geholfen werden, wenn sie sich nicht selber helfen könnten.

Unerschütterliche Grundsatztreue

Bei aller Grundsätzlichkeit versäumte es Ludwig Erhard auch in späteren Jahren nie, sich gegen den Vorwurf eines menschenverachtenden Kapitalismus abzugrenzen: »In der Marktwirtschaft wird der Begriff ›sozial‹ manchmal so interpretiert, als ob er lediglich einer schamhaften Verbrämung dessen diene, was einmal Kapitalismus bedeutete. Diese Verleumdung hat mich nicht getroffen, ja nicht einmal beschäftigt. Das war doch der Sinn der Sozialen Marktwirtschaft, dass sie von Anfang an und im Prinzip nicht der alten verstaubten Sozialpolitik folgte, die sich lediglich als Verteilungspolitik verstand, sondern dem echten sozialen Denken nach Maßgabe der soliden Leistungen unseres ganzen Volkes zum Durchbruch verhelfen wollte.« Die Gesellschaft müsse sich entweder bescheiden oder mehr arbeiten. Denn »die Arbeit ist und bleibt die Grundlage des Wohlstandes«.

Erhards Beliebtheit und seine unbestrittenen Verdienste basierten auf seiner unerschütterlichen Grundsatztreue. Aber populär wurde er nicht durch theoretische Kathederreden, sondern durch die Erfolge seiner praktischen Wirtschaftspolitik. Sie führten das Land aus den Trümmern zu einem damals nie für möglich gehaltenen Wohlstand. Manche Biografen bescheinigen ihm, er sei zwar von der menschlichen Freiheit getrieben, in Wahrheit aber ein unpolitischer Mensch gewesen. Dieser Vorwurf, wenn es denn einer sein sollte, ist nicht völlig abwegig.

Vor allem in den späten 1950er und frühen 1960er Jahren verstand er es immer weniger, den politischen Ränkeschmieden Paroli zu bieten und sich gegen ihre Anwürfe zu wehren. Die Truppe seiner Weggefährten war nicht beeindruckend zahlreich. Ihm war es unangenehm, sich in diesem Raubtierkäfig mit Raubtiermethoden seine Gefolgschaft zu sichern. Er wehrte sich gegen die in Parteien und Organisationen üblichen Methoden des Ämterschachers, der Tricksereien und Durchstechereien. So lief der aufrechte Mann in manches offene Messer, was besonders deutlich in der kurzen Zeit seiner Kanzlerschaft wurde.

Man mag es unpolitisch nennen, wenn ein Politiker auf die Kraft seiner Argumente vertraut, aber es bleibt dennoch redlich. Seine Abscheu gegen schmeichelnde oder unwahrhaftige Politiker sowie kleinliche Bürokraten war seiner bodenständigen Ehrlichkeit und seinem versöhnlichen Habitus geschuldet. Ihm widerstrebte es zutiefst, jene Methoden anzuwenden, die seine Gegner zu gern gegen ihn einsetzten. Für das Haifischbecken knallharter Interessen war dieser Mann nicht gemacht. Andererseits zeugen Randbemerkungen wie diese von politischem Instinkt: »Ein Kompromiss, das ist die Kunst, einen Kuchen so zu teilen, dass jeder meint, er habe das größte Stück bekommen.«

Prophetisches zur Globalisierung

Nicht nur Parteifreunde tricksten gegen Erhard. Auch die nach den ersten Wirtschaftswunderjahren erstarkte Lobby fügte ihm manche Niederlage zu. Es ist die Ironie der Geschichte, dass genau diese Interessenvertreter einerseits ständig den Wirtschaftsliberalismus im Munde führten, andererseits aber zu den Profiteuren Erhardscher Wirtschaftspolitik gehörten – auch wenn sie dies anfangs bestritten. Jahrzehnte später werden sie nicht müde, das Hohelied auf Erhard zu singen. Zu seinen politischen Niederlagen werden meist das Kartellgesetz oder die aus dem Ruder gelaufene Sozial- und Haushaltspolitik gezählt. Vermutlich aber liegt der fundamentale Grund etwas tiefer: in seinem Unvermögen, die Westdeutschen nicht von ihrer tief verwurzelten Sehnsucht nach kollektivistischen Gesellschaftsmodellen, in die stets etwas Sozialistisches eingewebt war, zu befreien und sie auf einen Kurs selbstverantworteter Freiheit zu führen, sie dafür zu begeistern.

Wenn der Name Ludwig Erhard fällt und an seine Erfolge erinnert wird, entgegnen »aufgeklärte Ökonomen« gern, die damaligen Zeiten seien mit den heutigen nicht vergleichbar. In fast einem halben Jahrhundert habe sich die Welt so gravierend verändert, dass Erhards Prinzipien nicht mehr in die Wirklichkeit einer vernetzten Globalisierung passten. Diese Behauptung wird durch sein politisches und ökonomisches Erbe jedoch widerlegt.

Die Bundesrepublik Deutschland stieg aus den Trümmern des Krieges durch eine wirtschaftspolitische Strategie auf, die man damals noch nicht so nannte: die Globalisierung. Obgleich der deutsche Verbraucher im 21. Jahrhundert wie selbstverständlich Kiwis aus Neuseeland, Chips aus Taiwan, Hi-Fi-Geräte aus Japan und Erdbeeren vom Kap schätzt – irgendwie bereitet ihm die Globalisierung Unbehagen. Dass ein blühender Export Wohlstand beschert und sogar heimische Arbeitsplätze sichert, weiß er zwar, aber ihm ist unwohl dabei.

Erhards Blick ging über Grenzen und Zeiten hinweg. Von ihm sind manche Äußerungen überliefert, die damals prophetisch anmuteten, sich heute aber brandaktuell ausnehmen: »Wir begreifen Europa als eine gewachsene Einheit, der auch unsere östlichen Nachbarn zugehören. Unser unablässiges und auch durch Rückschläge nicht zu entmutigendes Streben nach wirtschaftlicher und politischer Einigung beschränkt sich deshalb nicht etwa auf einen bestimmten Teil Europas. Es schließt, auch wenn wir nur schrittweise vorankommen, das ganze Europa ein,« sagte der Kanzler Erhard. Die Osterweiterung der EU sollte er nicht mehr erleben.

Weil der Wert der menschlichen Arbeit mit der Weite des Wirtschaftsgebietes wachse, müssten sich die Deutschen mit aller Macht aus der Isolierung lösen, hatte er schon kurz nach Kriegsende gepredigt. »Wir wollen Brücken schlagen zu der übrigen Welt und an den Vorteilen des friedlichen Warenaustauschs zwischen allen Völkern teilhaben.« Die Welt stecke »voll unermesslicher Chancen, wenn wir sie nur zu nutzen verstehen würden« – das geht an die Adresse der Globalisierungsgegner.

Ein glühender Europäer

Den Siegeszug von Computer und Internet erlebte Erhard nicht mehr. Aber er war sicher, dass es im Wettbewerb der Zukunft nicht nur um industrielle Ressourcen, sondern um die beiden wichtigsten Rohstoffe geht: Wissen und Kapital. »An der Schwelle des Zeitalters der Automation, die viele als den Anfang einer zweiten industriellen Revolution bezeichnen, haben wir in Deutschland zweifellos einen sehr großen Kapitalbedarf. Sie geschieht über den freien, vielschichtigen und differenzierten Kapitalmarkt, an dem nach Möglichkeit jeder Staatsbürger teilhaben sollte« – eine Anspielung auf eine breite Vermögensbildung, die Erhard für unverzichtbar hielt. Er nannte sie die gesündeste Form der Kapitalbeschaffung. Zur Kehrseite einer dynamischen Sozialpolitik gehöre deswegen »die weitere Förderung der Eigentums- und Vermögensbildung in breiten Schichten unseres Volkes, weil sie mehr als alles andere dazu geeignet ist, die Freiheit, Selbstständigkeit und Verantwortlichkeit des Einzelnen in der modernen Gesellschaft zu stützen«. In ihren mehr als sechs Jahrzehnten kam die Bundesrepublik in dieser Frage nicht voran.

Ludwig Erhard war ein glühender Europäer, zugleich aber ein Feind von Bürokratie. Es gehe darum, »Protektionismus, Mengenbeschränkungen und Zollmauern abzubauen und jenes engstirnige Denken zu überwinden, welches das Leben in Europa zu einer Qual werden ließ. Mit dieser Schrebergarten-Ideologie muss schnell und gründlich aufgeräumt werden«, so Erhards Ziel, das bis heute nicht erreicht ist. Leider seien »Organisationswut und Funktionärsunwesen« ein Zeichen der Zeit. »Wehe dem, der glaube, man könne Europa zentralstaatlich zusammenfassen, oder man könnte es unter eine mehr oder minder ausgeprägte zentrale Gewalt stellen. Dieses Europa hat seinen Wert auch für die übrige Welt gerade in seiner Buntheit, in der Mannigfaltigkeit und Differenziertheit des Lebens.« Eine Botschaft an die Eurokraten, die Verordnungen über den zulässigen Krümmungsradius von Salatgurken verfassen.

Die volkswirtschaftliche Ordnung, wie Erhard sie verstand, war weder reguliert noch manipuliert. Wer sein Heil in Institutionen suche, ende in einer Sackgasse: »Wir sind nämlich von einer Organisationswut befallen und glauben, dass die Organisation allein schon Ordnung bedeute. In gewissem Sinne lässt zu viel Organisation eher auf Unordnung schließen.« Von einem Beamtenheer sei nur zu erwarten, dass es Sand ins Getriebe streue.

Gleichwohl war er immer ein Gegner das Nachtwächterstaates: »Gerade die Industriegesellschaft braucht einen starken Staat. Je größer der Druck der Verbände und Gruppen auf den Gang der Politik, je ungehemmter der Egoismus der Teilgewalten sich entfesselt, um so entscheidender ist es allen verantwortlichen Kräften – und in besonderem Maße der Bundesregierung – aufgegeben, für die Respektierung des Gemeinwohls Sorge zu tragen.«

Als Wirtschaftsminister, mehr noch als Kanzler, hielt Ludwig Erhard unbeirrt am Ziel einer deutschen Wiedervereinigung fest, auch in jenen Jahren, als sich die deutsche und die internationale Diplomatie an den Zustand der Teilung gewöhnt hatten und ihn sogar als stabilisierendes Element der europäischen Sicherheit schätzten. Ähnlich wie Erhard in der Nazi-Ära bereits Visionen für die Nachkriegszeit entwickelt hatte, so beschäftigte ihn schon 1953, also 37 Jahre vor der Einheit, die Lage eines vereinten Vaterlandes.

Seine Worte dürfen prophetisch genannt werden: »Mit diesem Prozess (der Wiedervereinigung) wird dann naturgemäß die wirtschaftliche Lage der Sowjetzone schonungslos offen gelegt, und es kann kein Zweifel bestehen, dass das Resultat betrüblich, ja, vielfach sogar erschütternd sein wird. Das heißt mit anderen Worten, dass wir mit einem starken Leistungsgefälle zwischen Ost und West rechnen müssen und dass sich daraus schwerwiegende Konsequenzen für die sozialen Verhältnisse der Bevölkerung ergeben können. Dennoch müssen wir den Mut zur Klarheit und zur Wahrheit aufbringen, weil erst dann die Mittel zur Heilung

Ludwig Erhard, der »Vater des Wirtschaftswunders«, mit übergroßer D-Mark-Münze und Zigarre, Juni 1968.

eingesetzt und wirksam werden können. Ich verkenne nicht, dass der Wirtschaft des Ostens vom Staat Hilfestellung geboten werden muss. Viel besser aber als leistungshemmende Schutzmaßnahmen erweisen sich produktionsfördernde steuerliche Erleichterungen und Befreiungen.« Soweit Erhard 1953, nachzulesen im Bulletin der Bundesregierung vom 12. September.

Zu den Sorgen, die Erhard damals umtrieben, und die heute nicht weniger aktuell sind, gehörten auch die Stabilität des Geldwerts und der Währungen. Sein Nachfolger im Amt des Wirtschaftsministers, der SPD-Politiker Karl Schiller, hatte es auf die einprägsame Formel gebracht »Stabile Preise sind nicht alles, aber ohne Stabilität ist alles nichts« (Er selbst scheiterte später ebenfalls an seiner eigenen Partei). Stabile Preise waren für Erhard die Grundlage jeder sozialen Befriedung sowie der politischen Ordnung. »Es ist falsch und gefährlich, von einer relativen Inflation zu sprechen. Ich meine, man kann sich im Leben immer auf Menschen berufen, die noch sündiger sind, als man selber ist.« Auch wenn die Preise nur moderat stiegen – besiegt sei die Inflation nie. Sie komme übrigens »nicht über uns als Fluch oder als tragisches Geschick; sie wird immer durch eine leichtfertige oder sogar verbrecherische Politik hervorgerufen«. Die Soziale Marktwirtschaft sei ohne eine konsequente Politik der Preisstabilität nicht denkbar. »Nur diese Politik gewährleistet auch, dass sich nicht einzelne Bevölkerungskreise zu Lasten anderer bereichern«, so Erhard in »Wohlstand für alle«.

Explosive Staatsverschuldung

Ins Poesiealbum aller nachfolgenden Bundesregierungen und ihrer Sparkommissare gehört auch diese Warnung Erhards: »Die heutige Politik der Überschuldung, bewussten Überschuldung, ist meiner Ansicht nach eine hochexplosive Politik. Und einmal wird der Tag kommen, das heißt, der deutsche Bürger wird erfahren müssen, dass die Schulden, die der Staat macht und die er nach außen deklariert zum Wohle des deutschen Volkes: Der deutsche Bürger wird die Schulden zu bezahlen haben.« Eine straffe Haushaltspolitik sei nicht möglich, ohne lieb gewonnene Vorstellungen und Tabus der Vergangenheit aufzugeben. »Ich meine konkret den Abbau öffentlicher Subventionen, die Überprüfung steuerlicher Begünstigungen und den Verzicht auf Staatsausgaben, deren innere Berechtigung fragwürdig geworden ist.« Sätze wie dieser sollten angesichts dreistelliger Milliardenhilfen in Bronze gegossen werden.

Selbst in Zeiten der Voll- und Übervollbeschäftigung befasste sich Erhard oft mit den Problemen von Beschäftigungs- und Tarifpolitik. »›Weniger arbeiten‹, ›besser leben‹, ›mehr verdienen‹, ›schneller zu Reichtum gelangen‹, über Steuern klagen, aber dem Staat höhere Leistungen abzuverlangen – das alles kennzeichnet eine geistige Verirrung und Verwirrung, die kaum noch zu überbieten ist und die, auf die Spitze getrieben, die Grundfesten unserer gesellschaftlichen Ordnung zu zerstören geeignet wäre.«

Mit leisem Spott hatte er schon 1948 angemerkt: »Ich begann meinen beruflichen Werdegang als kaufmännischer Lehrling ohne Pensionsberechtigung und hatte auch nicht das Gefühl, dass eine Sechs-Tage-Woche mit 60stündiger Arbeitszeit meine Gesundheit erschüttern könnte oder ein unerträgliches soziales Los bedeutete.«

Das Motto »Lasst uns weniger arbeiten, auf dass wir mehr konsumieren können« sei ein bedenklicher Irrweg, denn in einer intakten Volkswirtschaft »gibt es keine Vollbeschäftigung ohne Leistungsbewährung; ein Volk, das diesem Gesetz entfliehen möchte, fällt in die Primitivität zurück und kann nicht länger am Fortschritt teilhaben«. Folglich nervte ihn auch das Ritual der Lohnrunden und beharrlich erinnerte er die Tarifparteien an ihre Verantwortung. »Wenn jeder und alle Gruppen glauben, ohne Rücksicht auf das Ganze den Augenblick für sich nutzen zu können, aber gleichwohl bereit sind, die Konsequenz ihres eigenen Verhaltens dem Staat als Schuld anzulasten und ihn allein für die Stabilität verantwortlich zu machen, dann ist ein Grad der Verirrung und Verwirrung erreicht, der den gesunden Sinn aller Wohlmeinenden herausfordern müsste. [...] Der Hexensabbat dauert fort, wenn überhöhte Löhne die Preise und steigende Preise dann wieder die Löhne treiben.«

Wer vom Staat mit Recht Disziplin verlange, müsse dies auch von den Sozialpartnern hinsichtlich ihrer Preis-, Lohn- und Arbeitspolitik fordern. Die Tarifautonomie bleibe dabei ein unverzichtbarer Bestandteil einer freiheitlichen Wirtschafts- und Sozialordnung. Und: »Die Sozialpartner verletzen ihre Pflicht, wenn sie sich auf Kosten der Allgemeinheit einigen« – ein bis heute nicht unübliches Verfahren, man denke an die subventionierte Kurzarbeit. Den Gewerkschaften schrieb er ins Stammbuch, dass eine maßvolle Lohnpolitik auch den Arbeitslosen diene. Es sei deshalb eine Fehlentwicklung, wenn sie sich nur um die Arbeitsplatzbesitzer kümmerten: »Die Privilegierten, die drinnen sitzen, wollen allen anderen, die hereinwollen, das Leben sauer machen. Es ist der pure Egoismus und nichts anderes, der versucht, Forderungen mit gesellschaftlichen Idealen und ethischen Prinzipien zu verbrämen.«

Auch in den 1950er Jahren hegte Erhard schon Zweifel an der Aussagekraft der amtlichen Arbeitslosenstatistik. Er achte das Problem der Arbeitslosigkeit nicht gering, betonte er, »allerdings bin ich nicht bereit, die heute amtlich ausgewiesene Zahl als Maßstab für die echte Arbeitslosigkeit gelten zu lassen; denn wir haben es erlebt, dass auch dort, wo viele Arbeitslose registriert waren, keine Möglichkeit bestand, neue Arbeitskräfte zu mobilisieren. Eine genaue Überprüfung der Zahl der echten Arbeitslosen würde wahrscheinlich ein ganz anderes Bild ergeben.« Auch heute klagen Personalchefs darüber, dass viele Bewerber, die ihnen von der Arbeitsagentur geschickt werden, nicht ernsthaft an einer Arbeitsaufnahme interessiert seien. Bis zu 25 Prozent von ihnen seien arbeitsfähig aber arbeitsunwillig, schätzte der Deutsche Städte- und Gemeindebund. Auch wer die kleinste Arbeit verrichte, »kann eine größere Würde ausstrahlen als irgendeiner, der mit Hunderttausenden um sich wirft. Der Mensch, der sich über seine Arbeit nicht mehr freuen kann und schon die Stunden zählt, wann diese ›Plage‹ wieder zu Ende ist, den kann ich nur bedauern.«

Im deutschen Jammertal

Prognosen über den künftigen Verlauf von Konjunkturen waren damals wie heute im Schwange – und stets umstritten, angezweifelt oder belächelt. Erhard, der ein Optimist war, ärgerte sich über Schwarzmaler und Miesmacher: »Um meinen Schreibtisch katastropht es vom Morgen bis zum Abend, aber ich warte noch immer auf die Katastrophe.« Niemand sollte sich seine Konjunkturen zurechtreden. »Wenn es besser kommt als erwartet, verzeiht man auch den falschen Propheten«, so eine Erhardsche Ironie, die zu einem gängigen Aphorismus geworden ist.

Folgt das Barometer der konjunkturellen Stimmungen der tatsächlichen Lage oder ist es umgekehrt? Ihm werde zuweilen vorgeworfen, bemerkte Erhard, »dass ich die Konjunkturlage allzu sehr dramatisiere und sogar Gefahr laufe, die Konjunktur zu zerreden. Ein wahrhaft komischer Einwand! Ausgerechnet ich, der ich durch über sieben Jahre entgegen den pessimistischen Weissagungen der Neunmalklugen Optimismus und Expansion gepredigt habe, soll jetzt mit einem Mal ängstlich und zaghaft geworden sein?«

Im deutschen Jammertal klagte man schon damals sehr heftig, wenngleich auch nicht auf so hohem Niveau wie Jahrzehnte nach Erhard. »Das deutsche Volk bietet heute der Welt das gewiss nicht alltägliche Schauspiel, dass es auf der Woge einer ausgesprochenen Hochkonjunktur nichts Besseres weiß, als sich über angebliche Notstände, über vermeintliche Unzulänglichkeiten und Widrigkeiten seines wirtschaftlichen und sozialen Seins zu zerstreiten. Ja, man kann füglich behaupten, dass die Stimme der Unzufriedenen um so lauter schallt, je bessere Fortschritte erzielt wurden«, so Erhard im Jahre 1956. Er sagte abnehmende Wachstumsraten voraus, denn »die Phase der extrem hohen Wachstumsraten und damit der übervollen öffentlichen Kassen liegt – nicht zuletzt wegen des vom deutschen Volk gar nicht geteilten Eifers, immer weniger arbeiten zu wollen – hinter uns«. Es sei unverkennbar, dass auch in den nächsten Jahrzehnten mit einer weiteren Normalisierung des Wachstumstempos zu rechnen sei.

Zu den Botschaften für die nächsten Generationen gehören einige Merkzettel, die auch Jahrzehnte nach Erhards Tod noch beherzigenswert sind, aber ebenso klar ignoriert werden. Dazu zählt sein Plädoyer für die Subsidiarität, worin er das Fundament für die soziale Sicherung sah. Eigenverantwortung nach dem Prinzip »Hilfe zur Selbsthilfe« mache die Bürger selbstbewusst. Eine vorausschauende Warnung hinterließ er für die langfristige Wirtschaftspolitik: »In den kommenden Jahren werden erheblich mehr Menschen aus dem Erwerbsleben ausscheiden, als neue hinzutreten. Das bringt zugleich eine Erhöhung der Rentenlast mit sich.« Dazu sei eine »gründliche Durchleuchtung der Sozialgesetzgebung unabdingbar geworden«. Die demografische Zeitbombe, die das Sozialsystem bedroht, hatte er frühzeitig erkannt.

Ludwig Erhard bestritt nie, dass »viele marktwirtschaftsfremde Elemente unsere freiheitliche Wirtschaftsordnung durchsetzt« haben. Das störe den marktwirtschaftlichen Mechanismus der Wohlstandsmehrung. »Aber diese Erscheinungen beruhten dann nicht eigentlich auf Fehlern der Marktwirtschaft, sondern waren folgerichtig das Ergebnis einer gegenüber der Marktwirtschaft gleichgültigen oder feindlichen Politik.«

In seiner Ordnungspolitik hatte der Umweltschutz einen festen Stellenwert. »Wir haben einen großen Bedarf an neuen Technologien der Energiegewinnung, etwa auf dem Gebiete der Sonnenenergie, der Energiespeicherung und beim sparsamen und umweltfreundlichen Energieverbrauch. Investitionsanreize in solchen Bereichen werden sehr bald zum Aufbau neuer Arbeitsplätze führen«, sagte er noch in seinem Todesjahr. Auch wenn Ökoaktivisten diese Erkenntnis später für sich pachteten – es gibt wenig Neues unter der Sonne.

Obgleich Steuerfragen zu dem Geschäftsfeld des jeweiligen Finanzministers gehören, nahm sich Erhard durchaus die Freiheit zu kritischen Anmerkungen. So geißelte er den ständigen Drang der Politik, alte Steuern zu erhöhen oder neue zu erfinden. Klagen über eine sinkende Steuermoral hielt er entgegen: »Die Steuermoral ist gerade so gut oder so schlecht, wie die Steuerpolitik gut oder schlecht ist. Bei einer unmöglichen Steuerpolitik kann auch der Staat nicht die Überheblichkeit besitzen, eine fleckenlose Steuermoral zu fordern«, so eine Bemerkung von 1949. Die heute verbreitete Neigung, Einkommen am Finanzamt und den Sozialkassen vorbeizuschaukeln, feiert in der Schattenwirtschaft – wie die Schwarzarbeit etwas vornehmer umschrieben wird – fröhliche Urständ. Ihr Umfang wird auf jährlich rund 350 Milliarden Euro geschätzt, etwa ein Siebtel des deutschen Sozialprodukts.

Den Bildungspolitikern riet er, das Unterrichtsfach »Wirtschaft« in die Stundenpläne der Schulen und Berufsschulen zu integrieren, ein bis heute trefflicher wie unerfüllter Vorsatz. »Wie gelingt es uns«, fragte Erhard, »die Jugend stärker mit den Grundfragen der Wirtschaft und des wirtschaftlichen Alltags vertraut zu machen? Ich will damit weiß Gott keiner Ökonomisierung des Lebens das Wort reden; aber ich bin doch etwas erschrocken, wenn ich sehe, wie wenig Schulentlassene, ja auch Erwachsene, von diesen Dingen verstehen, obgleich das Wirtschaftliche ihr Leben und das des ganzen Volkes mitformt und mitbestimmt.«

Ein Hauch von Tragik

Nicht selten warf man dem Wirtschaftsminister und Kanzler Erhard vor, er sehe den Dingen tatenlos zu und lasse die Zügel schleifen. Ähnliche Vorwürfe mussten alle seine Nachfolger erdulden. Aber für ihn war eine Politik der ruhigen Hand keine Ausrede, sondern ein Zeichen von Gelassenheit und ordnungspolitischer Verlässlichkeit. »Die deutschen Interessen erfolgreich zu wahren, verlangt in erster Linie Stehvermögen, Beharrlichkeit und Geduld. Nicht die Zahl und Größe von Schlagzeilen, die ein Politiker macht, sind Gradmesser für eine richtige Politik, sondern eher die innere Sicherheit, sich in der Gradlinigkeit seines Handelns nicht von billigen Schlagzeilen beirren und vom rechten Wege abdrängen zu lassen. Wir wollen keine Politik des

Augenzwinkerns, keine Schaukelpolitik und Unklarheiten. Wir brauchen im Innern und nach außen das Vertrauen in die Zielstrebigkeit unserer Politik« sagte Erhard während seiner Kanzlerschaft. Und auf die Frage nach seinem Herzenswunsch gestand er Journalisten kurz vor seinem Tode: »Wenn ich für diese unsere Zeit einen Wunsch frei hätte, dann wäre es der, dass wirklich und endlich und endgültig die Zivilcourage wieder als ein Wert anerkannt wird, für den es sich zu leben lohnt.«

Wenn sich die Generation nach Erhard auf dessen Grundsätze beruft, pflegt sie sich meist die Verteilungswirkung marktwirtschaftlicher Erfolge herauszupicken. Das gesamte Leitbild aus Freiheit, Wettbewerb und Leistung wird in seiner Interdependenz dagegen selten zur Kenntnis genommen. Eine bequeme Ordnung, die automatisch und anstrengungslos Wohlstand produziert, ist sie nicht und war sie nie. Die Soziale Marktwirtschaft als Form eines geschlossenen Gesamtkunstwerks anzunehmen und zu verwirklichen, bleibt eine Daueraufgabe. Im Grunde muss ihre Reform und Durchsetzung dort fortgesetzt werden, wo Ludwig Erhard den Stab an seine Nachfolger übergab.

Erhard war ein Mann, der auf die Vernunft und die Einsicht der Bürger setzte. Er vertraute darauf, dass sich seine Ideen, die so gewaltig die deutsche Wirtschaftsgeschichte prägten, schon durchsetzen und auf Dauer in der deutschen Gesellschaft verankern würden. Da dachte er wie die klassischen Liberalen. Aber das erwies sich als voreilig, denn die Begeisterung für die Marktwirtschaft ging in den Wohlstandsjahren hoch, nahm aber in dem Maße ab, wie sich Probleme auftaten. Als die Wirtschaft zu schwächeln begann, sank auch Erhards Stern.

So umgibt diesen bemerkenswerten Mann auch ein Hauch von Tragik. Der epochale Erfolg seiner Liberalisierung brachte einem geschundenen Volk tatsächlich und buchstäblich einen »Wohlstand für alle«. Fast noch wichtiger ist die damit verbundene Leistung, in der Bundesrepublik die Demokratie begründet und gefestigt zu haben. Als Erhard aus dem Amt schied, hinterließ er seinem Land nicht nur einen nie erahnten Wohlstand, sondern auch einen neuen Zukunftsglauben, die Vision einer freiheitlichen Zivilgesellschaft. Das macht sein Erbe für die Nachgeborenen so aktuell und beherzigenswert.

Bundeswirtschaftsminister Ludwig Erhard mit Zigarre am Schreibtisch sitzend, April 1963.

LUDWIG ERHARD – ÖKONOM DER FREIHEIT

Bundeswirtschaftsminister Ludwig Erhard am Schreibtisch sitzend, 25. April 1963.

Bundeskanzler Ludwig Erhard bei einer Wahlkampf-Kundgebung der CDU in der Dortmunder Westfalenhalle, 1965.

Der neu gewählte Parteivorsitzende, Bundeskanzler Ludwig Erhard (links), und sein Vorgänger in beiden Ämtern, Konrad Adenauer, 21. März 1966.

Ludwig Erhard, Zigarre rauchend, November 1973.

LUDWIG ERHARD 155

Bundeskanzler Ludwig Erhard (links) mit dem französischen Staatspräsidenten Charles de Gaulle in Paris, Februar 1964.

Bundeskanzler Ludwig Erhard (rechts) mit dem amerikanischen Präsidenten Lyndon B. Johnson nach der Überreichung eines Cowboy-Hutes, Dezember 1963.

Bundeswirtschaftsminister Ludwig Erhard mit seiner Gattin, 6. Mai 1963.

Bundeskanzler Ludwig Erhard während eines Fluges nach Norwegen, 28. August 1966.

LUDWIG ERHARD 157

Dokumentenanhang

Freie Wirtschaft und Planwirtschaft
Die Neue Zeitung,
14. Oktober 1946

Bei der Beratung der Länderverfassungen nahm die Diskussion über die künftige Wirtschaftsordnung erwartungsgemäß breiteren Raum ein. In dem Bestreben, aktuelle Probleme aus dem Bereich unfruchtbarer Polemik zu bringen und zur sachlichen Klärung gesellschaftswirtschaftlicher Tatbestände beizutragen, soll hier versucht werden, in dem Widerstreit der Meinungen die gemeinsame Formel für den Wiederaufbau unserer Wirtschaft deutlich zu machen. Es ist charakteristisch, daß die abweichenden Auffassungen immer in der Zuspitzung auf scheinbar unversöhnliche Extreme – hie freie Wirtschaft, dort Planwirtschaft, hie Sozialismus, dort Kapitalismus – Ausdruck finden, während die tatsächliche wirtschaftliche Entwicklung uns fragen lassen sollte, ob nicht von beiden Fronten her Einflüsse wirksam sind, die auf eine Annäherung der Standpunkte schließen lassen. Wer unter freier Wirtschaft nach wie vor immer nur das hemmungslose Freibeutertum der früh- und hochkapitalistischen Ära zu verstehen geneigt ist, wird der Dynamik hochentwickelter Volkswirtschaften so wenig gerecht wie der beziehungslose Individualist, der Planwirtschaft schlechthin mit Verödung und Bürokratisierung einer seelenlosen Wirtschaft gleichsetzt. Nicht anders verhält es sich mit den Begriffen Kapitalismus und Sozialismus. Es ist für die Gegenwart durchaus einseitig, unter kapitalistischer Wirtschaft ein auf der Ausbeutung der arbeitenden Menschen beruhendes Wirtschaftssystem zu verstehen und Sozialismus mit völliger Nivellierung und Beseitigung jeglicher wirtschaftlichen Freiheit gleichzusetzen. Wenn zum Beispiel als das Charakteristikum der kapitalistischen Wirtschaft nur die kapitalistische Produktionsweise im Sinne der massenhaften Anwendung volkswirtschaftlichen Produktivkapitals angesehen wird, dann trifft dies ebenso für die sozialisierte Wirtschaft zu, wie umgekehrt die freie und meist als kapitalistisch gekennzeichnete Wirtschaft die volle Berücksichtigung sozialer Erfordernisse keineswegs ausschließt. Während in den kapitalistischen Ländern mit freier Marktwirtschaft die Akkumulation des Kapitals vielfach heftig kritisiert wird, unterliegen in sozialistischen Staaten Kapitalbildung und Kapitallenkung oft keiner so wirksamen öffentlichen Kontrolle und Kritik. Die zu Schlagworten gewordenen Begriffe reichen deshalb zur Bewertung eines wirtschaftlichen Systems, vor allem zu einer Bewertung nach sozialen Maßstäben, nicht mehr aus. Wenn die kapitalistische und die sozialistische Wirtschaft gleichermaßen zur Kapitalbildung gezwungen sind, aber Einmütigkeit darüber besteht, daß dieser Prozeß unabhängig von der Wirtschaftsform Spartätigkeit und Verzicht auf sofortigen Konsum voraussetzt, dann läßt sich aus solchem Tatbestand keine Unversöhnlichkeit der Systeme ableiten.

Die sozialisierte Wirtschaft kann zwar einer umfassenden volkswirtschaftlichen Planung nicht entraten, aber es wäre auch wieder abwegig, die freie Wirtschaft oder – besser gesagt – die Marktwirtschaft als planlos und anarchisch zu charakterisieren. Durch die Methoden der Marktbeobachtung hat sie vielmehr die Verfahren einer systematischen Registrierung der ökonomischen Fakten und Tendenzen so weit entwickelt, daß der Wille bewußten Planens auch unter dieser Wirtschaftsverfassung immer mehr in den Vordergrund tritt. Schon in einem früheren Aufsatz wies ich darauf hin, daß zwischen planvoller Wirtschaft und voller Planwirtschaft Raum für unendlich viele Variationen der Beeinflussung und Lenkung der Wirtschaft bliebe und daß es deshalb unrichtig und unehrlich sei, hier mit absoluten Begriffen zu operieren.

Der eigentliche Gegensatz besteht nicht zwischen freier Wirtschaft und Planwirtschaft, wie auch nicht zwischen kapitalistischer und sozialistischer Wirtschaft, sondern zwischen Marktwirtschaft mit freier Preisbildung und staatlicher Befehlswirtschaft mit regulativem Eingriff auch in die Verteilung. Dieser Dualismus aber findet seine letzte Zuspitzung in der Frage, ob der Markt als das Votum der gesamten Wirtschaftsgesellschaft oder der Staat beziehungsweise eine andere Form des Kollektivs besser zu entscheiden vermag, was der Wohlfahrt der Gesamtheit, das heißt des Volkes frommt. Vielfach herrscht noch die völlig irrige Auffassung vor, daß der freie Wettbewerb zu einer Unterdrückung sozialer Strömungen oder doch zu wirtschaftlichen Störungen führe, während es nach der Überzeugung aller liberal und zugleich sozial orientierten Fachleute doch gerade die Unterdrückung der Freizügigkeit war, die das Gleichgewicht der Wirtschaft störte und sie in immer auswegslosere Krisen verstrickte. Wenn künftig der Staat darüber wacht, daß weder gesellschaftliche Privilegien noch künstliche Monopole den natürlichen Ausgleich der wirtschaftlichen Kräfte verhindern, sondern daß dem Spiele von Angebot und Nachfrage Raum bleibt, dann wird der Markt den Einsatz aller wirtschaftlichen Kräfte in optimaler Weise regulieren und damit auch jene Fehlleitung korrigieren. Es sei jedem unbenommen, zu glauben, daß demgegenüber die planende und regulierende Wirtschaftsbehörde den wirtschaftlichen Willen der Gesellschaft besser zu beurteilen vermöchte, obwohl die Beweisführung hierfür schwer anzutreten sein wird. Während sich Fehlleitungen der freien Marktwirtschaft automatisch in Preisveränderungen mit allen sich daraus ergebenden Folgen niederschlagen, besteht bei der staatlich gelenkten Wirtschaft die Gefahr, daß nicht minder unheilvolle Fehler unterdrückt werden und, unter der Decke fortschwelend, schließlich mit um so elementarerer Gewalt ausbrechen. Wir haben es in den letzten Jahren erlebt, wie leicht die staatlich gelenkte Wirtschaft zur Mißwirtschaft werden kann, ohne daß die Übergänge jeweils klar genug erkennbar sind.

Unsere Kritik richtet sich also nicht gegen die mannigfaltig auszudeutende Planwirtschaft, sondern in entschiedener Weise gegen die staatliche Befehlswirtschaft. Dieses Wirtschaftsprinzip führt, konsequent zu Ende gedacht, zur Aufhebung des Marktes und der freien Konsumwahl. Eine kollektiv gelenkte Wirtschaft, die sich dem Votum des Marktes beugt, bedeutet aber einen Widerspruch in sich selbst und wird damit sinnlos; die Mißachtung des im Marktgeschehen zum Ausdruck kommenden Konsumwillens aber hat notwendig die Einschränkung der freien Entscheidung zur Folge und basiert auf der völlig irrigen Vorstellung, das Glück der Menschen sei in einer quantitativ meßbaren, maximalen Bedarfsdeckung zu suchen. Selbst also unter der Annahme, daß die lenkende Wirtschaftsbehörde nur das Wohl der Gesamtheit im Auge hätte – eine Annahme, die auch der sozialistische Staat nicht absolut garantiert –, sind Zweifel berechtigt, ob das Volk in seiner Gesamtheit den möglichen Formen der Kollektivwirtschaft vor der freien Marktwirtschaft den Vorzug zu geben gewillt wäre.

Unter den heutigen Bedingungen besteht die Notwendigkeit, daß der Staat der Wirtschaft planend und regulierend Ziele setzt und die richtungweisenden wirtschaftspolitischen Grundsätze aufstellt. Soweit ist und sei seine Initiative unbestritten. Darüber hinaus aber den Unternehmer zum Sklaven und bloßen Vollzugsorgan behördlichen Willens machen zu wollen, würde alle Persönlichkeitswerte töten müssen und die Wirtschaft der wertvollsten Impulse berauben.

Gerade jetzt muß erkannt werden, daß die Wirtschaft dem sozialen Fortschritt nicht feindlich gegenübersteht, sondern an diesem ihren Wertmesser findet. Alle Maßnahmen, die zu einer gerechten Verteilung des Sozialprodukts, das heißt zugleich des Volkseinkommens, führen, bedürfen ernstester Überlegung. Dieses Problem aber ist gerade in Würdigung der sich uns aus unserer Not aufzwingenden Aufgaben lösbar, wenn nur die Sache über das Dogma gestellt wird.

Es ist meine Überzeugung, daß die unserer Zeit gestellten Aufgaben die volle Persönlichkeit erfordern. Und es wird unserem Volke zum Wohle und Segen gereichen, wenn wir eine Wirtschaftsordnung verwirklichen, die an Stelle des von allen Volksschichten verabscheuten Schematismus und Bürokratismus der Freizügigkeit eines seiner sozialen Verantwortung bewußten Handels Spielraum gibt.

Der Weg in die Zukunft
Rede vor der 14. Vollversammlung des Wirtschaftsrates des Vereinigten Wirtschaftsgebietes, Frankfurt am Main, 21. April 1948

Dem Wunsche dieses Hohen Hauses nach Darlegung eines wirtschaftspolitischen Programmes komme ich um so bereitwilliger nach, als in dieser – wie ich glaube – für unser Volk und unsere Wirtschaft entscheidenden Stunde, da sich völlig neue Perspektiven der Entwicklung abzeichnen, der Wirtschaftsrat schon bald vor so schwere und verantwortungsvolle Entscheidungen gestellt sein wird, daß nur die Klarheit der wirtschaftspolitischen Zielsetzung fruchtbare Arbeit und Erfolg verbürgen kann.

Wenn je seit dem Zusammenbruch die schon so viel und so oft getäuschte Hoffnung auf einen neuen Beginn unseres gesellschaftswirtschaftlichen Lebens berechtigt war, dann gilt das für den Augenblick, da wir selbst bei nüchterner realpolitischer Betrachtung darauf vertrauen dürfen, daß unsere nach einer sorgfältig abgewogenen Währungsreform wieder rechenhaft werdende Wirtschaft durch die ihr aus der Marshallplanhilfe zufließenden Mittel und deren ökonomisch richtigen Einsatz eine nachhaltige und stetige Belebung erfahren wird.

So steht also die deutsche Wirtschaftspolitik heute und für die nächste Zukunft unter dem Aspekt zweier großer Entscheidungen, der Währungsreform und der Aktivierung des Marshallplans.

Ich sage trotz der tragischen Aufsplitterung der deutschen Wirtschaft in Zoneneinheiten und trotz der daraus erwachsenden verhängnisvollen soziologischen und politischen Wirkungen »deutsche Wirtschaftspolitik«, weil uns im Vereinigten Wirtschaftsgebiet zweifellos das Herz- und Kernstück einer deutschen Wirtschaft zu verwalten anheimgefallen ist. Wir dürfen uns deshalb auch als Sachwalter des deutschen Volkes fühlen, wenn wir unsere Kraft einsetzen wollen, auch innerhalb der uns von außen gesetzten Begrenzung eine Wirtschaft aufzubauen, die in engster Verbindung mit der übrigen Welt – und gerade dank einer solchen Verflechtung – ihrer eigentlichen und letzten Zielsetzung, nämlich der Wohlfahrt eines friedlichen Volkes zu dienen, nachzukommen in der Lage sein wird.

Ich sage »deutsche Wirtschaftspolitik« aber auch deshalb, weil ich mich damit gegen die oft gehörte, bequeme Auffassung wenden möchte, als wären wir durch die Einschränkung unserer Entscheidungsfreiheit auf manchen Gebieten zugleich auch der Verantwortung für unser künftiges Schicksal enthoben. Das Gegenteil ist der Fall, denn je mehr Hemmnisse sich unserem Verlangen nach einer Existenzsicherung unseres Volkes entgegenstellen, desto größer müssen unsere Anstrengungen sein, desto mehr werden wir an Mut und Überzeugungskraft aufzubringen, an Einsicht und Erfahrung zu vermitteln haben, um in einer Atmosphäre unerschütterlichen Vertrauens in die Lauterkeit unserer Ziele und die Reinheit unseres Wollens das vollenden zu können, was dann als deutsche Wirtschaftspolitik angesprochen zu werden verdient.

Wenn ich dieses Amt übernahm, so geschah es in dem Bewußtsein, daß in unserer Lage weder die gemeine Erfahrung noch Verwaltungsroutine zur Meisterung der anstehenden Probleme ausreichen, sondern daß nur die aus praktischer Erfahrung und wissenschaftlicher Erkenntnis fließende tiefere Einsicht in die sehr komplexen gesellschaftswirtschaftlichen Zusammenhänge dazu befähigen kann, in dem sich vollziehenden, weitgreifenden Strukturwandel das scheinbar regellose und willkürliche, das vielleicht sogar chaotisch anmutende Geschehen zu entwirren und sinnvoll zu ordnen.

Der materielle Verfall unserer Wirtschaft und die daraus resultierende soziale Not liegen so offen zutage, daß es nur einen frommen Selbstbetrug bedeuten würde, in den seit 1945 erreichten geringen Produktionsbelebungen den Beginn einer wirklichen Gesundung zu erblicken. Wohl wurden durch planmäßige Konzentration der Energien auf bestimmte Schwerpunkte einzelne Grundstoffindustrien gefördert und bestehende Engpässe gemildert, aber durch diese Vereinseitigung unserer volkswirtschaftlichen Arbeit trat auch zugleich die Disharmonie in der wirtschaftlichen Struktur immer fühlbarer und störender in Erscheinung. So sinnvoll es nach logisch rationalen Erwägungen sein mag, den Aufbau mit der Wiederherstellung und Erneuerung des sachlichen Produktionskapitals zu beginnen, um der menschlichen Arbeit eine hohe Ergiebigkeit zu verleihen, so irreal ist doch auch diese Politik, wenn sie demgegenüber die menschliche Arbeit – oder besser den arbeitenden Menschen –, als nur sachlichen Produktionsfaktor wertend, auf längere Sicht völlig vernachlässigen zu können glaubt.

In diesen Fehler drohten wir aber zweifellos mehr und mehr zu verfallen, und es ist deshalb nach meiner Überzeugung hohe Zeit, das Steuer herumzuwerfen und durch eine ebenso planvolle Förderung der Verbrauchsgütererzeugung die noch stärker heruntergewirtschaftete menschliche Arbeitskraft zu höherer Leistung zu bringen. Die Versorgung der arbeitenden Bevölkerung mit Verbrauchsgütern und ausreichender Ernährung bedeutet in unserer Situation nur eine besondere Spielart produktiver Investition; aus diesem Grunde schien es mir auch berechtigt, Kredite für Nahrungsmittelimporte nicht als Konsumtiv-, sondern als Produktiv-Kredite rangieren zu lassen. Wenn es dahin gekommen ist, daß z. B. 90 Prozent der im Jahre 1936 Beschäftigten nur 40 Prozent der damaligen güterwirtschaftlichen Leistung erzielen, wenn also der fast volle Einsatz der verfügbaren Arbeitskraft nur noch den Bruchteil einer normalen Leistung erbringt, dann ist der Volkswirtschaft mit einer Steigerung der menschlichen Arbeitsleistung viel mehr gedient als mit einer einseitigen Verbesserung des Produktivkapitals. Dann müssen selbst nüchterne kaufmännische Überlegungen zu der Einsicht führen, daß dieser letzterwähnte Weg der wirtschaftlichere, ich möchte fast sagen, der billigere ist.

Um wieviel größer und zwingender ist aber diese Verpflichtung, wenn wir uns dessen eingedenk sind, daß die Wirtschaft nicht als seelenloser Mechanismus zu begreifen ist, sondern daß sie von lebendigen Menschen mit höchst individuellen Wünschen und Vorstellungen getragen wird und daß gerade angesichts der Schwere unserer Not die verhängnisvollen sozialen und politischen Wirkungen unausbleiblich sein müßten, wenn wir noch länger vergäßen, daß der letzte Zweck allen Wirtschaftens nur der Verbrauch sein kann. Wenn ich also auch keineswegs in die Fehler einer Einseitigkeit nach der anderen Richtung verfallen möchte und mir bewußt bin, daß eine zu starke Vernachlässigung der Erhaltung des Sachkapitals den Wiederaufbau verzögern müßte, so ist es doch unerläßlich, das Gewicht mit großer Entschiedenheit zu verlagern, um erst wieder einen natürlichen Ausgleich und eine organische Entsprechung herbeizuführen.

Diese Umstellung unserer Wirtschaftspolitik erweist sich aber auch aus währungspolitischen Gründen als notwendig, denn bis zu dem Zeitpunkt der Reform ist jeder Aufwand für Kapitalbildung und -erneuerung, besonders soweit dafür flüssige Mittel aus der Vergangenheit mobilisiert werden, einer immerhin weitgehenden Enteignung aller Nominaleinkommen aus laufender Arbeit gleichzuachten, weil angesichts der Begrenztheit unserer ökonomischen Mittel und der eine Neukapitalbildung ausschließenden Steuerpolitik jeder Kapitalaufwand nur durch einen unsichtbar erzwungenen Verzicht auf Konsum getätigt werden kann. Die Fortführung dieser Übung würde zu sozialpolitisch und moralisch gleichermaßen unhaltbaren Konsequenzen führen und könnte die private Wirtschaft auch dann nicht von dem Vorwurf einseitiger Bereicherung freisprechen, wenn diese Wirkung ohne individuelle Schuld und Absicht zustande käme. Diese Politik ist aber auch volkswirtschaftlich nicht zu vertreten, weil sie heute mangels jedes sichtbaren sicheren Maßstabes für die Wirtschaftlichkeit und die zukünftige volkswirtschaftliche Nützlichkeit einer Investition ins Blinde stößt und deshalb nur zu leicht mit dem Odium belastet wird, daß dem Streben nach Kapitalanlage nicht Wirtschaftlichkeitsüberlegungen, sondern die Absicht einer Flucht in Sachwerte zugrunde liegen. Entscheidend ist, daß einem notleidenden und seelisch an den Rand der Verzweiflung gebrachten Volk nach immer wieder enttäuschten Hoffnungen nicht länger Arbeit ohne Gegenleistung, Nominallohn ohne realen Inhalt zugemutet werden kann und politisch auch nicht zugemutet werden darf. Aber auch im Hinblick auf die Zukunft, d. h. also im besonderen auf die Zeit nach der Währungsreform, gebieten es Klugheit und Einsicht, jene Umstellung der industriellen Erzeugung nicht erst dann in Angriff zu nehmen, wenn es sich mit unausweichlicher Folgerichtigkeit zeigt, daß für eine Übergangszeit privates Geldkapital zu Investitionszwecken nicht zur Verfügung steht. Darüber wird später noch mehr zu sagen sein.

Aus all den dargelegten Gründen möchte ich Ihrer Zustimmung sicher sein dürfen, wenn ich in dieser schlechthin entscheidenden Frage der Industriepolitik richtungsmäßig die Ihnen aufgezeigten Ziele verfolge, um so mehr, als ich mir dabei bewußt bin, daß uns nicht nur volkswirtschaftliche, sondern vor allem soziale Notwendigkeiten zwingen, diesen Weg zu beschreiten. Die starke Position der Rhein-Ruhr-Industrie darf in dem engeren Bereich der Vereinigten Zonen nicht zu einer Überbewertung der dort heimischen Industriesektoren und zu einer immer stärkeren einseitigen Forcierung gerade dieser schwerindustriellen Zweige führen. Diese werden kraft ihres Eigengewichtes immer ihre Bedeutung behalten, aber deren bevorzugte Förderung zu Lasten unserer Veredelungs- und Fertigwarenindustrie würde eine Verleugnung bester deutscher Tradition bedeuten und gerade jene spezifisch deutsche Begabung brachlegen, die im friedlichen Warenaustausch der Völker die in Geschmack und Qualität hochwertige deutsche Fertigware zu einem in der ganzen zivilisierten Welt begehrten Gut werden ließ und die auf lange Sicht wohl auch unsere künftigen Exportchancen begründet. Man wird mich auch im Falle der Zustimmung mit Recht fragen, ob die von mir angestrebte Belebung der Konsumgüterindustrie einmal so kräftig sein wird, daß eine fühlbare Besserung der Versorgung zu erwarten ist, und ob zum andern Vorsorge für eine vollständige und gerechte Verteilung getroffen werden kann, die das Übel der Kompensation ausschließt und die Auswüchse der Warenhortung unmöglich macht. Die Antwort darauf ist ohne Bezugnahme auf unsere währungspolitischen Verhältnisse und die daraus resultierenden Zustände nicht zu geben. Es wäre völlig falsch, diese Mißstände zu beschönigen und entgegen der Wirklichkeit um uns den Eindruck erwecken zu wollen, als würden die bestehenden Bewirtschaftungsanordnungen den reibungslosen Fluß der Güter vom Rohstoff bis zur Fertigware, von der Urerzeugung bis zum letzten Verbraucher sicherstellen; aber es wäre nach meiner Überzeugung ebenso falsch, den etwaigen Lücken und Fehlern dieser Direktiven die Schuld beizumessen, und es würde darüber hinaus völlig abwegig sein, nach den schuldigen Personen und Personengruppen fahnden zu wollen. Nicht, daß ich sagen möchte, es liegen keine Fehler vor oder es würden nicht auch verantwortungslose Handlungen begangen werden – solche Mißstände sind zweifellos gegeben, aber sie berühren nicht den Kern der Dinge, und darum ist aus dieser Wurzel allein das Übel nicht zu heilen. Es gilt vielmehr zu erkennen, daß der Tatbestand der preisgestoppten Inflation in seinen Auswirkungen nicht weniger schädlich und verhängnisvoll ist als eine offene Inflation; ja er ist in mancher Hinsicht noch bedenklicher, weil er Ursachen und Wirkungen nicht klar genug erkennen läßt und weil der Masse des Volkes die Zusammenhänge nicht bewußt werden. Für den arbeitenden Menschen aber bedeutet es keinen Unterschied, ob seine Kaufkraft zur Erlangung von begehrten Gütern bei inflationistischer Preisbildung nicht ausreicht oder ob er zwar über die Kaufkraft verfügt, das im Verhältnis zur Nachfrage aber völlig unzureichende Sozialprodukt die Abdeckung verhindert. Fast ist es ein Wunder zu nennen, und es zeugt für das hohe Maß an Disziplin unseres Volkes, daß die Regulative der Bewirtschaftung und des Preisstops das wirtschaftliche Gefüge und die äußere Ordnung noch so lange aufrechterhielten; aber auf dieser Grundlage eine lückenlose Bewirtschaftung und dazu noch eine gerechte Verteilung erwarten zu wollen, würde voraussetzen, daß hier nicht Menschen, sondern Engel und Götter handelnd am Werke sind.

Diese Darlegungen bedeuten keine billige Entschuldigung für ein Versagen; aber wenn Sie sich vergegenwärtigen, daß unsere Wirtschaft infolge des fortdauernden Währungschaos jedes

Wert- und Vergleichmaßstabes beraubt ist, daß wir bei jedem Kauf und Verkauf mit inkommensurablen Wertgrößen operieren und uns ständig auf dem Boden von Fiktionen bewegen, wenn Sie sich darauf besinnen, was es bedeutet, eine hochentfaltete, moderne Geldwirtschaft auf die Verkehrssitten einer primitiven Tauschwirtschaft reduzieren zu sollen, dann bedarf es wirklich nicht mehr der Suche nach Sündenböcken, sondern es bedarf – und das ist zwingend – der Wiederherstellung geordneter Geldverhältnisse. Nur durch dieses Mittel allein ist wieder eine wirtschaftliche Ordnung sicherzustellen.

Diese Forderung auch von dieser Stelle mit allem Ernst und Nachdruck zu erheben, erachte ich als eine unabweisbare Pflicht, und ich möchte dazu mit allem Nachdruck betonen, daß zusammen mit den materiellen Hilfen – deren Nutzen unter den bestehenden Verhältnissen nie voll ausreifen kann – uns vor allem die Rückgewinnung der unentbehrlichen Grundlage einer geordneten Währung not tut, weil erst dann ein sinnvoller Einsatz von Arbeit, Kapital und Material nach wirtschaftlichen und sozialen Grundsätzen möglich wird. Wenn ich eingangs sagte, daß unsere Wirtschaftspolitik heute unter dem Zeichen der Währungsreform und der Marshallplanhilfe zu betrachten wäre, so sei dem hinzugefügt, daß beide Elemente der wirtschaftlichen Wiedergesundung auch zeitlich zusammenstimmen und zusammenwirken müssen, um den Erfolg zu verbürgen.

Als Direktor der Verwaltung für Wirtschaft aber habe ich mich nicht mit Erkenntnissen als Selbstzweck zu begnügen und darf vor allem daraus nicht die Rechtfertigung ableiten, bis zum Vollzug der Währungsreform, der nicht in unserer Hand liegt, der Entwicklung tatenlos zuzusehen. Wenn ich jedoch weiß – und wer täte das heute nicht –, daß unter den hinlänglich charakterisierten Gegebenheiten keine Wirtschaftsbehörde es mit dem System der totalen Bewirtschaftung dahin bringen kann, der Vielzahl von industriellen, handwerklichen und bäuerlichen Betrieben zu dem jeweils erforderlichen Zeitpunkt in richtiger Menge und in geeigneter Qualität die vieltausendfachen Arten von Roh- und Hilfsstoffen, von Arbeitskräften und Produktionsmitteln zuzuweisen, eine wirksame Kontrolle über die vorgeschriebene Anwendung dieser Mittel und über Preisbestimmungen durchzuführen, den reibungslosen Durchlauf der in der Fertigung begriffenen Güter durch alle Stufen der Erzeugung und des Handels wirkungsvoll zu überwachen und dazu noch die Garantie für eine lückenlos funktionierende und nach sozialen Grundsätzen gerechte Verteilung zu übernehmen, dann werden Sie mir, wie ich hoffe, zustimmen, daß ich meine Aufgabe nicht darin erblicken kann, dieses System der totalen behördlichen Zwangswirtschaft noch zu verfeinern, d. h. in diesem Falle zu verschärfen. Ich will vielmehr umgekehrt überall dort und dann neue Wege und Mittel der Auflockerung anzuwenden suchen, wo dieses Verfahren nicht eine Gefährdung, sondern eine Verbesserung der Ordnung erwarten läßt.

Als eine Verbesserung würde ich es allerdings auch ansehen, wenn auf dem Gebiete der Bewirtschaftung für die Zukunft behördliche Maßnahmen unterblieben, deren Befolgung der Wirtschaft nach logischem und ökonomischem Ermessen nicht zugemutet werden kann.

Die Fiktion einer totalen Bewirtschaftung aufrechterhalten zu wollen, wenn um uns zwar überall, aber schädlicherweise – nach Ländern und Betrieben noch höchst individuell – die Kompensation üppigste Blüten treibt, kann im Ergebnis nur zu einer weiteren Unterhöhlung der Moral, zu einer stillschweigenden öffentlichen Sanktionierung ungesetzlicher Handlungen und einer Untergrabung der Staatsautorität führen oder – was gleich schlimm ist – die Behörde der Lächerlichkeit preisgeben. Hier muß der Grundsatz gelten, daß ein Optimum wirklich zu erreichen besser ist, als ein Maximum erzwingen zu wollen. Niemand gebe sich mehr der Täuschung hin, daß in diesem Stadium der Entwicklung und besonders noch vor einer Währungsreform kategorische Imperative und selbst härteste Strafen die strikte Einhaltung staatlicher und moralischer Gesetze noch zu gewährleisten vermöchten, wenn diese nicht mindestens die Chance der Existenzerhaltung bieten.

Dieses Problem berührt und betrifft in Abwandlungen nahezu alle Schichten unseres Volkes und kann, wie alle sozialen Gefahren, heute wirksam nur noch durch eine baldige Währungsreform überwunden werden. Ich bin indessen in Fühlungnahme mit der BICO gerade dabei, Fragen der Auflockerung der Bewirtschaftung auch in der Richtung zu prüfen, ob es nicht einer sinnvollen Funktionenteilung entspricht, wenn sich die Behörde lediglich auf die hoheitlichen Aufgaben der Bewirtschaftung beschränkt und wie bisher in den Fach- und Länderausschüssen die Rohstoff-, Material- und Produktionsplanung vornimmt, dann aber die rein technische Manipulation und Kontrolle der Bewirtschaftung – selbstverständlich wieder unter der Aufsicht der Behörde – ähnlich wie beim Handwerk den Selbstverwaltungsorganen der Wirtschaft überträgt. Ohne diese Gedanken, die in einem demnächst vorzulegenden Gesetz über die wirtschaftlichen Verbände ihren Niederschlag finden sollen, hier noch weiter vertiefen zu wollen, sei doch schon darauf hingewiesen, daß mir dieser Weg die fachmännische Behandlung sicherzustellen scheint, daß die Teilung der Verantwortung der Zusammenarbeit zwischen Verwaltung und Wirtschaft und damit einer Befriedigung des wirtschaftlichen Lebens förderlich sein wird und durch die demokratische Selbstkontrolle innerhalb der Verbände ein Höchstmaß an Objektivität erwarten läßt.

Bei einer klaren Trennung der Aufgaben läßt sich dabei die Begründung von Machtpositionen durchaus vermeiden, und vor allem eröffnet sich hier dann endlich ein Weg, um der Aufblähung der Wirtschaftsverwaltungen hier und in den Ländern erfolgreich Einhalt zu gebieten. Daß diese Reduktion im Hinblick auf die künftigen Sorgen um den Ausgleich der öffentlichen Haushalte unbedingt notwendig ist und daß allein schon aus diesem Grunde eine Reorganisation Platz greifen muß, wird niemand bezweifeln wollen.

Welche Mittel aber auch immer versucht werden, um die Wirksamkeit der Bewirtschaftung und damit auch die Versorgung zu verbessern, so wird solchen Anstrengungen im Augenblick doch immer nur ein partieller Erfolg zuteil werden können. Zugegeben, daß die Umstellung von Hersteller- auf Endverbraucherkontingente mancherorts eine wesentliche Verbesserung bedeutet, daß die gerade jetzt durchgeführte Vereinheitlichung der Bewirtschaftungssysteme für die amerikanische und britische Besatzungszone manche bedenklichen Lücken schließt und daß sich insbesondere mit einer besseren Rohstoffversorgung der Wirtschaft die natürlichen und künstlichen Stauungen im Güterfluß in gewissem Umfange von selbst auflösen – eine wirklich gesunde wirtschaftliche Grundlage werden wir, wie die Erfahrungen des Alltags uns immer wieder lehren, durch dieses Flicken und Verstopfen der brüchig gewordenen Dämme oder mehr noch durch das Herumkurieren an den Symptomen nicht zurückgewinnen.

Das deutsche Volk weiß heute aus mancherlei Verlautbarungen, daß eine Währungsreform wohl in nicht mehr allzu ferner Zeit zu erwarten steht; und deshalb sind es nicht immer nur amoralische Triebe, sondern es ist oft mehr die Lebensangst, die den vor einer scheinbar undurchsichtigen Zukunft stehenden Menschen zu Handlungen veranlaßt, die unsere so sehr geschwächte Wirtschaft noch weiter lähmen und die sozialen und politischen Gegensätze noch stärker aufreißen. Um so wichtiger erscheint es mir, zu jenem viel erörterten Thema »Währungsreform« unter wirtschaftspolitischem Aspekt hier etwas Grundsätzliches zu sagen.

Vorweg das eine: Sie bedeutet nicht eine Geißel, die das Maß der Prüfungen vollmacht. Diese Reform wird wohl allen immer noch vorhandenen Illusionen ein jähes Ende setzen und die harten Realitäten unseres gesellschaftswirtschaftlichen Lebens mit aller Deutlichkeit und, wenn Sie wollen, auch mit aller Brutalität aufdecken. Aber dieser Prozeß trägt in sich zugleich die heilenden Kräfte, schafft die Grundlagen für eine neue Ordnung und die nützliche Anwendung unserer Arbeit und gibt dieser damit wieder Sinn und Inhalt. Daß eine Währungsreform mehr sein muß als eine nur finanzwirtschaftliche oder gar nur finanztechnische Operation, daß sie den wirtschaftlichen und sozialen Erfordernissen in gleicher Weise Rechnung zu tragen hat, ist gerade auch von seiten des Wirtschaftsrates oft und unmißverständlich betont und gefordert worden. Ich bin der Meinung, nein, ich bin der Überzeugung, daß diese drei Elemente der Aktion nicht miteinander in Widerspruch stehen und mit verkrampften Konstruktionen zusammengehalten werden müßten, sondern daß sie ein organisches Ganzes bilden, das nicht zu zerstören allen am Herzen liegen muß, die um der Zukunft unseres Volkes willen eine wirkliche Gesundung unseres gesellschaftswirtschaftlichen Lebens wollen.

Jene finanzwirtschaftliche Operation wäre – als isolierte technische Maßnahme betrachtet – eine relativ simple Aufgabe, aber diese zahlenmäßig glatte Rechnung ginge ohne Rücksichtnahme auf die sozialen Erfordernisse und wirtschaftlichen Möglichkeiten eben doch nicht auf. Der Zusammenhang ist unlösbar, aber gerade deshalb, gerade weil die Währungsbereinigung anders als bei sonstigen Teilreformen alle Bereiche des Lebens einer Nation berührt und erfaßt, ist die verantwortliche deutsche Mitarbeit nicht nur an den technischen Aufgaben, sondern an den Grundlegungen unerläßlich. Es ist meine feste Überzeugung – ihr habe ich als Vorsitzender der Sonderstelle Geld und Kredit Gestalt zu geben versucht, und ich will diese Überzeugung auch in meinem jetzigen Amte mit dem größten Ernst wahren –, daß die in der Währungsreform sichtbar werdenden, unabdingbaren Opfer nur dann nicht zur Auflösung der sozialen Ordnung treiben, wenn sie eine gerechte Umlegung erfahren, wenn der ehrliche Wille zu einem Lastenausgleich mit der Reform auch zur Tat wird.

Ich versichere Ihnen, alles in meinen Kräften Stehende zu tun, um innerhalb meines Wirkungsbereiches jeden Versuch, sich diesem Gebot entziehen zu wollen, zunichte zu machen. Der Prozeß dieses Ausgleichs hängt, vor allem hinsichtlich des zeitlichen Ablaufs, selbstverständlich weitgehend von der Technik und dem materiellen Inhalt der Währungsreform ab. Sicher aber ist das eine, daß die Lösung nicht in der Aufteilung der Masse, sondern wesentlich in einer dem Ausgleichsgedanken Rechnung tragenden Verteilung der gesamten volkswirtschaftlichen Erträge gefunden werden muß. Der Lastenausgleich bewirkt somit unbeschadet der Möglichkeit eines realen Besitzausgleiches im Grundsatz eine Andersverteilung des Volkseinkommens bzw. des Sozialproduktes. Gerade deshalb aber wird ein Erfolg um so sicherer, rascher und nachhaltiger erzielt werden können, je besser es uns gelingt, unsere Wirtschaft aus der Lethargie zu befreien und nach dann wieder möglichen wirtschaftlichen Grundsätzen die Erzeugung stetig auszuweiten. Nicht in der Nivellierung des Mangels und der Not, sondern in der gerechten Verteilung eines mählich wachsenden Wohlstandes muß das Heil gesucht und gefunden werden.

Wer sich der Bedeutung der Währungsreform bewußt ist und erkannt hat, wie geradezu schicksalhaft unsere Zukunft von deren Erfolg abhängt, der kann nur wünschen, daß sie von dem Mut zur Konsequenz getragen ist, das heißt eine Regelung setzt, die die wirtschaftliche und soziale Zukunft unseres Volkes nicht mit den Sünden der Vergangenheit belastet, sondern alle Störungselemente einer Wiedergesundung ausschaltet und so zuletzt gewährleistet, daß das aus neuer, ehrlicher Arbeit fließende Einkommen im Markte wieder volle güterwirtschaftliche Deckung findet. Diese nach landläufiger Auffassung harte Lösung ist nach meiner festen Überzeugung zugleich die sozialste, wenn sie nur für die nicht arbeits- oder einsatzfähigen Menschen die notwendigen sozialen Hilfen vorsieht. Es ist kaum mehr als ein Irrtum, sondern vielmehr als eine bewußte Irreführung zu bezeichnen, wenn in deutlich agitatorischer Absicht dem Volke vorzugaukeln versucht wird, als stünde es in der Macht oder dem guten Willen einzelner Menschen oder Gruppen, die Folgen dieser unseligen Erbschaft, die Verbrechen des nazistischen totalitären Systems ungeschehen zu machen, oder wenn gar der Eindruck erweckt wird, als sollte die Währungsreform dazu dienen, die Armen noch ärmer, die Reichen aber noch reicher werden zu lassen. Das deutsche Volk mag gewiß sein, daß solche Verbrechen sich nicht ereignen werden.

So positiv die Währungsreform als Voraussetzung einer wieder gesunden Wirtschaft und der wieder sinnvoll anzuwendenden Arbeit auch zu bewerten ist, so wird sie doch auch – dessen bin ich mir nur allzu bewußt – große Härten auftreten lassen und Strukturumschichtungen von weittragender Bedeutung im Gefolge haben. Wir werden auch dann erst zu ermessen vermögen, welche krankhaften Verzerrungen unsere Wirtschaft durch die artfremde Ausbeutung und die asoziale Zielsetzung eines totalitären Regimes erfahren hat.

Ich erachte es aus diesem Grunde als unerläßlich, daß sich der Wirtschaftsrat schon in nächster Zeit mit den zu erwartenden wirtschaftlichen und sozialen Folgen auseinandersetzt, und erblicke für meine Verwaltung meine Aufgabe im besonderen auch darin, in vorbeugender Planung Mittel und Wege zur Begegnung und Überwindung solcher Folgeerscheinung zu ersinnen.

Lassen Sie mich Ihnen auch in großen Zügen die mutmaßliche Entwicklung aufzeigen, weil nur aus dieser Einsicht heraus die Wirtschaftspolitik von morgen zweckmäßig zu gestalten sein wird. Sie mögen daraus erkennen, daß ich durchaus keinem rosaroten Optimismus huldige, sondern mir der Schwere der Aufgaben nur zu bewußt bin.

Entgegen der bisher geübten Großzügigkeit in allen finanziellen Dingen wird die Währungsreform zunächst eine erhebliche Schockwirkung ausüben, die vielleicht sogar zu überängstlichen Dispositionen führen mag. Fast verlorengegangene Wirtschaftlichkeitserwägungen werden wieder zum bestimmenden Faktor des Handels werden, und man wird wieder sorgfältig zu kalkulieren beginnen. Nur die unmittelbar produktiven Kräfte können mit ungestörter Fortführung ihrer Arbeit rechnen, während alle Verrichtungen außerhalb dieser Sphäre tendenziell allmählich eine Zurückdrängung erfahren werden. Darüber hinaus ist aus bisher unsichtbaren Quellen ein Zustrom zum Arbeitsmarkt, vor allem auch von weiblichen Personen, zu erwarten, ohne daß angesichts der bestehenden Unübersichtlichkeit genaue Schätzungen nach dieser Richtung möglich sind. Das Reservoir der Arbeitsuchenden wird noch Verstärkung erfahren, aus dem Bereiche des Handels und der öffentlichen Verwaltungen, während das Handwerk das Volumen seines Arbeitseinsatzes, wenn auch mit inneren Verschiebungen, mutmaßlich wird behaupten können.

Wenn wir weiter in Rechnung stellen, daß angesichts des mindestens vorübergehend vorherrschenden Kapitalmangels für den Kapitalgütersektor der Industrie die Gefahr einer vielleicht nicht einmal unerheblichen Schrumpfung und dann auch der Freisetzung von Arbeitskräften ins Auge gefaßt werden muß, dann zeichnet sich in einer solchen Entwicklung nicht nur eine Strukturumschichtung, sondern auch das Phänomen einer latenten Arbeitslosigkeit ab, die es unter Berücksichtigung der Beengtheit der öffentlichen Haushalte mit allen Mitteln aufzufangen gilt. Das Ziel bleibt die Unterbringung aller freien Kräfte in der gewerblichen Wirtschaft und hier wieder besonders in der gütererzeugenden Sphäre; aber es wird von der Größenordnung dieser Erscheinung und von der Ausweitungsmöglichkeit unserer gewerblichen Produktion abhängen, ob auf solche Weise eine völlige Aufsaugung gelingen kann. In jedem Falle müssen im Zusammenwirken mit der jetzt konstituierten Arbeitsbehörde vorbeugend Unterbringungsprogramme entwickelt werden, die den materiellen, sozialen und finanziellen Gegebenheiten der Volkswirtschaft Rechnung tragen. Wenn auch mit der unerläßlichen Verbesserung der deutschen Arbeitsleistung tendenziell eine Reduzierung der Beschäftigtenzahl verbunden ist, so darf doch dank der durch die Erhöhung der Rohstoffeinfuhren erzielbaren Produktionsausweitung damit gerechnet werden, daß hier sogar eine Überkompensation Platz greift, so daß der Marshallplan den doppelten Vorteil sowohl der individuellen als auch der gesamtwirtschaftlichen Leistungssteigerung zeitigen würde. Die Wirtschaftspolitik muß im Hinblick auf eine möglichst konstante und volle Beschäftigung dahin zielen, zwischen dem mengenmäßigen Produktionsvolumen auf Grund der Rohstoffverfügungen, den vorhandenen Arbeitsplatzkapazitäten und der Leistungseffizienz der menschlichen Arbeit eine jeweils harmonische Entsprechung sicherzustellen. Weil hier jede Diskrepanz zu schweren sozialen Störungen führen müßte, ist diesen Gegebenheiten insbesondere in der Gestaltung der Einfuhr und der Ausrichtung der Industriepolitik Rechnung zu tragen.

Die angenommene Schwerpunktverlagerung von der Produktionsmittel- auf die Verbrauchsgüterindustrie wird auch von der Geld- und Kreditseite her erzwungen werden. Die Sorge um hinreichende Bereitstellung von Betriebsmittelkrediten zur Fortführung der laufenden Produktion und zur Sicherung des Absatzes ist zwar verständlich, aber insofern doch nicht begründet, als währungspolitische Bedenken gegen die Einräumung kurzfristiger Warenumschlagskredite nicht bestehen und sie darum vor allem in der Form des Handelswechsels mobilisiert werden können. Demgegenüber sind der Gewährung von Komsumtiv- und Investitionskrediten, so wie langfristigen Krediten überhaupt, deshalb sehr enge Grenzen gezogen, weil beide trotz ihrer verschiedenartigen ökonomischen Beurteilung zunächst die gleiche Wirkung einer zusätzlichen, ungedeckten Nachfrage auf den Konsumgütermärkten auslösen. Es kann trotz der unbedingt notwendigen Steuerreform angesichts der unabdingbaren, hohen Belastung der Einkommen auch nicht erwartet werden, daß die deutsche Wirtschaft aus eigener Kraft zu rascher und ins Gewicht fallender Kapitalanreicherung befähigt wäre. Es wird vielmehr bereits erheblicher Anstrengungen bedürfen, dem weiteren Verschleiß unseres volkswirtschaftlichen Kapitals Einhalt zu gebieten; denn trotz der zu erwägenden Anreize zur Stärkung des Sparwillens unseres Volkes wird die materielle Lage solchen Zielen für die Übergangszeit noch relativ enge Grenzen setzen. Wenn sich also nach diesem Bild für große Kapitalinvestitionen nur sehr geringe Chancen zu bieten scheinen, so wird aus dieser Situation das für kleinere Kapitalaufwendungen in Frage kommende Handwerk Nutzen ziehen. Es wird darum dafür Sorge zu tragen sein, daß dieses durch größere Bereitstellung von Bau- und Reparaturmaterial in die Lage versetzt wird, sowohl im Erzeugungssektor als auch in der Hauswirtschaft einem weiteren Verfall des Wohnraumes, aber auch der Produktions- und Gebrauchsgüter bis tief in die private Haushaltssphäre hinein, erfolgreich Einhalt zu gebieten.

Wenn hier gezeigt werden konnte, daß sich sowohl von der Geld- und Kreditseite als auch von der Nachfrageseite her eine starke Konzentration der Energien auf die Verbrauchsgüterproduktion vollziehen wird, so fällt auch bei dieser Entwicklung dem Handwerk eine bedeutsame Funktion zu. Auf der einen Seite wird die Dringlichkeit und Massenhaftigkeit des aufgestauten Bedarfs zur industriewirtschaftlichen Serienanfertigung typisierter und normierter Gebrauchs- und Verbrauchsgüter drängen, während auf der anderen Seite das Handwerk berufen erscheint, der dadurch drohenden Schablonisierung und Kollektivierung des Verbrauchs durch individuellere Gestaltung und Prägung des Werkstoffes zu steuern und zu seinem Teil wieder etwas von der Buntheit und Vielfältigkeit des Lebens in den Verbrauch hineinzutragen. Allein der Materialmangel wird die deutsche Wirtschaft zwingen, beide Fertigungsarten nebeneinander gleichermaßen zu pflegen.

Aber auch im Bereiche des Handels wird eine Währungsreform einschneidende Wirkungen zeitigen. Es kann keinem Zweifel unterliegen, daß dieser Berufsstand, der in wesentlichen Teilen die außerordentlich wichtige volkswirtschaftliche Funktion zu erfüllen hat, die rohstofforientierte, stark spezialisierte Fertigung zu Verbrauchssortimenten zusammenzufassen und in optimaler Weise an den letzten Verbraucher heranzutragen, von dem Verfall unserer Wirtschaft besonders stark in Mitleidenschaft gezogen wurde. In gewissen Kreisen herrschte die durchaus irrige Vorstellung, als ob diese Tätigkeit nicht die mindesten fachlichen Voraussetzungen erfordere und neben dem zeitbedingten Vorteil der Verfügung über Ware eine sichere Existenz gewährleistet. So kam es auf diesem Felde zu Lasten des bewährten, zünftigen Handels zweifellos zu einer Übersetzung, die nach meiner Überzeugung durch die Währungsreform außerordentlich rasch aufgesogen sein wird. Dabei werden mit Gewißheit jene Elemente ausgeschaltet, die hier eine bequeme Konjunktur ausnutzen zu können glaubten. Angesichts des beschränkten Umsatzvolumens und der geringen Differenziertheit unseres Sozialproduktes wird der Handel in vielen Bereichen bei voller Anerkennung seiner volkswirtschaftlichen Bedeutung um seine Existenzerhaltung zu ringen haben und vor entscheidende Aufgaben der Rationalisierung und der inneren Organisation gestellt sein. Die Währungsreform wird dem ungesunden Prozeß einer tendenziellen Zunahme händlerischer Betätigung bei gleichzeitig schwindendem Sozialprodukt ein Ende setzen. Vergessen wir es aber nicht, daß die Vielgestaltigkeit der Handelseinrichtungen eines Landes ein besonders prägnantes Spiegelbild seiner Wohlfahrt abgibt und daß mit der allgemeinen Erholung unserer Wirtschaft auch der Handel mehr und mehr in seine frühere, bedeutsame Stellung hineinwachsen wird.

Daß die öffentliche Verwaltung, und wenn ich hier im besonderen sagen darf, die Wirtschaftsverwaltung im Zuge der Währungsreform eine starke Reduktion erfahren muß, bedarf keiner Begründung. Hier offenbart sich eine noch krassere Anomalie in der Weise, daß die Bewirtschaftung mit zunehmender Ausweitung der Apparatur immer unwirksamer zu werden droht. Wenn dieser Fehlentwicklung auch bald Schranken gesetzt sein werden, so habe ich doch bereits verfügt, daß eine Kommission aus den besten Sachverständigen dreier Länder eine Überprüfung der Verwaltung für Wirtschaft vornehmlich mit der Zwecksetzung ihrer Reduktion vornehmen wird.

Zusammenfassend darf also wohl behauptet werden, daß die Währungsreform weitgehende Umgruppierungen sowohl hinsichtlich der gewerblichen Struktur als auch der arbeitsmarktpolitischen Verhältnisse mit sich bringen wird, die gerade unter den dann vorherrschenden materiellen und sozialen Bedingungen möglichst rasch zu einem neuen organischen Ausgleich gebracht werden müssen. Eine erfolgreiche Währungsreform – und an eine andere können wir nicht denken – wird alle jetzt noch bequemen Auswege versperren, und es werden sich dann nur noch für volkswirtschaftlich nützliche Leistung und Arbeit Existenzmöglichkeiten eröffnen. Diesen harten, aber einzig möglichen Weg der Gesundung müssen wir endlich beschreiten und alles daransetzen, um den Erfolg nicht zu gefährden.

Aus dieser und nur aus dieser Einstellung und Zielsetzung heraus glaubte ich vor allem auch als Währungssachverständiger geradezu verpflichtet zu sein, meine Bedenken gegen eine über das volkswirtschaftlich berechtigte Maß hinausreichende Entleerung der Läger und gegen die Preisgabe unserer letzten volkswirtschaftlichen Güterreserve anmelden zu müssen. Ich verwahre mich mit dem größten Ernst und mit aller Entschiedenheit auch nur gegen den Schein des Verdachts, als würde ich die Hortung als einen kriminellen Tatbestand billigen oder gar rechtfertigen wollen, und brandmarke als Verleumder alle diejenigen, die sich in dem Bestreben eindeutiger privater Bereicherung auf jene meine Erwägungen berufen zu können glauben. Ich habe deshalb auch in meinem Amte Anweisungen ergehen lassen, daß der Einhaltung der Bewirtschaftungsvorschriften jetzt besonderes Augenmerk zuzuwenden und vor allem dafür Sorge zu tragen sei, daß die aus laufender Produktion fließenden Güter der Versorgung unseres Volkes zugute kommen.

Im Hinblick auf das Gelingen der Währungsreform – und diese Entscheidung fällt in den ersten Monaten nach der Aktion – sollte diese ernste Frage in keinem Falle zum Gegenstand parteipolitischer Agitation herabgewürdigt werden. Ich spreche wieder nicht von der Hortung, wenn ich sage, daß eine radikale Lagerauflösung vor der Reform ungefähr der verhängnisvollste Schritt sein würde, den man sich überhaupt denken könnte: denn damit wäre – bei den derzeitigen Erfahrungen – nicht nur eine Verteilung an die Würdigsten und Bedürftigsten nicht gewährleistet, sondern die verfügungsfreie Kaufkraft müßte auch, trotz Marshallplanhilfe, mindestens für die Dauer eines durchschnittlichen Produktionsumschlags ins Leere stoßen. Je nach dem materiellen Inhalt der Währungsreform wird dieses Problem mit unterschiedlichem Gewicht auftreten; aber es wird in jedem Falle entscheidend sein. Ich habe persönlich deutlich genug bekundet, daß ich den Erlaß eines Enthortungsgesetzes mit einer klareren Umreißung des Tatbestandes für wünschenswert erachte, und hoffe Sie dennoch überzeugen zu können, daß es keinen Widerspruch bedeutet, wenn ich sage, daß ein Überschreiten des kritischen Punktes, d.h. ein Eingriff in die angemessene volkswirtschaftliche Güterreserve, Sie mit einer Verantwortung belasten würde, die Sie um eines erfolgreichen Wiederaufbaues willen nach meiner Überzeugung nicht übernehmen können. Fragen Sie den Mann auf der Straße, was er sich von der Währungsreform erwartet – es ist nichts anderes als das, was ich als die entscheidende Grundforderung herausgestellt habe. Sage mir der, der gegenteiliger Meinung ist, wie er die güterwirtschaftliche Unterbauung der kaufkräftigen Nachfrage ohne den Einschuß der Lagerreserven bewerkstelligen will!

Welcher Art aber auch die Maßnahmen sind, die heute gemäß dem einmütigen Willen nach echter Enthortung zur Anwendung gelangen sollen, wissen doch alle Einsichtigen gut genug, daß in Ansehung des hier einschlägigen Personenkreises der Erfolg gewiß nur ein bescheidener sein wird und daß das eigentliche und wirklich interessante Problem darin besteht, jene Existenzen nicht sogar noch zu Währungsgewinnlern werden zu lassen. Wenn ich auch über keine Patentlösung zur totalen Abschöpfung solcher Gewinne verfüge, so ist doch eines ganz gewiß, daß die Erfassung von Hortungslägern nach der Währungsreform im Zeichen der Geld- und Kreditknappheit bei konsequenter Anwendung dieser Politik unendlich viel leichter sein wird als bei dem heutigen Zustand schier unbegrenzter Geldflüssigkeit. Zu jenem Zeitpunkt hoffe ich dann durch energische Erfassungsmaßnahmen endgültig dartun zu können, daß meine Einwände nicht dem Schutze amoralischer Interessen, sondern ausschließlich der Sicherung der künftigen Währung gelten sollten. Ich möchte aufrichtig wünschen, daß der Ablauf der Ereignisse mich nicht zwingen wird, zu meiner Entlastung auf diesen Tag und diese Ausführungen Bezug zu nehmen, denn nach diesem Leidensweg unseres Volkes und den unsäglichen Entbehrungen würde die Katastrophe einer mißlungenen Währungsreform seinen letzten Lebenswillen gar vollends brechen müssen.

Bei allen Betrachtungen gehe ich selbstverständlich von einer Konzeption aus, die sich nicht allein mit einer quantitativen Verbesserung des Mißverhältnisses zwischen Warenangebot und kaufkräftiger Nachfrage begnügt, sondern das Übel an der Wurzel packt. Jede Regelung, die uns aus fortbestehender, wenn auch schwächerer Diskrepanz dennoch dazu zwingen würde, die bisherige Form der Bewirtschaftung einschließlich des Preisstops als das auch künftige Wirtschaftssystem beizubehalten, jede Regelung, die dem Spuk der preisgestoppten Inflation nicht ein jähes Ende setzt, sondern aufs neue den Prozeß der Bildung überschüssiger Kaufkraft anstieße, würde entweder noch weitere Währungsaktionen notwendig machen oder wäre sogar geeignet, das Unheil zu verewigen. Von einer Wirtschaftspolitik könnte jedenfalls für die Zukunft nicht gesprochen werden, wenn sich eine derart düstere Aussicht erfüllte. Die Probleme blieben die gleichen wie heute, und auch die Mittel blieben gleich unwirksam. Mit der entschiedenen Ablehnung dieses Wirtschaftsprinzips predige ich durchaus nicht die Rückkehr zu den liberalistischen Wirtschaftsformen historischer Prägung und einem verantwortungslosen Freibeutertum einer vergangenen Zeit.

Die ewige Spannung zwischen Individuum und Gemeinschaft läßt sich in keinem Falle durch die Negierung und Verleugnung des einen oder anderen überwinden, so daß die Frage immer nur die Prinzipien und Formen betrifft, nach denen sich der Mensch ohne die Preisgabe seiner selbst den höheren Formen der Gesellung einzuordnen, aber wohlgemerkt nicht unterzuordnen hat. Daß das heutige Prinzip gerade unter dem Aspekt im originären Sinn angesprochen werden kann und entweder in freiere marktwirtschaftliche Formen oder aber zum absoluten Totalitarismus übergeleitet werden muß, wird jedermann anerkennen, der sich des Zwangscharakters unserer wirtschaftlichen Lage aus dem währungspolitischen Chaos heraus bewußt ist. Wenn auch nicht im Ziele völlig einig, so ist doch die Richtung klar, die wir einzuschlagen haben – die Befreiung von der staatlichen Befehlswirtschaft, die alle Menschen in das entwürdigende Joch einer alles Leben überwuchernden Bürokratie zwingt, die jedes Verantwortungs- und Pflichtgefühl, aber auch jeden Leistungswillen abtöten und darum zuletzt den frömmsten Staatsbürger zum Rebellen machen muß.

Es sind aber weder die Anarchie noch der Termitenstaat als menschliche Lebensformen geeignet. Nur wo Freiheit und Bindung zum verpflichtenden Gesetz werden, findet der Staat die sittliche Rechtfertigung, im Namen des Volkes zu sprechen und zu handeln.

Im Konkreten heißt das, daß wir nach einer Währungsreform dem menschlichen Willen und der menschlichen Bestätigung sowohl nach der Produktions- als auch nach der Konsumseite hin wieder größeren Spielraum setzen und dann auch automatisch dem Leistungswettbewerb Möglichkeiten der Entfaltung eröffnen müssen. Wo immer die Gesellschaft bei einer solchen Entwicklung Fehlleitungen oder Gefahren befürchtet, da mag sie durch sozial-, wirtschafts- oder finanzpolitische Maßnahmen Grenzen ziehen oder Regeln setzen – ja, sie wird das in Zeiten der Not sogar tun müssen –, aber sie kann und darf ohne Schaden für die Gesamtheit nicht den ursprünglichsten Trieb der Menschen unterdrücken und abtöten wollen. Die herkömmlichen Vokabeln, wie freie Wirtschaft oder Planwirtschaft, wurden in der Parteien Streit schon so stark abgenutzt und verwässert, daß sie für ernsthafte Darlegungen unbrauchbar geworden sind. Die Auffassung, daß die in sinnvoller Kombination und Ausrichtung angewandten Mittel der großen Staatspolitik in dem eben erwähnten Sinn eine planvolle Lenkung der Wirtschaft nicht gestatten, sondern daß dazu viel weiter reichende, den Staatsbürger unmittelbar lenkende Eingriffe vonnöten wären, ist einer der weltgeschichtlich tragischen Irrtümer; denn es gibt historische Beispiele genug dafür, daß aus dieser Art von Lenken bald ein Gängeln, ein Befehlen und ein bedingungsloses Unterdrücken wird. Jedes System, das dem Individuum nicht in jedem Falle die freie Berufs- und Konsumwahl offenläßt, verstößt gegen die menschlichen Grundrechte und richtet sich, wie die Erfahrung lehrt, zuletzt gerade gegen diejenigen sozialen Schichten, zu deren Schutz die künstlichen Eingriffe gedacht waren. Wer würde z. B. heute noch bestreiten wollen, daß unter der geltenden Zwangswirtschaft – die allerdings gewiß von allen abgelehnt wird, aber die ja doch zuletzt der Fluch der bösen Tat ist – sowohl in der Produktions- als in der Konsumtionssphäre gerade die Schwachen und Armen am meisten gelitten haben und daß dieses System, das sie bedrückt und gedemütigt hat, gerade von diesen Schichten unseres Volkes am tiefsten verabscheut wird.

Ich bin, um hinsichtlich des akuten Geschehens vielleicht manche Bedenken zu zerstreuen, durchaus nicht der Auffassung, daß es möglich oder auch nur wahrscheinlich sein würde, mit oder unmittelbar nach der Währungsreform die Bewirtschaftung im ganzen aufzuheben – wohl aber wird man mit dem Ziel der Aufhebung jeweils sehr sorgfältig zu prüfen haben, in welchen Sektoren und in welchen zeitlichen Phasenablauf die Ordnung der Märkte wieder dem Wettbewerb und der freien Preisbildung überlassen bleiben kann. Die dogmatisch gebundene Auffassung, daß dieses marktwirtschaftliche Prinzip tendenziell zu einer Kürzung des Lohnanteils führen würde, hält der praktischen Erfahrung nicht stand, ja, wird durch diese sogar widerlegt. Es ist an vielen Beispielen nachzuweisen, daß die Kapitalkomponente und die Eigenkapitalbildung der Unternehmungen in der gebundenen Wirtschaft durchschnittlich höher lagen als in der Wettbewerbswirtschaft und daß der Kapitalfaktor am gewichtigsten in der eigentlichen Staatswirtschaft, gleich welcher Prägung, in Erscheinung tritt.

Es wird dabei auch allzuleicht übersehen, daß der Wettbewerbsgedanke ja nicht etwa nur ganz bestimmte Schichten berührt, während die übrigen nur die Folgen zu tragen hätten. Leistungsunterschiede bestehen auf jeder Ebene, und immer ist es gerechtfertigt, diesen auch im Einkommen Ausdruck zu geben. In unserer bedrängten Lage gar erweist sich eine allgemeine Leistungssteigerung als unabweislich, wenn nicht trotz aller Hilfen und sonstigen äußeren Anstrengungen der deutsche Lebensstandard auf einem unerträglich tiefen, Niveau verharren und wenn nicht jeder unentbehrliche Warenaustausch über die Grenzen unseres Landes hinaus mit den größten Opfern erkauft werden soll. Die materiellen Verluste an Sachkapital aller Art und der daraus resultierende Zwang zu dessen Regeneration, der Verschleiß und die Rückständigkeit der technischen Apparatur, die durch lange Entbehrungen tief herabgesunkene menschliche Arbeitskraft, der Einstrom von Millionen Flüchtlingen und die Verpflichtung zu deren vorrangiger Versorgung, der volkswirtschaftlich ungünstige Alters- und Geschlechtsaufbau der deutschen Bevölkerung, die über Gebühr lange Abschnürung von den Märkten der übrigen Welt – das alles sind nur Beispiele jener negativen Faktoren, die es begreiflich erscheinen lassen, nein, die es zwingend beweisen, daß nur der stärkste Leistungswille aus den uns verbliebenen materiellen, geistigen und seelischen Kräften noch genug an wirtschaftlichem Ertrag herausholen kann, um wenigstens die Existenzgrundlagen unseres Volkes zu sichern. In dieser bedrängten Lage wird es sich, wenn wir wieder ehrlich rechnen können, erweisen, daß für eine Differenzierung der Einkommen bzw. der Lebenshaltung nur wenig Raum bleibt, und daß hier ebenjene verpflichtende Bindung, von der ich sprach – unabhängig von wirtschaftlichen Systemen –, die soziale Ausrichtung der Wirtschaftspolitik nicht nur zu einem Erfordernis, sondern auch zu einem Gebot macht. Weil wir aber mit aller Kraft aus dieser Not herausstreben, wäre die persönlichkeitstötende Gleichmacherei ein falsch verstandenes soziales Ethos, das niemandem helfen, dem ganzen Volke aber schaden und uns den Weg in eine bessere Zukunft verbauen würde.

Eine Wirtschaft, die Leistungen messen und vergleichen, ja, die Leistungssteigerung an die Spitze stellen muß, kann auf das Mittel der Preispolitik nicht verzichten. Ich meine hier Preispolitik im weitesten Sinne, die die Steuer- und Tarifpolitik, die Lohnpolitik, aber auch die Geld- und Kreditpolitik gedanklich mit einschließt. Auch hier ist wieder die Beziehungnahme auf die Währungsreform zwingend, denn die technische Aktion der Bereinigung der Geldverhältnisse bliebe Stückwerk, wenn sich auf neuer, gesunder Grundlage nicht ein wirklich organischer Ausgleich vollziehen könnte und die Ventile verstopft blieben, die uns die Reaktion auf fehlgeleitete private und staatliche Planung anzeigen. Der Preisstop bot den Deckmantel für eine bewußt ins Chaos treibende Staatspolitik. Der Preisstop erlaubte die Mißwirtschaft und die Ausbeutung aller arbeitenden Menschen, der Preisstop war folgerichtig der Wegbereiter jener staatlichen Zwangswirtschaft, die die politische Atmosphäre vergiftet und die wir nicht verwässern, sondern beseitigen müssen, um auch wieder moralisch gesunden zu können. Wir mögen auch hier zur Vermeidung sozialer Härten für eine Übergangszeit noch gewisse Bindungen fortbestehen lassen, aber im Prinzip darf es auf diesem Gebiet keine Kompromisse geben, wenn die Währungsreform als ein dynamischer Prozeß erfolgreich zu Ende geführt werden soll. Die freie Preisbildung würde noch nicht einmal zu dem System einer Planwirtschaft in Widerspruch stehen, wenn die planende Behörde nur einsichtig genug ist, sich dem Votum des Marktes, und das heißt der Stimme des Volkes, zu unterwerfen. Eine freie Preisbildung aber ist völlig unerläßlich, wenn sich ein freier Güteraustausch mit der übrigen Welt wieder auf fester, intervalutarer Grundlage manifestieren soll.

Nur unter dieser Betrachtung erscheint es auch sinnvoll, von nun an bis zum Vollzug der Währungsreform Preiskorrekturen dergestalt in die Wege zu leiten, daß die nach der Währungsreform für die Haushalte untragbaren Subventionen entfallen können, zugleich aber mindestens im Mittel eine innerbetriebliche Kostendeckung erreicht wird. Bei dieser Preisangleichung wird man zwar prinzipiell bestrebt sein, den mutmaßlichen Marktpreisen nahe zu kommen, aber der Rechenstift sichert auch hier keine volkswirtschaftlich richtige und sozial tragbare Preisfindung. Eine Fixierung auf der Kostengrundlage kann bei der unzureichenden Kapazitätsausnutzung als dann zweifellos überhöhter Preis so wenig in Frage kommen, wie andererseits auch eine zu niedrige Festlegung untragbar erschiene, die trotz aller Anstrengungen kostenmäßig nicht erreicht werden könnte. Wir bewegen uns hier zwischen Grenzpunkten, deren absolutes Niveau noch durch die Lohnkosten und die Lohnpolitik entscheidend tangiert wird. Weil ich gewiß weiß, daß nach zwölfjähriger Geltung des Preisstops alle Preise in sich und ihren Relationen falsch sein müssen, kann es sich, von der neuen Preisbildung für Grundstoffe ausgehend, bei den eingeleiteten Aktionen nur um relativ rohe Preisangleichungen und Lohnkorrekturen handeln, während eine wirkliche Bereinigung dieses volkswirtschaftlich vielleicht wichtigsten Problems erst nach der Währungsreform möglich erscheint. Die Beziehung von Preisen und Löhnen wird das wahre Bild unserer ökonomischen und sozialen Situation entschleiern, aber es wird auch unsere Einsicht mehren, daß wir mit unseren Mitteln haushalten müssen und daß unsere Bedrängnis nur durch vermehrte Arbeit und einen höheren Arbeitsertrag zu überwinden ist.

Auf dieser Ebene der Wirtschafts-, Sozial- und Finanzpolitik fällt die Entscheidung über die Beteiligung der einzelnen und der sozialen Gruppen am Sozialprodukt; demgegenüber können alle nachträglichen Kontrollen und Korrekturen durch subalterne Zuteilungsbeamte nur eine Störung der ökonomischen Ordnung mit sich bringen. Es zeigt sich im Hinblick auf die möglichen Alternativen der Wirtschaftspolitik ganz deutlich, daß die in sich widerspruchsvollen Elemente nicht nebeneinander fortbestehen dürfen. Man kann die Lebenshaltung nicht gleichzeitig durch die Lohn- und Einkommenspolitik und daneben noch durch die staatliche Gewährung der Ablehnung von Bezugsrechten steuern, sowenig nach der Währungsreform die Produktionswirtschaft einmal von der Güter- und gleichzeitig von der Geld- und Kreditseite her gelenkt werden kann. Auf solche Weise ergeben sich zwangsläufig Diskrepanzen, die entweder das widerspruchsvolle System ad absurdum führen oder aber neue, künstliche Eingriffe mit allen damit verbundenen nachteiligen Folgen erfordern. Um so notwendiger ist es, daß nach der Reform eine echte Koordinierung zwischen den wirtschaftspolitisch verantwortlichen Instanzen Platz greift und eine ständige Abstimmung der anzuwendenden Mittel sichergestellt wird. Die Errichtung einer eigens hierfür verantwortlichen Koordinierungsstelle, etwa in der Institution eines Währungsamtes, sollte sorgfältig geprüft, aber grundsätzlich ins Auge gefaßt werden.

Ich komme auf meine früheren Ausführungen zurück, in denen ich Währungsreform und Marshallplanhilfe als etwas untrennbar Zusammengehöriges bezeichnet habe und den besonders glücklichen Umstand hervorhob, daß wir nach der Bloßlegung unserer Not nicht vor einer fast ausweglosen Situation stehen, sondern dank dieser Unterstützung sofort den sicheren Weg eines planvollen Wiederaufbaues und der Gesundung beschreiten können. Planvoller Aufbau sei dabei nicht so gedeutet, als daß wir – wozu vielleicht die Lektüre der deutschen Vorschläge zu jenem Plan verleiten könnte – in ein enges und starres Schema der Mittelverwendung gepreßt werden. Es herrscht vielmehr auf allen Seiten Klarheit darüber, daß nach dieser Richtung weitgehende Freizügigkeit bestehen soll, wenn nur das Ziel – die wirtschaftliche Gesundung Deutschlands im Rahmen des europäischen Wiederaufbaues – verfolgt und erreicht wird. Daß es sich hierbei um keine Isolierung, nicht um die Schaffung eines sich selbst genügenden, sogenannten Großraumes handeln kann, dafür bürgt nicht allein die Überwindung der politischen Hysterie, sondern die Einsicht, daß jede künstliche oder bewußte räumliche Beschränkung auch den materiellen Erfolg begrenzen würde und darum auch nicht im Sinne der Marshallplan-Politik liegen kann. Die deutsche Geschichte beweist es im Guten und im Bösen, daß unser Schicksal von der Befriedung der Welt abhängt und unsere Wohlfahrt nur auf dieser Grundlage gedeiht. Wir sind uns deshalb sogar freudig unserer Verpflichtung und Verantwortung bewußt, uns nur als Teil eines größeren Ganzen zu fühlen und entsprechend zu handeln. Man wird aber auch umgekehrt Verständnis dafür haben, daß wir wenigstens einmal der drückendsten Sorgen ledig werden wollen und daß wir erst mit zunehmender wirtschaftlicher Erholung in die Lage versetzt werden, von Empfangenden mehr und mehr auch zu Gebenden zu werden. Man mag berücksichtigen, daß die Marshallplanhilfe nicht nur in quantitativer, sondern auch in qualitativer Hinsicht für ein Land mit nur 40prozentiger Ausnutzung seiner Leistungskapazitäten etwas völlig anderes bedeuten muß als für die übrigen europäischen Nationen, deren Volkswirtschaften vor allem wegen der Zerreißung und Isolierung, aber auch wegen der Kriegseinflüsse zwar gestört und in gewisser Hinsicht auch verzerrt sein mögen, in ihrer gesamten Leistungskraft aber auf einem ungleich höheren Niveau verharren.

Mit solchen Betrachtungen möchte ich nicht den ewigen Nörglern und Querulanten recht geben, die bereits Rechenexempel anstellen, ob Deutschland im Rahmen der gesamten Mittel auch zureichend bedacht wurde, sondern ich möchte umgekehrt an das Pflichtgefühl meiner Mitbürger appellieren, nun alle Wenn und Aber zurückzustellen und jedem einzelnen vor Augen zu führen, daß es von seiner Leistung, von seiner physischen und geistigen, aber auch von seiner seelischen Kraftentfaltung abhängen wird, ob es uns gelingt, die uns gewährten materiellen Mittel durch Ausnutzung aller Energien zu vervielfältigen. Aus eins zehn zu machen, ist kein Hexen-Einmaleins, sondern die natürliche Aufgabe allen wirtschaftlichen Tuns. Wenn wir die Hilfe nur im Sinne eines Zuschusses zu unserem Konsumtionsfonds verstehen, dann kann uns auch nicht mit wesentlich höheren Beträgen, sondern überhaupt nicht geholfen werden. Wenn wir sie aber angesichts unserer erschöpften und ausgebluteten Volkswirtschaft als Grundlage zu neuem Beginnen nehmen, dann mag der Anstieg zwar noch immer steil und mühsam sein, aber wir haben dann doch wieder festen Boden unter den Füßen.

Das Bekenntnis zu unserem Willen und der Glaube an unsere Zukunft liegen abseits von optimistischen Spekulationen. Ich möchte sogar ausdrücklich vor Illusionen etwa solcher Art warnen, daß nach der Währungsreform mit Hilfe des Marshallplanes auch sogleich eine wirklich ausreichende Versorgung sichergestellt wäre. Die höhere Kraftentfaltung und die höheren Rohstoffeinfuhren können sich erst mählich in verbrauchsreife Güter umsetzen, und es mag durchschnittlich ein halbes bis dreiviertel Jahr vergehen, ehe die Früchte dieser Anstrengungen sichtbar werden. Bis dahin aber steht aus der nach der Reform leicht erzwingbaren Auflockerung heimischer Läger und dem laufenden Zustrom von Gütern aus alliierten Heeresbeständen eine immerhin fühlbare Verbesserung der Versorgung zu erwarten. Diese auf reale Tatbestände gestützte Voraussage hat also mit Prophetie nichts gemein und kann deshalb in voller Verantwortung gegeben werden. Der Erfolg wird um so früher, um so nachhaltiger und sicherer eintreten, je mehr Währungsreform und Marshallplanhilfe auch im zeitlichen Ablauf zusammenstimmen, und deshalb werde ich dieser Frage, soweit mein Einfluß reicht, auch besondere Aufmerksamkeit schenken.

Den mechanischen Ablauf der Ereignisse darüber hinaus vorweg bestimmen zu wollen, wäre ein müßiges Beginnen, weil hier eben nicht nur materielle Faktoren, sondern wesentlich auch Imponderabilien psychologischer und soziologischer Art ins Gewicht fallen. In erster Linie gehört dazu die nicht allein im Rationalen wurzelnde feste Überzeugung des deutschen Volkes, daß der Entfaltung seiner Kräfte zur Sicherung seiner Existenz nicht nur keine Schranken mehr gesetzt sein sollen, sondern daß man dieser friedlichen Arbeit sogar Förderung zuteil werden lassen will. Soweit dem widersprechende Regelungen noch bestehen, möchten wir deshalb hoffen dürfen, daß sich in der Folgezeit eine Angleichung im Geiste der Marshallplan-Politik vollziehen läßt.

Die Konstruktion dieses Planes läßt – und dieser Vorteil wird nur allzuleicht übersehen – nicht nur Warenimporte nach Deutschland fließen, sondern schafft auch die Grundlage für eine neue Kapitalausstattung. Der gesamte Einfuhrzuschuß in Höhe von rund 1¼ Milliarden Dollar schlägt sich mit dem Verkauf der Güter an deutsche Erzeuger oder Verbraucher in einem Fonds von mehreren Milliarden deutscher Währung nieder, der, soweit Kredite in Frage stehen, angesichts deren langfristigen Charakters zunächst nicht transferiert zu werden braucht. Wenn auch über Form und Art der Verwendung dieser Mittel noch keine Festlegungen getroffen sind, so ist deren Einsatz doch zwangsläufig nur innerhalb der deutschen Volkswirtschaft möglich, und es entspricht nur dem Charakter dieses Fonds, wenn er für produktive Zwecke Verwendung findet.

Ja, hier eröffnet sich geradezu ein Ausweg aus einer Bedrängnis. Wenn Sie sich daran erinnern, was ich Ihnen auf der einen Seite über die absolute Kapitalnot unserer Wirtschaft nach der Währungsreform, andererseits über die Notwendigkeit der Erhaltung und Verbesserung unseres Produktivkapitals berichtete, wenn Sie sich im Hinblick auf die vorgezeichnete Strukturumschichtung vergegenwärtigen, daß der große Sektor der Kapitalgüter- und Investitions-Industrie und der Millionen dort tätiger Menschen zu seiner Fortführung einer größeren Kapitalverfügung bedarf, dann kann dieser spezifische Vorteil der Marshallplanhilfe überhaupt nicht hoch genug veranschlagt werden. Er schließt in gewisser Hinsicht die Lücke, die einem erfolgreichen Aufbau entgegensteht. Er addiert nicht nur, sondern er akkumuliert die Umsetzung der materiellen Hilfe in produktive Kraft. Unsere Wirtschaftspolitik muß nur dahin zielen, daß diese Mittel nicht ausschließlich für ein paar große öffentliche Programme Verwendung finden, sondern daß durch geeignete Konstruktion auch der private Kapitalbedarf der Industrie, und hier vor allem auch wieder der kleineren und mittleren Betriebe, befriedigt wird. Nur auf solche Weise ist ein organischer Aufbau unserer

Wirtschaft ohne soziologische Störungen und ohne neue Verzerrungen zu bewerkstelligen. Andere Verwendungsmöglichkeiten dieses Kapitalstocks, wie z. B. zum Ausgleich öffentlicher Haushalte, sind zwar theoretisch denkbar, würden aber den Erfolg des Planes schmälern und unsere Volkswirtschaft für die Zukunft nicht unerheblich belasten. Gerade aus diesem Grunde kommt dieser Frage eine so große wirtschaftspolitische Bedeutung zu, daß ich mich zu breiterer Behandlung verpflichtet fühle.

Die Ein- und Ausfuhrbilanz bewegt sich für unser Wirtschaftsgebiet im ersten Marshallplan-Jahr auf der Höhe von knapp zwei Milliarden Dollar, wovon rund 700 Millionen Dollar durch unsere Exporte abgedeckt werden sollen. Von ihnen wieder entfällt rund die Hälfte auf Grundprodukte, wie Kohle, Holz, Schrott und dergleichen, während ein etwa gleich großer Betrag die Ausfuhr von Fertigwaren und die Hingabe von Dienstleistungen betrifft. Alle Anstrengungen werden darauf zu richten sein, das Schwergewicht unserer Ausfuhr in den folgenden Jahren immer mehr auf den Export deutscher Veredelungsarbeit zu legen, obwohl sich schon heute ganz deutlich erweist, daß wir hier vor unüberwindlichen Schwierigkeiten stehen, wenn nicht in aller Kürze die deutschen Vorschläge zur Erleichterung der Ein- und Ausfuhr Anerkennung und Anwendung finden.

Die Hoffnung auf Überwindung dieser Hemmnisse ist, weil diese in der Wirkung dem Geist des Marshallplanes zuwiderstehen würden, nach meiner Überzeugung wohl berechtigt.

Bei unserem Export muß an die Stelle einer vorherigen Genehmigung eine nachträgliche Kontrolle der Devisenablieferung treten. Bei der Einfuhr soll die Importlizenz zu einer Devisengenehmigung in der Weise umgestaltet werden, daß die Außenhandelsbanken an Stelle der Joint Foreign Exchange Agency Akkreditive stellen dürfen. Eine starke Einflußnahme deutscher Behörden und Kaufleute beim Abschluß zweiseitiger Handelsabkommen und deren großzügigere Handhabung und Erweiterung auch auf sogenannte non essential goods wird unerläßlich sein, wenn die gewünschte enge Verflechtung und Ergänzung der Volkswirtschaften Wirklichkeit werden soll. Sosehr im Grundsatz multilaterale Abkommen bilateralen vorzuziehen sein mögen, so zwingen uns doch heute mannigfache Störungen, besonders solche währungspolitischer Art, das theoretisch primitivere Verfahren auf. Was endlich den Umrechnungskurs anbetrifft, über den gerade in der letzten Zeit so viel diskutiert wurde, möchte ich sagen, daß die Relation von RM 1,– gleich 30 Cents auch nur als eine Übergangslösung zu werten ist. Die Fixierung eines einheitlichen Kurses erachte ich als einen Fortschritt. Aber ich bin sicher, daß dieser mit der Veränderung unseres heimischen Preisniveaus ebenfalls Revisionen unterliegen wird und daß wir angesichts der Ungeklärtheit der preispolitischen Verhältnisse auch auf den Weltmärkten mit der Stabilisierung der deutschen Währung nicht sofort daran denken können, den dann geltenden Umrechnungskurs zu einem echten Wechselkurs auszugestalten und diesen mit den herkömmlichen Mitteln zu manipulieren. Auch in dieser Sphäre wird sich der deutsche Wiederaufbau nur stufenweise vollziehen lassen, aber jeder Schritt vorwärts wird uns größere Klarheit und Sicherheit bringen.

Es ist interessant, daß die Vorschläge für einen deutschen Wechselkurs außerordentlich stark voneinander abweichen, wenn es auch verständlich ist, daß nach der jeweiligen Interessenlage andere Berechnungen vorgenommen werden. Meist wird indessen dabei vergessen, daß wir nicht nur Export-, sondern auch Importinteressen haben und daß zwischen diesen beiden ein Ausgleich gefunden werden muß. Vor allem aber haben wir die Vorstellung zu überwinden, daß der Umrechnungs- oder Wechselkurs ein handelspolitisches Instrument und dazu ausersehen sei, die Wirkungen ökonomischer Tatbestände durch Rechenkunststücke zu verändern oder sogar zu beseitigen. Es gibt nach meiner Überzeugung trotz der Schwierigkeit seiner Fixierung nur einen richtigen Wechselkurs, der in Anlehnung an den Preisstandard zweier Länder einen möglichst organischen Ausgleich echter Äquivalente gestattet und fördert. Jedes andere Prinzip verfälscht den Gedanken des ehrlichen Tausches und kann nur zur Störung des Außenhandels und der internationalen Beziehungen überhaupt führen.

Lassen Sie mich endlich zusammenfassen: Ich bin mir bewußt, Ihnen ein Programm nur in großen Zügen vorgetragen und dabei vielleicht manches nicht gesagt zu haben, das für Sie zu wissen wünschenswert gewesen wäre. Seien Sie dann, bitte, davon überzeugt, daß dem keine Absicht zugrunde gelegen hat, daß ich auf jede Ihrer Fragen freimütig zu antworten bereit bin. Wenn mir auch rein verwaltungsmäßig die Betreuung von Industrie, Handel und Handwerk obliegt, so fasse ich doch gerade in wirtschaftspolitischer Beziehung meine Aufgabe als wesentlich weiter gesteckt auf und fühle mich dafür verantwortlich, daß die von mir verfolgten Ziele nicht im Sinne einer Interessenpolitik nur einzelnen Schichten zugute kommen, sondern der Wohlfahrt des ganzen Volkes dienen. Aus diesem Grunde erstrebe ich auch die engste Zusammenarbeit mit den Vertretungen sowohl der Arbeitgeber als auch der Arbeitnehmer, und ich bin immer bemüht, diese in Entscheidungen meines Amtes paritätisch einzuschalten. Je rascher es mir nach Maßgabe der äußeren Umstände gestattet ist, jenen Selbstverwaltungsorganen wirtschaftliche Funktionen zu übertragen, und je mehr die Wirtschaftsverwaltung selbst sich auf ihre ureigene Domäne der Wirtschaftspolitik beschränken kann, desto glücklicher werde ich sein, und desto glücklicher werden wir auch die Entwicklung nennen können.

Der Dualismus zwischen zentralistischer und föderativ gegliederter Wirtschaft wird so lange nicht zu beseitigen sein, als uns aus dem äußeren Zwang der Verhältnisse die Anwendung des derzeitigen Bewirtschaftungssystems in seinen Formen vorgeschrieben ist. So lange wird aus der Natur der Sache heraus trotz aller gegenläufigen Tendenzen und Widerstände das zentralistische Prinzip immer obsiegen müssen, weil die dezentralisierte Planwirtschaft einen Widerspruch in sich selbst bedeutet. Wer in staatspolitischer Hinsicht den föderativen Aufbau verwirklicht sehen möchte – und zu diesem Grundsatz bekenne ich mich selbst –, der kann in wirtschaftspolitischer Hinsicht nicht die Planwirtschaft wollen, ohne sich selbst zu widersprechen. Das Problem »Föderalismus oder Zentralismus« wird jedoch nach der wirtschaftspolitischen Seite hin nicht mehr die Geister zu beherrschen brauchen, wenn mit der Neuordnung der Währung die Einflußnahme des Staates auf die Wirtschaft sich nur noch in den von mir vorgezeichneten Grenzen vollzieht.

Heute droht uns die Wirtschaft wieder einmal zum Schicksal zu werden. Diese These ist immer Ausdruck der Not, aber sie darf nicht anerkannter Grundsatz sein. So wie der einzelne Mensch des physischen Lebens bedarf, um jene geistigen und seelischen Kräfte entfalten zu können, die ihn erst zum Menschen werden lassen, so bedürfen auch ein Volk und seine Volkswirtschaft der materiellen Sicherung, aber sie bedürfen dieser auch nur als der Grundlage zur Erreichung außerökonomischer, höherer Ziele, deren Setzung der Staatspolitik obliegt. Ihr Vorrang ist unbestritten.

Ihnen als den berufenen Vertretern unseres Volkes einen Weg in eine neue Zukunft aufzuzeigen, in unserem Volke noch einmal den Glauben zu wecken, daß es nicht nur fatalistisch hoffen, sondern zuversichtlich an eine Wende glauben darf, wenn wir gemeinsam alle Energien auf dieses eine Ziel des zu neuer Wohlfahrt Gesundenwollens hinlenken, das sah ich vor den entscheidenden Ereignissen dieses Jahres 1948 als meine Aufgabe an. Wir glauben nicht an Wunder und dürfen solche auch nicht erwarten. Um so größer aber ist die Gewißheit, daß die ausschließlich friedlichen Zwecken und nur der Mehrung der sozialen Wohlfahrt zugewandte Arbeit eines fleißigen Volkes in enger Gemeinschaft mit der übrigen Welt Früchte zeitigen und es aus seiner Not erlösen wird. Aus rauher Gegenwart eröffnet sich ein versöhnlicher Anblick in eine für unser Volk wieder glücklichere Zukunft.

Auf die Reform der Wirtschaft kommt es an
Rede vor dem Wirtschaftsrat des Vereinigten Wirtschaftsgebietes, Frankfurt am Main, 30. September 1948

Ich habe erwartet, daß es heute im Laufe dieses Tages notwendig zu einer grundsätzlichen Aussprache über die Wirtschafts- und Preispolitik kommen würde. Ich möchte aber vorausschicken: Wenn die Verwaltung für Wirtschaft und, ich glaube, hier auch sagen zu können, die Verwaltung für Ernährung und Landwirtschaft, die beide durchaus nicht die feindlichen Brüder sind, wie es in der Öffentlichkeit oft dargestellt wird, heute Preiserhöhungsanträge gestellt haben, dann um eine Bereinigung durchzuführen, um die Entsprechungen zu besorgen, die in einer Wirtschaft unbedingt notwendig sind, soweit hier der behördlich gelenkte Sektor in Frage kommt. Denn vergessen Sie nicht: Die Preiserhöhungsanträge, die hier gestellt werden, betreffen nicht Teile der freien Wirtschaft, der Marktwirtschaft, sondern es sind die Preiserhöhungsanträge im Sektor der noch staatlich bewirtschafteten Waren, und ich glaube, wir können nicht rasch genug vom Wirtschaftsrat und von den Verwaltungen aus mit aller Deutlichkeit erklären: Jetzt ist es mit den staatlich beeinflußten Preisen beziehungsweise den Preiserhöhungen auf diesem Gebiet Schluß, denn das gibt erst der Wirtschaft und, wie ich glaube, auch dem gesamten deutschen Volk die Sicherheit, daß wir in eine Konsolidierung eintreten.

Ich habe nie einen Zweifel darüber gelassen, daß ich allen kalkulierten Preisen skeptisch gegenüberstehe. Wenn das meine generelle Einstellung ist, dann gilt sie auch für diese Preiserhöhungsanträge, die hier vorgetragen werden. Ich bin der Meinung und habe das immer zum Ausdruck gebracht, daß in dem Augenblick, in dem die Behörde Preise bindet, sie das nur auf Grund irgendwelcher Kalkulationen tun kann, deren Nachprüfung, so gewissenhaft sie auch durchgeführt wird, doch immer etwas Problematisches anhaftet, vor allen Dingen dann, wenn wir z. B. wie heute im Zuge einer fortschreitenden Leistungssteigerung und Produktionserhöhung ja praktisch eigentlich jeden Tag vor anderen Kalkulationsgrundlagen stehen. Wir stehen mitten in einem dynamischen Geschehen von größtem Ausmaß. Es ist nach meiner Überzeugung ein völlig fruchtloses Beginnen, hier mit festen, behördlich gebundenen Preisen zu operieren.

Aber hiermit vertrete ich nicht meine Wirtschaftspolitik. Das ist nicht ein Teil meiner Wirtschaftspolitik, sondern umgekehrt: Das sind die Reste einer Wirtschaftspolitik, die Sie, meine Damen und Herren, ja für richtig halten.

Wir müssen zwei Phasen unterscheiden. Die erste Phase nach der Währungsreform war, wie wir wissen, die künstliche Schaffung einer Kaufkraft im Ausmaß von 10 Milliarden DM. Jetzt möchte ich Sie fragen, da Sie zu konstruktiven Lösungen beitragen wollen, was Sie getan hätten, um einen Kaufkraftstoß von rund 10 Milliarden und dazu noch der laufenden Einkommen aus Löhnen und Gehältern durch Mittel der Bewirtschaftung und des staatlichen Preisstops, der staatlichen Preisbindung zu regulieren. Es bleiben nur zwei Wege übrig: Entweder Sie nehmen die 10 Milliarden in irgendeine Form der Bindung, der Bewirtschaftung, oder Sie nehmen die Preise und drücken sie künstlich tiefer, als sie sich nach der ganzen Marktsituation bewegen würden. Sie schaffen also in jedem Fall, wenn Sie eingreifen, das Phänomen einer überschüssigen Kaufkraft, das bekanntlich das äußere Zeichen einer preisgestoppten Inflation ist, die wir erlebt haben. Selbstverständlich werden die Diskrepanzen nicht mehr in dem gleichen Ausmaß wie vor der Währungsreform auftreten, aber jede Weiterführung der Bewirtschaftung, sei sie güterwirtschaftlich oder preispolitisch, hätten Sie nur erreichen können um den Preis eines in Zukunft nicht geordneten Geldwesens; denn eine gesunde Währung können Sie nicht betreiben, wenn Sie das Phänomen einer überschüssigen, nicht verausgabungsfähigen Kaufkraft schaffen. Das wäre die einzige Möglichkeit gewesen.

Um das ganz deutlich zu machen: Es schien eine Zeitlang so, als ob nicht 5%, sondern 10% freigegeben werden sollten. Das hätte dann bedeutet, daß noch einmal 6 Milliarden und mehr auf den Markt gelangt wären. Glauben Sie denn, das wäre das Heilmittel gewesen? Dann wäre die Diskrepanz ganz offenkundig geworden. Sie hätten immer das Phänomen der überschüssigen Kaufkraft fortschleifen müssen. Wir hätten niemals eine gesunde Währung bekommen. Wir wären niemals zu einem gesunden Außenhandel gekommen. Und das lehne ich allerdings ab, das halte ich im Zuge einer wirtschaftlichen Gesundung nicht für tragbar. Wir mußten zunächst ein Gleichgewicht schaffen zwischen der Kaufkraft, die durch die Währungsreform entstanden ist, und dem Gütervorrat, der in der Volkswirtschaft gewesen ist. Hier hat sich allmählich ein Ausgleich herausgebildet. Dieser Ausgleich konnte nur durch gewisse Preissteigerungen erfolgen.

Ich darf im übrigen noch hinzufügen – was hier sattsam bekannt ist, mindestens unter denen, die es wissen wollen –, daß große Teile dieser Preissteigerungen nicht etwa in Verfolg der marktwirtschaftlichen Politik eingetreten sind, sondern durch die Auflösung der Subventionen im Binnen- und Außenhandel. Es ist eine völlige Illusion, anzunehmen, diese Subventionen hätten das Realeinkommen des deutschen Volkes nicht ebenso geschmälert wie eine Preissteigerung. Doch das nur nebenbei.

Wir hätten erwarten müssen, daß nach der Währungsreform gewisse Einbrüche in die Produktionsmittelindustrie und in die Investitionswirtschaft erfolgen. Die übergroße Liquidität, die diese 10 Milliarden im Konsum geschaffen haben, hat bewirkt, daß von dort auch Teile der Kaufkraft in die Produktionsmittelindustrie abgewandert sind und daß hier das soziale Elend einer Arbeitslosigkeit nicht eingetreten ist. Die Dinge sind also nicht nur negativ, sondern sie haben doch auch ihre positiven Seiten. Die Verteilung der Kaufkraft über den Gesamtbereich unserer Wirtschaft hat diese übergroße Flüssigkeit und Liquidität in einem gewissen Maße beseitigt.

Selbstverständlich hat auch die Preissteigerung eine gewisse Verdünnung bewirkt, aber nicht zuletzt ist durch das steigende Volumen unserer Wirtschaft, durch die höheren Aufwendungen der einzelnen Unternehmungen an Löhnen und durch die Versteuerung der ausländischen Rohstoffe der Betriebsmittelbedarf der Wirtschaft größer geworden. Die Gefahr der durch die Währungsreform geschaffenen Kaufkraft von 10 Milliarden ist allmählich neutralisiert worden. Es zeigt sich ja auch – das möchte ich doch mit aller Deutlichkeit aussprechen, wenn man es auch nicht wahrhaben will –, daß seit drei Wochen ganz sichtbar eine Konsolidierung der Preise stattfindet, daß wir in eine neue Phase der Wirtschaft eintreten, die dadurch gekennzeichnet ist, daß in Zukunft das laufende Einkommen aus der produktiven Tätigkeit zwangsläufig übereinstimmt mit der Güterproduktion oder mit dem von der Wirtschaft und Gesellschaft in ihrer Gesamtheit erstellten Sozialprodukt.

Hier bin ich allerdings der Meinung – und bei der bleibe ich –, hier können Sie kein Wunder mehr erleben. In einer finanzwirtschaftlich gesunden Wirtschaft ist jede Spekulation auf eine Inflation von dieser Seite aus ausgeschlossen, da in einer so gearteten Wirtschaft jede Kaufkraft, die entsteht, ihr Äquivalent hat in einem entsprechenden Quantum auf der Güterseite und da die Preissteigerungen zu Ende sein müssen, wenn die Störungen aus den ungeklärten und von uns nicht einmal voll beeinflußbaren Faktoren aus der Währungsreform zu Ende gegangen sind.

Die Währungsreform schafft selbstverständlich Kaufkraft. Warum habe ich mich denn gegen die Auflösung der volkswirtschaftlichen Lagerreserve gewandt? Ich sagte: Diese Kaufkraft, die durch die Währungsreform geschaffen wird, darf nicht ins

Leere stoßen, sondern muß vom Markt absorbiert werden. Wenn 10 Milliarden Kaufkraft da sind und der Markt hat keine Güter bereit, dann müssen Sie die Zwangswirtschaft weiterführen, um die 10 Milliarden an die Leine zu legen, oder Sie müssen die Dinge zu einem natürlichen Ausgleich kommen lassen.

Man kann über die Hortung subjektiv denken, wie man will, und man kann sich völlig einig sein in der Verabscheuung, aber wenn Sie 10 Milliarden Kaufkraft durch die Währungsreform schaffen, dann gibt es nur den Weg, entweder die Kaufkraft an die Leine zu legen, um die ganze Zwangsbewirtschaftung in vollem Umfange aufrechtzuerhalten, oder aber dafür zu sorgen, daß diese Kaufkraft nicht ins Leere stößt, und das allerdings war meine Ansicht, daß dieser Weg der gesündere und der sozial wohltätigere ist.

Es ist eine andere Frage, was nun im Zuge des Lastenausgleichs getan werden muß, um diese Währungsgewinne, wie ich sie nennen möchte, zu absorbieren. Aber darüber können wir uns wirklich alle einigen; hier erwarten wir dann wirklich Ihre konstruktiven Vorschläge.

Ich will nicht leugnen, daß Mißstände eingetreten sind, und ich glaube, viel deutlicher, als Sie das hier zum Ausdruck bringen, habe ich das jeweils vor der Wirtschaft selbst zum Ausdruck gebracht. Ich habe alle Mittel angewandt, um dieses Übel zu heilen.

Sie haben während der Zwangswirtschaft eine Geduld entwickelt, um die ich Sie bewundert habe. Hier war die Rede davon, daß das Vertrauen in die soziale Gerechtigkeit verlorengeht. Darf ich Sie fragen, wer während der 15 Jahre Zwangswirtschaft Vertrauen in die soziale Gerechtigkeit haben konnte, während einer Wirtschaft, die dadurch gekennzeichnet war, daß der Normalverbraucher als Konsument überhaupt praktisch ausgeschaltet war? Jetzt auf einmal, nachdem 15 Jahre von Wirtschaft dieser Art überspitzt abgelaufen sind, verlangt man, daß in drei Monaten das ganze Übel aus dieser Art von Wirtschaft, aus dem Krieg und aus den Kriegsfolgen beseitigt werde und die Dinge nun tadellos in Ordnung wären. Wenn man auf der einen Seite so viel Geduld hat, darf man auf der anderen Seite nicht so viel Ungeduld entwickeln, zumal dann nicht, wenn die Verhältnisse zweifellos nicht schlechter, sondern im ganzen gesehen günstiger geworden sind.

Um das unter Beweis zu stellen, möchte ich Ihnen aus den letzten Produktionsstatistiken nur ganz wenige Zahlen vorlesen.

Weil hier so viel von Roheisen gesprochen wird, möchte ich Ihnen folgende Zahlen nennen: Die Rohstahlproduktion ist gestiegen im Juni von 378 000 auf 510 000 Tonnen im August; Fahrräder sind monatlich erzeugt worden im Juni 49 000, im August bereits 93 000, Milchkannen sind gestiegen von 33 000 auf 56 000, Heugabeln von 2 Millionen auf über 3 Millionen.

Die Produktion der Baumwollwebereien ist von 25 Millionen auf 35 Millionen angestiegen, Arbeitsschuhe von 240 000 auf 462 000, Straßenschuhe von 680 000 auf 1 796 000, Hilfsschuhe von 420 000 auf 1 095 000, Haushalt- und Zierporzellan von 1,4 auf 2,2 Tausend Tonnen und Sperrholz von 4,8 Tausend Kubikmeter auf 10,6 Tausend Kubikmeter usw.

Ich könnte Ihnen eine sehr lange Liste vorlegen. Immerhin scheint mir das doch ein Beweis zu sein, daß wir auf dem richtigen Wege sind und weiterhin etwas Geduld aufbringen sollten, um den Gesundungsprozeß nicht zu stören.

Wenn hier von dem Tatbestand der Preiserhöhungen ausgegangen wird, dann möchte ich Sie fragen, warum sich jetzt nicht mit absoluter Folgerichtigkeit die Tendenz einer Preissenkung durchsetzen wird und durchsetzen muß. Ich gebe Ihnen vollständig recht, wenn Sie sagen, die Steigerung der individuellen Arbeitsleistung um 30 Prozent und die Zunahme der industriellen Produktion, der Kapazitätsausnutzung der Betriebe um 37 Prozent muß zu einer Kostendegression geführt haben, die sich notwendig auf die Dauer in einer Preissenkung auswirken muß, wenn sich nicht die einzelnen Unternehmer in geradezu grotesker Weise bereichern wollen. Da gebe ich Ihnen vollkommen recht, und nun kommt es darauf an, diese preissenkenden Tendenzen auch tatsächlich durchzusetzen, die Wirtschaft zu zwingen, den Dingen Raum zu geben. Daß das Mittel der staatlichen Preisbildung nicht das rechte ist, hat die Diskussion um die Eisenpreisgestaltung erwiesen.

Ich möchte mal wissen, was die Behörde oder Sie, meine Herren im Wirtschaftsrat, tun müßten, wenn wir darangingen, die Zehntausende, um nicht zu sagen Hunderttausende, von Preisen in der gewerblichen Wirtschaft im Zuge einer wachsenden Leistung und einer progressiven Kostendeckung von Tag zu Tag behördlich weiterzuverfolgen, um diesem Druck nach unten Raum zu geben. Sie können das praktisch und vernünftigerweise nur dann tun, wenn Sie durch eine freie Marktgestaltung und durch die Entfachung des Wettbewerbs die Wirtschaft zwingen, diese kostensenkenden Chancen und kostensenkenden Faktoren auch tatsächlich in die Tat umzusetzen. Es hat sich ja jetzt bereits auch noch etwas anderes im Zuge der Währungsreform gezeigt. Ich sagte, die übergroße Flüssigkeit und Liquidität ist weggegangen, und von den Banken wird uns das auch berichtet. Wir verfolgen sehr wohl die Vorgänge auf dem Geld- und Kreditmarkt und stellten fest, daß die Anforderungen auf dem Kreditmarkt im Wachsen begriffen sind, daß also diese übergroße Liquidität nicht mehr vorhanden ist. Wir stellen weiter fest, daß sich allmählich der Wettbewerb belebt. Man erkundigt sich, was der andere anbietet und zu welchen Preisen. Wir stellen fest, daß sich auch schon allmählich bemerkbar macht, daß die Kaufkraft nachzulassen beginnt. Wir wissen weiter, daß sich, solange wir gerade in den letzten drei Monaten hinsichtlich des Nachschubs von Rohstoffen aus dem Auslande eine Unsicherheit hatten, spekulative Erwägungen bildeten, die nach jeder Währungsreform wahrscheinlich nicht zu vermeiden sein werden. Aber wir haben es erlebt – und das ist durchgegangen vom Unternehmer bis zum Arbeiter –, daß mit der Leistung in dem Augenblick zurückgehalten worden ist, wo man nicht sicher sein konnte, daß die Rohstoffe nachkommen. Ich habe dafür durchaus Verständnis. Ich kann dem Arbeiter nicht zumuten, seine ganze Arbeitskraft in der Fertigung auszunutzen, wenn er befürchten muß, dadurch der Arbeitslosigkeit beschleunigt anheimzufallen. Aber alle diese störenden Faktoren können wir als beseitigt ansehen.

Wir verfügen jetzt bis zum Ende des Jahres aus Exporterlösen und dem Marshallplan über 900 Millionen Dollar. Es sind jetzt so große Lieferungen an Rohstoffen eingetreten, daß uns in dieser Hinsicht die Industrie keine Sorge mehr bereitet. Ich darf an das Wort von General Clay erinnern, der sagte: Sie werden im nächsten halben Jahr mehr Rohstoffe erhalten, als Sie in der deutschen Wirtschaft zu verarbeiten in der Lage sind. Ich glaube, daß die Voraussetzungen für die Marktwirtschaft jetzt außerordentlich günstig sind, und ich glaube, im theoretischen Raum gesehen ganz gewiß, daß meine Voraussagen nicht falsch sind, sondern daß sie nach wie vor richtig sind und richtig bleiben. Aber ich bin mir auch bewußt, wir sind nicht nur im ökonomischen, sondern auch im soziologischen und politischen Raum auf dem richtigen Weg, und aus diesem Grunde hat die Verwaltung für Wirtschaft Pläne entwickelt, um diesen Prozeß zu beschleunigen.

Wir haben jetzt den Preisspiegel ausgearbeitet für Textilien und Schuhe. Er wird in diesen Tagen veröffentlicht werden für Hausrat und Waren aus Metall, und es wird ein Preisspiegel kommen für Glas und Keramik, für Holz und Holzwaren und außerdem auch für landwirtschaftliche Geräte.

Um auf das volkswirtschaftlich gerechte Maß zu kommen, werde ich durch Preisspiegel und Druck auf die Preisspiegel die Wirtschaft – und auch die industrielle und händlerische Wirtschaft – zwingen, mit den Preisen so zurückzugehen, daß das optimale Verhältnis zwischen Preisen und Löhnen gewährleistet wird.

Die Produktionsprogramme werden weiterentwickelt und werden mit allem Nachdruck vorangetrieben, und wenn Sie wollen, dann können Sie sich überzeugen, daß die Verwaltung für Wirtschaft hier nicht etwa die Interessen der Unternehmer besorgt, sondern daß sie darauf aus und mit allen Kräften bestrebt ist, dafür zu sorgen, daß Güter und Waren zu einem Preise und in einer Menge auf den Markt kommen, daß der Bevölkerung geholfen wird.

Daß wir dabei andere Methoden anwenden als das englische Utility-Programm, kann doch nicht darüber hinwegtäuschen, daß die soziale Wirkung die gleiche sein würde. Und warum wenden wir andere Methoden an? Doch nur, um von dieser Seite noch einmal den nicht ganz wachen Wettbewerb in der Unternehmerwirtschaft, die praktisch 15 Jahre geschlafen hat, zu beleben. Wir machen es nicht so, daß die Behörde nach wie vor den Zehnten verteilt – wie es früher gewesen ist –, sondern hier entscheidet die Leistung; die beste Leistung nach Qualität und nach Preis bekommt den Zuschlag für die Einschaltung in die Programme.

Grundsätzlich kann sich jeder daran beteiligen, jeder kann mitwirken, aber er kann nur dann mitwirken, wenn er bereit ist, eine Leistung zu tätigen, die in Preis und Qualität den sozialen Anforderungen entspricht. Und wer da mittut, wird von der Behörde begünstigt in der Sicherung des Rohstoffnachschubs und in der Sicherung einer optimalen Betriebsausnutzung. Ich glaube, daß die anderen, die da meinen, noch zurückstehen oder sich den sozialen Verpflichtungen entziehen zu können, oder die vielleicht die Zeit noch nicht für reif halten, um sich im Preise der allgemeinen volkswirtschaftlichen und der sozialen Situation anzupassen, durch diese Methode sehr lebendig werden. Wir werden die Wirtschaft in den Wettkampf und damit in die Linie bringen, die notwendig ist, um dem normalen Einkommen einen möglichst hohen realen Inhalt zu geben.

Meine Damen und Herren! Sie sagen so oft, es sei unehrlich, wenn Sie der Zwangswirtschaft beschuldigt werden. Das möchte ich auch ganz bestimmt nicht tun. Ich bin nach wie vor der Meinung, daß wir, wenn Sie auf Grund der wirklich undogmatischen und unorthodoxen Haltung, wie ich sie einnehme, mitarbeiten, tatsächlich einen Weg finden werden. Aber ich glaube, wir müssen uns über das klarwerden und verständigen, was wir unter Planwirtschaft verstehen. Wenn Sie nicht wollen, daß Sie mit dem Odium der Zwangswirtschaft belastet werden, dann muß ich auch sagen, daß umgekehrt auch die Rechte des Hauses mit der gleichen Forderung gehört werden muß, daß sie nicht verschrien und belastet wird mit dem Odium eines freibeuterischen Liberalismus aus der Zeit vor hundert Jahren.

Ich glaube, wenn wir uns das gegenseitig angewöhnen, werden wir auch weiterkommen. Und dann würden wir auch weiterkommen, wenn wir an die planwirtschaftlichen Vorstellungen herangehen. Wie müssen die aussehen?

Ich habe den Eindruck, daß Sie sich in der Kritik gegen mich und meine Wirtschaftspolitik immer wunderbar einig sind. Nach außen sind Sie sich ja bekanntlich auf Grund Ihrer Geschlossenheit immer einig. Aber ich habe auch Ihre Ausführungen auf dem Parteitag über Wirtschaftspolitik gelesen, und da möchte ich Sie fragen: Welches ist denn eigentlich die Wirtschaftspolitik der SPD? Denn das interessiert mich. Fassen Sie das nicht als Angriff auf, und nehmen Sie es auch nicht persönlich! Aber ich möchte wissen, welches eigentlich Ihre Wirtschaftspolitik ist. Sie waren sich immer einig in der Kritik gegen mich. Aber es ist doch auch bei Ihnen von einer regulierten Marktwirtschaft gesprochen worden, die sicherstellen soll, daß die freie Konsumwahl nicht gefährdet ist, von einer Marktwirtschaft, die es ausschließt, daß die Erzeugerwirtschaft und Verbraucherwirtschaft durch allzu starke Reglementierungen beeinflußt wird.

Ich habe allmählich den Eindruck: Wenn ich das Wort Marktwirtschaft in den Mund nehme, dann wird es ausgelegt als Bekenntnis zum Freibeutertum. Wenn Sie dagegen das Wort »Marktwirtschaft« aussprechen, wird es geheiligt und gesalbt durch das Öl der sozialen Gesinnung.

Ich habe in der Zeitung gelesen, der Direktor der Verwaltung für Wirtschaft wolle mit seiner Politik Geschäfte der Kapitalisten betreiben oder handele in geheimem Auftrag. Ich kann mich eines Schmunzelns darüber nicht erwehren. Es ist für mich eine erheiternde Vorstellung, daß ich in geheimem Auftrag gegen gute Bezahlung die Geschäfte der Kapitalisten besorgen soll. Ich stelle mir das so vor, als ob der kleine Moritz sich anschickt, große Politik machen zu wollen. Ich habe das in der Zeitung gelesen, und der Autor kommt von der gleichen Seite.

Also: Welches ist nun eigentlich Ihre Politik? Ist Ihre Politik marktwirtschaftlich, oder ist sie planwirtschaftlich? Und wenn sie planwirtschaftlich ist, frage ich Sie: Was verstehen Sie unter Planwirtschaft? Zu den Ausführungen von Herrn Minister Dr. Zorn, der die Marktwirtschaft ja gedeutet hat, kann ich – von Nuancen abgesehen – hundertprozentig ja sagen. Wir könnten da sehr viel erreichen, wenn wir gemeinsam vorgehen würden, wenigstens in der Zielsetzung. Wenn Sie die Planwirtschaft, meine Damen und Herren, so verstehen, daß die Behörden alle Mittel und Wege in Anwendung bringen, um die Wirtschaft im Sinne einer bewußten Zielsetzung zu lenken, sei es steuerpolitisch, geldpolitisch, kreditpolitisch, sozialpolitisch und, weiß Gott, was alles, dann bejahe ich die Planwirtschaft vollkommen, denn selbstverständlich sind dies alles Teile der Wirtschaftspolitik im ganzen. Und hier liegt selbstverständlich die Notwendigkeit einer bewußten Planung vor. Wird die Planung so verstanden und fassen Sie die Marktwirtschaft so auf, wie sie bei Ihnen von Herrn Minister Dr. Zorn ausgelegt worden ist, so sind wir uns einig Aber man kann es nicht so machen, daß man, wenn man einmal den Mut gehabt hat, das Wort »Marktwirtschaft« auszusprechen, dann gleich wieder gewissermaßen »planwirtschaftliche Beschränkungen« draufsetzt. Man hat den Mut vor der eigenen Courage verloren. Eine Wirtschaftspolitik nach Art der Echternacher Springprozession, wie es mir manchmal vorkommt, scheint mir nicht geeignet zu sein, um unser Volk und unsere Wirtschaft in der notwendigen kurzen Zeit aus der Situation herauszubringen.

Zum Preis-Lohn-Problem im ganzen, meine Damen und Herren – denn darum geht es heute wahrscheinlich auch bei der weiteren Diskussion –, möchte ich sagen: Ich bin mit Ihnen der Meinung, daß in dem Augenblick, in dem wir uns unterhalten, tatsächlich die meisten gewerblichen Preise überhöht sind und heruntergedrückt werden müssen; denn die Löhne stehen auch in einem bestimmten Verhältnis zu den landwirtschaftlichen Preisen. Ich möchte also sagen: Es besteht im Augenblick sehr wohl in gewissem Ausmaß die Möglichkeit zu einer Lohnsteigerung, d.h. zu einer Lohnsteigerung, die nicht die Preisspirale in Bewegung setzt, sondern eine Angleichung bedeutet. Aber wenn ich eine Empfehlung aussprechen darf, die im Zuge der Wirtschaftspolitik liegt, dann ist es die, daß es im großen und ganzen, obwohl ich mit der Freigabe des Preisstops der Angleichung nach oben ganz bestimmt keine Grenze setzen möchte, volkswirtschaftlich sinnvoller wäre, den Weg zu gehen, die Preise herabzudrücken, und jeder Vorschlag, den Sie mir da über den geschilderten Rahmen hinaus machen können, ohne wieder in Preisstop und Preisbindungen zu verfallen, wird – davon können Sie überzeugt sein – sorgfältigst geprüft werden. Wenn wir das tun – und ich glaube, wir sind auf dem Wege, und die Zeichen dafür sind auch da, die Preise herunterzudrücken –, dann wird das günstiger sein. Denn vergessen Sie nicht: Einmal werden die Hilfen, die wir aus dem Marshallplan usw. zu bekommen haben, geringer werden!

Schon im nächsten Jahr müssen wir darauf bedacht sein, unseren Export von rund 600 Millionen Dollar auf rund 1,8 Milliarden Dollar zu steigern, d. h., wir müssen im Ausland exportfähig bleiben. Abgesehen davon, daß der 50-Cent-Kurs auch diese Preisgrenze nach oben setzt, wird natürlich die deutsche Konkurrenzfähigkeit um so größer sein, je mehr es uns gelingt, die Preise auf ein optimales Verhältnis auch zum Lohn herabzudrücken, statt den Löhnen, was tendenziell vielleicht auch möglich wäre, die Angleichung an das jetzige Preisniveau zu ermöglichen.

Im ganzen bin ich aber der Meinung: Wir müssen jetzt einmal eine Angleichung der Preise vollziehen, soweit für die Festsetzung der Preise die Behörde verantwortlich ist, und darum geht es heute. Dann wollen wir aber auch mit aller Deutlichkeit erklären: Jetzt Schluß! Es werden jetzt keine Preise mehr erhöht! Es werden jetzt nur alle Anstrengungen gemacht, um eine Konsolidierung zu erreichen!

Sie werden wirklich nicht bezweifeln können, daß alles das, was die Verwaltung für Wirtschaft getan hat und worauf Sie größten Wert legen, nämlich mit den Gewerkschaften zusammenzuarbeiten, dem Ziel dient, das auch Sie wollen. Wir können in den Methoden vielleicht verschiedener Meinung sein, aber ich lehne es mit aller Entschiedenheit ab, daß Sie allein glauben, das soziale Gewissen für unser Volk gepachtet zu haben.

Ich will das Wohl des Volkes, das bringe ich hier mit aller Deutlichkeit zum Ausdruck. Wenn es dazu notwendig ist, die gewerbliche Wirtschaft unter Druck zu nehmen – selbst unter härtesten Druck, meine Damen und Herren, das verspreche ich Ihnen –, dann werde ich das tun, weil ich nicht im Auftrag handele, sondern weil ich genau weiß, daß eine gesunde Wirtschaftspolitik nur dann durchführbar ist, wenn sie dem Wohl des ganzen deutschen Volkes dient. Aber dem Wohl des ganzen Volkes dient es vor allen Dingen, wenn es aus der behördlichen Bevormundung herausgerissen wird und wenn es endlich frei wird. Und darum bin ich der Meinung: Die Wirtschaftspolitik, die wir eingeschlagen haben, hat zwar natürlich auch eine ökonomische Zielsetzung, aber sie hat vor allem eine soziale und eine politische Zielsetzung die Auflösung des Zwangs, die Freiheit des Volkes und die Förderung des demokratischen Gedankens in Deutschland, ohne den wir nie zu einer Zusammenarbeit kommen können, ohne den wir nie zu einer wirklichen Form einer Demokratie kommen können, wie sie uns von anderen Völkern vorgelebt wird.

Marktwirtschaft und gesunde Währung
Industriekurier, 26. Juni 1950

Die Feinde der Marktwirtschaft bemühen sich mit einer geradezu penetranten Aufdringlichkeit, das Volk glauben zu machen, daß die wirtschaftlichen und sozialen Erfolge der vergangenen zwei Jahre ausschließlich der Währungsreform und sonstigen glücklichen Umständen, keinesfalls aber dem von mir vollzogenen wirtschaftspolitischen Kurswechsel zu verdanken seien. Wenn sicher es auch darauf ankam, zum Zeitpunkt der Währungsreform die Stunde zu nützen, so ist es doch für alle Wohlmeinenden und Einsichtigen offenkundig, daß nur aus Währungsreform plus marktwirtschaftlicher Politik die entscheidende glückliche Wendung resultiert. Die Marktwirtschaft kann für sich nicht nur den Erfolg verbuchen, aus einem völligen Chaos die menschlichen Kräfte und Persönlichkeitswerte wieder zur Entfaltung gebracht zu haben, sondern sie hat auch einer höchst problematischen Währungsreform mit allen Zufälligkeiten in bezug auf die Konstruktion und die quantitativen Bemessungen zum Erfolg verholfen und über den dadurch ausgelösten Anpassungsprozeß hin zu einem wirtschaftlichen Gleichgewicht eine gesunde und aus innerer Kraft stabile Währung geschaffen. Nicht weil ich mir das Verdienst zuschreiben möchte, sondern um auch heute wieder drohende Gefahren zu bannen, ist es notwendig, diese Erkenntnis dem deutschen Volke und insbesondere der deutschen Wirtschaft zu vermitteln. Die Erfahrung und die Geschichte lehren gleichermaßen, daß es gesunde und stabile Währungen nur in der Marktwirtschaft geben kann und daß demzufolge jede planwirtschaftliche Ordnung zu einer Zerstörung der Währung führt. Wenn sicher auch die Währung an sich nicht Selbstzweck ist, so wissen wir doch aus bitterer Erfahrung gut genug, daß eine gedeihliche wirtschaftliche Entwicklung sich nur auf der Grundlage einer gesunden Währung vollziehen kann. Ich brauche nicht auf die Kursentwicklung der Deutschen Mark an den freien Börsen der Welt zu verweisen und Parallelen mit dem Schicksal des englischen Pfundes anzustellen, um deutlich zu machen, daß wir es nur unserer konsequenten Wirtschaftspolitik zu verdanken haben, wenn das junge und anfällige Pflänzchen D-Mark ohne Golddeckung und ohne Manipulationsfonds sich im Ansehen der Welt so erfreulich gefestigt hat, während die Währungen der planwirtschaftlich organisierten Länder trotz aller Manipulationskunststücke immer wieder verfallen. Es ist darum auch kein Zufall, daß die Nationen mit einer marktwirtschaftlichen Ordnung den europäischen Gedanken auf der Grundlage zwischenstaatlichen Leistungswettbewerbs zu stärken und zu fördern bereit sind, während sich die Planwirtschaften in ihrer ablehnenden Haltung wohl dessen bewußt sind, daß ihre völlig erstarrte, künstlich verfälschte, reaktionsunfähige Scheinordnung wie ein Kartenhaus in sich zusammenbrechen muß, wenn sich die europäischen Völker nach dem einzig sinnvollen und gerechten Maßstab des Leistungswettbewerbs zu gemeinsamer Arbeit zusammenfinden.

Die sozialistischen Staaten Europas wissen oder erfühlen es doch instinktiv, daß ihre Vollbeschäftigungspolitik nur um den Preis der Leistungsminderung erkauft werden konnte und daß sie in der Isolierung verharren müssen, um ein Dogma und System zu retten, dessen Untauglichkeit und soziale Fragwürdigkeit in freier Marktwirtschaft nicht mehr zu verdecken ist. Während wir uns in Deutschland in den vergangenen zwei Jahren erfolgreich darum bemühten, die Leistungskraft unserer Wirtschaft auf die Ebene des internationalen Standards zu heben, um dadurch dem deutschen Volke die Lebensmöglichkeit für die Zukunft zu sichern, bemühen sich die Sozialisten, uns im Sinne der Vollbeschäftigungspolitik in kreditwirtschaftliche Abenteuer zu verstricken, um auf solche Weise die Marktwirtschaft zu sabotieren und das Dogma der Planwirtschaft zur zwingenden Notwendigkeit werden zu lassen. Sie berufen sich dabei auf völlig mißverstandene Keynessche Lehren, die unter völlig anderen Voraussetzungen, als sie in Deutschland vorherrschen, zur Behebung sozialer Störungen eine zusätzliche Kreditschöpfung vorsehen. Ich möchte glauben, daß sich Keynes im Grabe herumdrehen würde, wenn er wüßte, daß seine Epigonen aus ihm einen Zauberkünstler machen wollen, der durch einen kreditpolitischen Trick das Unheil von 15 tragischen Jahren über Nacht zu heilen vermöchte. Ohne die konjunkturpolitischen Möglichkeiten einer zusätzlichen Kreditschöpfung grundsätzlich leugnen zu wollen, ist aber in richtiger Analyse der deutschen wirtschaftlichen Verhältnisse mit Nachdruck zu betonen, daß eine Aktion in dem von meinen sozialistischen Widersachern gewünschten Umfang unser Volk sofort wieder in Not und Drangsal einer Inflation zurückstoßen müßte. Zusätzliche Kreditschöpfung in dieser Größenordnung bedeutet, daß die Wirtschaft unter den permanenten Druck einer überschüssigen Kaufkraft gesetzt wird, die den ganzen bisherigen Erfolg der Leistungssteigerung und Leistungsverbesserung zunichte machen würde und zur Folge hätte, daß die deutsche Wirtschaft im internationalen Wettbewerb nicht mehr bestehen kann. Niemand kann ernsthaft leugnen, daß eine solche Politik die Leistungseffizienz der gesellschaftlichen Arbeit herabmindert und den Gütegrad der Wirtschaft verschlechtert, so daß also diese Empfehlung zu der grotesken These führt: Laßt uns weniger, laßt uns schlechter und weniger produktiv arbeiten, auf daß es uns besser ergehe.

Das dringende soziale Problem in Deutschland ist nicht dadurch zu lösen, daß man Situationen schafft, die es unter Kosten- und Preis-Gesichtspunkten möglich erscheinen lassen, an einem Maschinenaggregat statt vier fünf Menschen zu beschäftigen. Das ließe sich durch eine zusätzliche Kreditschöpfung zweifellos erreichen, aber Deutschland würde sich angesichts seiner ökonomischen Beengung und Bedrängung dann außerstande sehen, seine lebensnotwendigen, sehr erheblichen Einfuhren durch gleichwertige Exporte in einem freien Markt zu bezahlen. Als notwendige Folge müßten dann wieder Exportsubventionen und andere Mittel der künstlichen Wettbewerbsverfälschung Platz greifen, um überhaupt noch einen Ausweg zu finden.

Eine solche Politik lehne ich mit aller Entschiedenheit ab, nicht zuletzt auch deshalb, weil sie den europäischen Gedanken wieder im Keime ertöten müßte und weil wir endlich nach den tragischen Jahren der Isolierung wieder zu Formen des zwischenstaatlichen Güteraustausches zurückfinden müssen, die uns aus der vergifteten Atmosphäre des Mißtrauens, des Konkurrenzneides der Nationalwirtschaften untereinander in die reine Luft des von staatlichen Hemmnissen befreiten unternehmerischen Leistungswettbewerbs führen. Es bedeutet nicht, wie von Labour-Seite geäußert wurde, einen Verzicht auf staatliche Souveränität, wenn sich die Völker Europas – oder besser gesagt die Gewerbetreibenden aller europäischen Länder – zu einem möglichst freien Güteraustausch auf einem umfassenderen europäischen Markte bekennen, sondern es bedeutet nach meiner Überzeugung gerade umgekehrt einen Mißbrauch der staatlichen Macht, wenn diese die Staatsbürger an der freien Entfaltung ihrer Kräfte und Fähigkeiten hindern will. Gerade eine marktwirtschaftliche Wettbewerbsordnung sichert den Fortbestand und die Selbständigkeit der Volkswirtschaften. Ein auf solche Weise föderativ aufgebautes und gegliedertes Europa verhindert im Gegensatz zu einer planwirtschaftlichen Ordnung die Setzung eines zentralistischen Überstaates. Würde Europa nach sozialistischen Ideen aufgebaut werden und würde demzufolge die nationale Planwirtschaft durch eine europäische Planwirtschaft ersetzt werden, so bedeutete das, weil Planwirtschaft immer zum strengsten Zentralismus drängt, daß eine europäische zentralistische Gewalt über die geschichtlichen, geistigen und kulturellen Gegebenheiten der europäischen Völker hinweg ihren unheilvollen Einfluß auf die Wirtschaftsindividuen aller Länder ausüben dürfte. Wem es also – aus welchem Grunde auch immer – um die Erhaltung der Selbständigkeit der europäischen Länder und ihrer Volkswirtschaften geht, der muß sich konsequenterweise zu einer marktwirtschaftlichen Wettbewerbsordnung innerhalb dieses werdenden Europa bekennen. Der Sozialismus hätte in den rückliegenden Jahren mannigfach Gelegenheit gehabt, der Welt die angeblichen Vorteile dieses wirtschaftlichen Systems zu demonstrieren. Wenn sich dagegen die europäischen Völker in einem deutlich erkennbaren Trend immer mehr von diesem öden und schematischen Mechanismus der Kollektivierung des Lebens abwenden und moderneren und aufgeschlosseneren Formen der menschlichen Zusammenarbeit zuneigen, so dürfen wir hoffen, daß die künftige Gestalt Europas auf der freiwilligen Zusammenarbeit freier Menschen und freier Völker basieren wird. Gegen das kollektivistische Gift aus dem Osten kann uns nur der Geist der menschlichen Freiheit und die Entfaltung von Persönlichkeitswerten wirksamen Schutz verleihen.

Unternehmer, Staat und Wirtschaft
Rede bei der Ordentlichen Mitgliederversammlung des Bundesverbandes der deutschen Industrie, Essen, 17. Mai 1954

Mein erstes Wort, das ich der deutschen Industrie zurufen möchte, ist ein Ausdruck des Dankes und der Anerkennung für die ungeheure Leistung, die sie im Zuge des deutschen Wiederaufbaus erfüllt hat. Zwar müssen mir alle Wirtschafts- und Gewerbezweige gleich liebe Kinder sein. Aber die deutsche Industrie bedeutet den stärksten Faktor in der deutschen Wertschöpfung, und so nimmt sie denn unter den Geschwistern mindestens die Rolle des größeren Bruders ein, der ja auch in soziologischer Hinsicht schon immer seine bestimmte Bedeutung gehabt hat. Nachdem mein verehrter Vorredner zum Wettbewerb schon sehr vieles gesagt hat, was mir durchaus aus der Seele gesprochen war, brauche ich dieses Thema nicht besonders zu vertiefen. Aber ich möchte doch sagen, daß die Dynamik und die Expansionskraft in der Wirtschaft mir wirklich das Geheimnis des Erfolges zu sein scheinen. Diese Kräfte dürfen nicht erlahmen. Denn eine Marktwirtschaft ohne inneren Expansivdrang und ohne die fortschreitende Dynamik, ohne die Beweglichkeit und das starke Maß an Reagibilität wird ihre Aufgaben niemals erfüllen können. Der Wettbewerb ist der Motor einer Marktwirtschaft, und das Steuerungsmittel der Marktwirtschaft ist der freie Preis. Diese Dynamik, dieses Fortschreiten, dieser Wille, sich in der Freiheit zu bewähren – das ist die Grundlage einer gesunden und stabilen und zugleich auch sozial ausgerichteten Volkswirtschaft.

Ein so hervorragender Wirtschaftsexperte wie Gilbert Burck hat in »Fortune« geschrieben: Wenn dieser Geist in Europa lebendig wird, wenn sich hier zwischen Amerika und Europa eine Annäherung der geistigen, sittlichen und moralischen Haltung vollziehen wird, dann wird Europa vielleicht seinen größten Sieg erfochten haben! Ich bin auch der festen Überzeugung, daß es stimmt, wenn Gilbert Burck hinzufügt, Deutschland erwecke den Eindruck, als ob es das erste europäische »amerikanische« Land werden wollte. Ich möchte dazu zwar nicht sagen, daß ich alles großartig finde, was dort demonstriert wird; sicher ist aber, daß wir noch ungeheuer viel von Amerika lernen können, vor allem auch in der geistigen Ausrichtung der Wirtschaft. Auch bin ich weit davon entfernt, von einem »deutschen Wunder« zu sprechen. Es sind ganz natürliche Erscheinungen, ganz natürliche Kräfte gewesen, die uns vorwärtsgebracht haben. Aber wir haben schon Grund, stolz zu sein, und vor allem auch Sie haben Grund, stolz zu sein. Denn das, was Deutschland in diesen wenigen Jahren zuwege brachte, ist nicht allein die Steigerung des Verbrauchs, über allen Vorkriegsstand hinaus ausgedrückt; es ist doch auch zu berücksichtigen, daß wir buchstäblich aus Schutt und Trümmern wiederaufgebaut haben, daß wir unsere Straßen, unsere Verkehrswege und unsere technischen Produktionseinrichtungen wiederherzustellen und daß wir im Wohnungsbau ungeheure Leistungen zu erfüllen hatten. Wir mußten doch die deutsche Wirtschaft erst wieder zu einem Maß von Produktivität bringen, um im Wettbewerb mit den übrigen Industrieländern der Welt antreten zu können. Wir mußten alles zu gleicher Zeit beginnen und mußten in allen Phasen und nach allen Richtungen gleichzeitig Erfolge erzielen, wenn die deutsche Existenz wieder gesichert werden sollte. In dieser Hinsicht können wir heute doch schon wieder freier und einigermaßen ohne übergroße Sorge in die Zukunft blicken, obgleich wir alle wissen, wieviel noch zu tun ist und wo uns der Schuh drückt; denn wir sind noch keinesfalls über den Berg. Aber angesichts des schon Erreichten neben dem Gefühl des Dankes auch dem Gefühl des Stolzes Ausdruck zu geben, dazu ist, glaube ich, ein Tag wie der heutige der richtige Anlaß.

Die Sorgen, von denen ich sprach, die uns noch bedrücken, sind gerade die Nöte, die auch Sie im Alltag so schwer belasten. Es ist die Frage der übermäßigen steuerlichen Belastung, über die wir uns jetzt auch in den gesetzgebenden Körperschaften unterhalten; es ist die Frage einer ausreichenden Liquidität und eines Bewegungsspielraums für unternehmerische Initiative; es sind all die Hemmungen, die noch der Entfaltung des deutschen Unternehmers über die Grenzen hinweg entgegenstehen; kurz und gut, es ist ein ganzes Bündel von Fragen, die noch der befriedigenden Lösung bedürfen.

In diesem Zusammenhang wollen wir uns aber doch noch einmal auf die Grundlagen besinnen. Gerade in diesen Tagen sind Gespräche geführt worden, wer denn eigentlich die Verantwortung für die Wirtschaft trägt. Die Frage bedarf, glaube ich, einer ganz klaren Antwort. Nach meiner festen Überzeugung trägt im 20. Jahrhundert, im sozialen Klima von heute, die Verantwortung für die Wirtschaft – und das bedeutet gleichzeitig: auch für das wirtschaftliche Schicksal aller in ihr tätigen Menschen – allein der Staat. Der Unternehmer trägt die Verantwortung für seinen Betrieb, und das ist nicht wenig. Ich gebe gern zu, daß es ein berechtigtes Anliegen jedes Unternehmers sein muß, sich dann auch um die Ausrichtung der Wirtschaftspolitik zu kümmern. Denn im Zweifelsfalle ist er entweder der Leidtragende einer schlechten Wirtschaftspolitik, oder er kann auch die Früchte und Vorteile einer guten Wirtschaftspolitik für sich in Anspruch nehmen.

Es ist die besondere Aufgabe einer Institution wie des Bundesverbandes der deutschen Industrie, den wirtschaftspolitischen Willen der einzelnen Unternehmer zusammenzufassen, ihn zu analysieren und zu extrahieren und in engster Verbindung mit den Organen des Staates Ausgleiche zu suchen. War das nicht auch die Methode, die wir in den letzten sechs Jahren immer wieder angewandt haben, indem wir bei jeder Frage, die auftauchte, uns zusammengesetzt und versucht haben, eine Einigung zu erzielen oder mindestens Verständnis füreinander zu gewinnen, wenn wir, wie bekannt genug, in der einen oder anderen Problematik nicht ganz zusammenkamen? Aber diese bedeutsame Aufgabe darf natürlich nicht darüber hinwegtäuschen, daß die letzte Verantwortung für die Wirtschaft und für das soziale Leben eines Volkes beim Staate liegt.

Wenn dem aber so ist, dann kann es auch wieder nur Aufgabe des Staates sein, den wirtschaftlichen Ordnungsrahmen zu setzen. Aufgabe des Staates ist es, die Spielregeln der Wirtschaft zu setzen, so wie es vorher schon seine Aufgabe gewesen ist, die soziale, ökonomische und politische Verfassung eines Landes zu setzen. Sie werden mir zugeben: Keiner hat erbitterter als ich um die Freiheit des deutschen Unternehmers gekämpft.

Die Übertragung von Verantwortungen, von der ich sprach, bedeutet ein System, in dem der Unternehmer neben der Sicherung seiner wirtschaftlichen Existenz zugleich eine volkswirtschaftliche Aufgabe erfüllt, wenn sie auch für den einzelnen nicht immer sichtbar und erkennbar ist. Er ist sich seiner volkswirtschaftlichen Bedeutung gar nicht bewußt; aber er erfüllt seine volkswirtschaftliche Aufgabe dennoch, wenn in dem System der freien Marktwirtschaft die freie Preisbildung und der Motor des Wettbewerbs geschützt und lebendig bleiben. Man kann hier nicht irgendein Stück herausbrechen, ohne das System im ganzen zu verfälschen.

Wenn es, wie ich glaube, Aufgabe des Staates sein muß, über die Freiheit des Wettbewerbs – und auf lange Sicht auch über die Freiheit des Unternehmers – zu wachen, dann werden Sie auch meine Einstellung gegenüber den Kartellen besser begreifen. Ich bin jetzt sogar so weit gegangen, daß ich in den Beratungen im Wirtschaftsausschuß des Bundesrats noch einer Fassung zugestimmt habe, nach der in Ausnahmefällen und bei Vorliegen unabdingbarer volkswirtschaftlicher Notwendigkeiten die Bundesregierung über die schon vorgesehenen Ausnahmen des Rationalisierungskartells, des Konditionenkartells und des Exportkartells hinaus Kartelle zulassen kann, weil nicht von Anfang an alle möglichen Ereignisse in eine feste Norm zu pressen sind. Damit hat die Bundesregierung und habe ich als ihr Sprecher in wirtschaftspolitischen Fragen aufs neue bewiesen, daß wir bis zu einem Höchstmaß an Entgegenkommen bereit sind. Wenn Ausnahmen notwendig werden und wenn wirklich ein so dringliches öffentliches Interesse vorliegt, daß die Bundesregierung dieses Interesse bejaht, dann kann also noch einmal eine Ausnahme, eine Lockerung Platz greifen. Ich bin guter Zuversicht, daß es uns schließlich gelingen wird, eine gute und befriedigende Lösung zu finden.

Was habe ich denn in diesen sechs Jahren getan, was Sie in Ihrem Vertrauen hätte irremachen können? Ich habe im Jahre 1948 den deutschen Unternehmer von der Zwangswirtschaft befreit und habe der Wirtschaft die Freiheit in einem Augenblick gegeben, in dem wahrscheinlich nur wenige der Überzeugung waren, daß dieses Experiment gelingen könnte. Es ist gelungen! Wir sind den Weg in die Liberalisierung gegangen, wohl mit Ihrer Zustimmung, wie Sie selbstverständlich auch der Marktwirtschaft zugestimmt haben. Gleichwohl haben viele Branchen vorhergesagt, daß dies Beginnen schädlich für sie sein würde und daß man sehr vorsichtig operieren müsse. Ich habe bisher nicht feststellen können, daß irgendeine Liberalisierungsmaßnahme in irgendeinem Bereich von einer schädlichen Auswirkung für den betreffenden Industriezweig gewesen ist.

Seit zwei Jahren habe ich mir den Durchbruch zur Konvertierbarkeit zum Ziel gesetzt. Ich weiß, daß ich am Anfang sogar verlacht wurde, weil man offenbar geglaubt hat, die Devisenzwangswirtschaft sei eine gottgewollte, ewige Einrichtung. Und wo stehen wir heute? Unmittelbar an der Schwelle zur Konvertierbarkeit; und nichts von den Sorgen und den düsteren Prophezeiungen ist Wirklichkeit geworden, die doch schon im Zuge der Politik hätten eintreten müssen, die die Bank deutscher Länder in Richtung einer größeren Freizügigkeit eingeleitet hat.

Können Sie sich vorstellen, daß ich bereit wäre, jetzt in bezug auf die Wettbewerbspolitik einen Weg zu gehen, der nun in völliger Mißachtung der unternehmerischen Interessen die Ordnung eines freien Unternehmertums gefährden könnte? Das kann doch niemand von mir erwarten! Ich glaube, es fördert das deutsche Ansehen und das Ansehen des deutschen Unternehmers, wenn er um sich ein Klima schafft, das ein deutliches Bekenntnis zur Marktwirtschaft, zur unternehmerischen Freiheit und zum Wettbewerb ausstrahlt.

Es ist kein Zufall, daß man sich draußen so sehr für die deutsche Wirtschaftspolitik interessiert. Man möchte wissen, wie wir es denn gemacht haben und wie wir es machen werden und welche Vorstellungen uns dabei erfüllen. Daß wir heute mehr produzieren als gestern und vorgestern, daß wir – ich sagte schon, wir sollen stolz darauf sein – in unserer Produktionsleistung sehr Großes erreicht haben, das würde noch nicht hinreichen, um Deutschland heute im Blickpunkt der Welt doch in einem neuen Licht erscheinen zu lassen. Es ist tatsächlich ein neuer Geist, der sich in Deutschland entzündet hat, und diesen Geist möchte ich nicht absterben lassen.

Von der Politik der Liberalisierung war schon die Rede. Es ist unverkennbar, daß wir auch in handelspolitischer Beziehung sichtbare Erfolge erzielt haben. Die Tatsache, daß wir im abgelaufenen Jahr 1953 einen Überschuß unserer Handelsbilanz von 2½ Milliarden DM erreichen konnten, spricht für sich, wenn man sich den Start unseres deutschen Exports im Jahre 1948 vergegenwärtigt. Auch das Jahr 1954 entwickelt sich überraschend gut. In den ersten vier Monaten dieses Jahres ist der Import um 10 v. H., der Export um 20 v. H. gestiegen. Eine weitere Voraussage hat sich erfüllt. Wir sind in der Europäischen Zahlungsunion als dem wichtigsten Wirtschaftsraum, dem wir zugehören, nicht zu einer Auflösung des Überschusses, sondern zu einer immer größeren Erhärtung unserer Gläubigerposition gekommen, so daß bei der letzten Ratstagung zu überlegen war, was wir überhaupt tun sollen, um für den deutschen Export wieder Luft zu schaffen. In einem besteht zwischen uns zweifellos Übereinstimmung: Eine bewußte Zurückschraubung des deutschen Exports, gar mit künstlichen oder mit staatlichen Mitteln, kommt überhaupt nicht in Frage. Das können wir uns nicht leisten.

Ich möchte damit nicht etwa sagen, daß der bisherige Zustand eines fortdauernden hohen Exportüberschusses tragbar wäre. Ich bin aber nicht der Meinung, daß wir exportieren müssen oder auch nur exportieren wollten mit der Zielsetzung einer imperialistischen Politik. Nein, im Gegenteil! Wir brauchen einen hohen Export, um die Grundlage unserer eigenen wirtschaftlichen Existenz im Binnenraum zu sichern. Wir müssen immer auf der Höhe der Leistung bleiben und müssen immer den Standard der modernsten Industrieländer halten. Denn ein so stark industriebetontes Land wie Deutschland hat nur dann eine Zukunft, wenn es sich auf der Höhe der Leistung bewegt.

Wir dürfen also die Schwierigkeiten im Export nicht dadurch zu heilen versuchen, daß wir hier einen Schritt zurückgehen und uns Reserve auferlegen. Uns bleibt wie in den letzten sechs Jahren, so mindestens auch für die nächste Zukunft immer nur der Durchbruch nach vorn. Das bedeutet, daß es eigentlich nur ein vernünftiges Mittel zur Heilung unserer Sorgen in der Außenwirtschaft gibt: nämlich die Herbeiführung einer inneren Expansion. Die Chancen dazu sind ohne weiteres gegeben. Deutschland hat auch in den letzten Jahren hohe Zuwachsraten in seiner industriellen Produktion und auch in der Steigerung des Sozialprodukts erreicht. Nach meiner Ansicht sind wir hier noch lange nicht am Ende. Es ist unmöglich, von einer Sättigung des Nachholbedarfs oder gar von einer Sättigung des Konsums zu sprechen. Wieviel ist da noch nachzuholen! Wieviel könnten wir da tun zur Weckung und Stärkung des Eigentumsbegriffs, zur Förderung des Lebens in der Familie und anderer Werte, wenn es uns nur gelingt, hier noch rascher zu Erfolgen zu kommen.

Eine Steigerung des Verbrauchs ist nicht immer nur zu sehen im Sinne der allerprimitivsten Materialisierung des Verbrauchs. Es gibt auch einen Verbrauch, der von höchstem sittlichen Wert ist. Wir dürfen den Verbrauch nicht erlahmen lassen. Ich habe darüber auf dem Sparkassentag gesprochen und gesagt: Gewiß ist das Sparen eine Tugend, und wir brauchen das Sparen, weil wir unbedingt diese Mittel benötigen, um in der Investition, der Rationalisierung, der Produktivitätssteigerung unserer Volkswirtschaft voranzukommen. Aber der Wille zur Rationalisierung und der Zwang zur Produktivitätssteigerung erwachsen doch aus dem Drängen der Volkswirtschaft vom Verbrauch her. Darum muß beides miteinander hochgezogen werden: Sparen, Investieren und zugleich Verbrauchen. Es ist gar nicht merkwürdig, sondern es ist selbstverständlich, daß das nicht in einer Alternative – Sparen oder Verbrauchen – steht. Jede historische Erfahrung und jede logische Ableitung besagt: Man kann immer nur sparen und verbrauchen zu gleicher Zeit. Nur aus der Steigerung des Sozialprodukts, aus der Vermehrung des Volkseinkommens ist es möglich, vom Verbrauch her die Triebkräfte für die Wirtschaft lebendig zu halten und doch gleichzeitig die Mittel zu gewinnen, die notwendig sind, um in der Ausrüstung unseres Produktionsapparats dem Willen des Verbrauchers und der von ihm ausgelösten Nachfrage zu folgen.

Außenwirtschaft und Innenwirtschaft stehen in einem untrennbaren inneren Zusammenhang. Wir sind ja nicht in der Situation, daß wir etwa Überschüsse unserer Handels- und Zahlungsbilanz durch echten Kapitalexport abtragen können. Erstens ist der deutsche Kapitalmarkt noch nicht derart funktionsfähig, daß die Kapitalaufbringung auch nur technisch möglich wäre. Es besteht aber sonst keine Chance, in Deutschland in einem nennenswerten Umfang Kapital zum Ausgleich unserer Exportüberschüsse zu erübrigen. Das ist noch einer der großen Engpässe. Daher können wir nicht, wie etwa Amerika, durch große Anleihegewährung oder auch durch ein starkes Maß von privaten Investitionen den Ausgleich herbeiführen oder ihn doch zeitlich hinausschieben. Wir können den Ausgleich im wesentlichen nur durch verstärkte Importe besorgen. Verstärkte Importe aber bedeuten verstärkte innere Expansion. Verstärkte innere Expansion heißt aber nichts anderes, als die Expansionskräfte aufrechtzuerhalten und den Wettbewerb nicht erlahmen zu lassen; bedeutet also, alles zu tun, um den Drang zur Mengenkonjunktur nicht zu unterbinden.

Die Mengenkonjunktur ist doch, auch wenn sie für den Unternehmer nicht immer bequem ist, eine gute Sache. Denn, Mengenkonjunktur bedeutet, rein quantitativ, mehr Produktion. Mehr Produktion bedeutet mehr Volkseinkommen. Mehr Volkseinkommen bedeutet freieres Leben, bedeutet vermehrte Nachfrage am Markt. Vermehrte Nachfrage heißt wieder Produktionssteigerung, Produktionssteigerung unter günstigeren Kostenbedingungen, und so bringt es die Mengenkonjunktur mit sich, daß der Preis von gestern, der möglicherweise hart an der Grenze des Kostenpreises lag, morgen wieder zu einem unternehmerisch vertretbaren Preis werden mag.

Wenn wir uns jetzt in der Europäischen Zahlungsunion bemühen, die extremen Schuldner- und die extremen Gläubigerpositionen nach einem multilateralen Verfahren in bilateralen Verhandlungen zu konsolidieren, dann ist zunächst einmal die Lösung dieses Problems vertagt. Wenn dieser Plan realisiert wird, gewinnen wir in diesem Raum für kommende deutsche Exportüberschüsse Spielräume für neue 450 Millionen Dollar.

Nach den Gesprächen, die ich in anderen Ländern und vor allem auch mit Repräsentanten der amerikanischen Regierung geführt habe, kann ich sagen, die ganze freie Welt ist sich wohl darüber im klaren, daß wir jetzt in eine neue Phase der weltwirtschaftlichen Beziehungen eintreten, die äußerlich dadurch gekennzeichnet ist, daß wir die verhängnisvolle Dreiteilung – EZU-Raum, Dollarraum und Offset-Raum – aufheben und diese Räume besser und enger zusammenfügen. Wir werden zwar nicht von heute auf morgen zu einer idealen und vollen Lösung kommen, aber wir werden ein System und Handhaben entwickeln müssen, um das Ziel möglichst schnell zu erreichen.

Wenn wir z. B. am Anfang dieses Jahres ein höheres Maß von Liberalisierung gegenüber dem Dollarraum setzten, dann geschah das auch aus dem Gefühl heraus: Es geht nicht an, die einen zugunsten der anderen zu diskriminieren. Es kann keine richtige Methode sein, wenn eine größere Freiheit gegenüber dem Dollarraum zu einer Gefahr für den EZU-Raum wird. Wenn das der Fall ist, dann ist an dieser Konstruktion etwas mangelhaft, und dann ist es Zeit, daß wir größere und umfassendere Funktionen und auch größere und umfassendere Räume setzen.

Das ist, glaube ich, gerade der Weg, den wir jetzt beschritten haben: der Weg zur freien Konvertierbarkeit. Im Grunde genommen hat sie ja schon durch all die Maßnahmen begonnen, die von der Bank deutscher Länder eingeleitet wurden. Wieder hat sich, wie ich vorhin schon erwähnte, gezeigt, daß der mutige und richtige Schritt sich immer lohnt. Alles, was man vorher über einen Abzug von Kapital für den Fall der Transfermöglichkeit der Sperrmark prophezeit hatte, ist nicht eingetreten. Man hat das Geld nur so lange von Deutschland abziehen wollen, als man es nicht haben konnte. In dem Augenblick, als wir die Möglichkeit des Abflusses schufen, war niemand mehr daran interessiert. Haben wir also auch in diesem Falle den Mut zu der richtigen, zu der freiheitlichen Politik!

Wollen wir uns doch der Gemeinsamkeit unseres Schicksals bewußt bleiben! Ich weiß, daß Deutschland nur mit einer gesunden, leistungsstarken Industrie gedeihen kann. Ich weiß, daß diese Forderung nur dann und so lange gewährleistet ist, als freie Unternehmer das Schicksal der deutschen Betriebe leiten. Aber seien Sie sich auch bewußt, daß Sie die gesunde Grundlage nur so lange finden, als auch die Wirtschaftspolitik auf dem Grundsatz der Freiheit, auf dem Grundsatz des Wettbewerbs und der freien Preisbildung beruht! Ich glaube z. B. auch nicht, daß die internationalen wirtschaftlichen Beziehungen auf internationalen Kartellabsprachen aufgebaut werden sollen. Auch hier bin ich der Meinung: Die These von dem freien Wettbewerb auf dem gemeinsamen Markt und darüber hinaus auf dem gesamten Weltmarkt muß obenan stehen.

Dabei ist sicher noch manche Schwierigkeit zu überwinden. Man sollte den nationalen Anliegen und vielleicht der allzu großen nationalen Sorge allenthalben wohl Rechnung tragen, indem man z. B. die Zollpolitik, die immer ein legitimes Mittel der Handelspolitik gewesen ist, zur Anwendung bringt, vielleicht sogar manchem noch die Möglichkeit gibt, bei größerer monetärer und handelspolitischer Freiheit dort noch etwas mehr Schutz für eine Anpassungsart zu finden. Aber auf keinen Fall darf es wieder einmal dahin kommen, daß die Währungspolitik als Machtinstrument der Handelspolitik mißbraucht wird; denn das ist das Schlimmste von allem.

Aus diesem Grunde freue ich mich besonders, daß die letzten Aussprachen mit dem britischen Schatzkanzler hier einen ganz klaren Weg gezeigt haben. Ich erkenne ausdrücklich auch die gleichgerichteten Bemühungen des Bundesverbandes der deutschen Industrie mit Ihren englischen Kollegen an. Ich möchte Sie sogar ermuntern, diese Gespräche weiterzuführen. Denn Sie werden jetzt auch auf der politischen und staatlichen Ebene die Grundlagen finden, die nach meiner Überzeugung einen raschen Erfolg verheißen. Wenn England und Deutschland hier zusammenarbeiten, dann ist damit ein moralisches Gewicht gesetzt, das auch für andere Länder verbindlich werden muß.

Diese Entwicklung berechtigt zu Hoffnungen. Aber so wie im Innern der Wettbewerb nicht durch Bindungen verschüttet werden darf, so soll auch in der letzten Zielsetzung der zwischenstaatliche Verkehr von Waren und Dienstleistungen nicht durch Absprachen behindert werden. Man mag immer dazwischen einmal zu diesen oder jenen Notlösungen bereit sein – ich sage noch einmal. Der Boden, auf dem wir stehen, ist die Freiheit. Das gilt besonders für den Unternehmer. Und ich bin nur so lange Wirtschaftsminister – das sage ich Ihnen bei jeder Tagung –, als es freie Unternehmer in Deutschland gibt.

Ein wirtschaftliches Gebot
Rundfunkansprache, 7. September 1955

Kaum je ist in den letzten Jahren soviel über Konjunktur gesprochen und geschrieben worden, als das heute der Fall ist, und meist sind es Stimmen der Warnung und Besorgnis, die an das Ohr eines mählich ängstlich werdenden Verbrauchers dringen. Der schüttelt den Kopf, weil es ihm nicht eingehen will, daß eine so gute Konjunktur mit voller Beschäftigung, hoher Produktion und steigendem Volkseinkommen etwas Gefährliches sein soll. Und auch ich meine, daß man dieses, einem gesunden Menschenverstand entspringende Gefühl nicht geringachten sollte. Damit wird die Problematik der wirtschaftlichen Situation gewiß nicht geleugnet; nein, es sei im Gegenteil hier auf sie eingegangen.

Wie auch die Bank deutscher Länder in ihrem letzten Monatsbericht ausführt, ist es nicht das tatsächliche Preisniveau, sondern das Preisklima, das sich allenthalben verschlechtert hat; in weiten Bereichen der Wirtschaft sei das Preisniveau nach wie vor stabil.

Zu dem gleichen Ergebnis kommt die amtliche Statistik über die Entwicklung der Lebenshaltungskosten, während gewiß nicht bestritten werden kann, daß das deutsche Volkseinkommen, und im besonderen auch das Realeinkommen des deutschen Arbeiters, eine fortdauernde Steigerung erfahren hat und sogar die günstigste Entwicklung von allen europäischen Ländern aufweist. Wir haben es hier also offenbar mit einem weitgehend psychologischen Phänomen zu tun. Nicht aus der Konjunktur als solcher droht uns Gefahr, sondern aus der falschen Einschätzung der sich aus ihr ergebenden Möglichkeiten und Chancen für eine materielle Bereicherung. Nicht die Sache ist es, sondern der Mensch, der Unruhe stiftet. Ginge es nur darum, alle Schichten unseres Volkes an einem sich ausweitenden Sozialprodukt, d.h. an dem wachsenden Wohlstand, teilhaben zu lassen, dann wäre die Aufgabe immerhin lösbar. Aber unlösbar, ja geradezu unsinnig ist das Verlangen, allen Gruppen von Einkommensbeziehern gleichzeitig einen höheren Anteil am Volkseinkommen zuzubilligen.

Es ist interessant, dabei festzustellen, daß die Übersteigerung der Forderungen bzw. die Klagen über die angeblich so schlechte Lage dieses oder jenes Zweiges unserer Volkswirtschaft um so lauter vorgebracht werden, je besser sich die Konjunktur nach Beschäftigung, Produktion und Umsatz gestaltet. Wenn in den letzten sieben Jahren kaum je so viel Unzufriedenheit aufkam wie gerade heute, so kann ich das nur als Entartung oder Verirrung bezeichnen. Die Maßlosigkeit droht zu einer ernsten Gefahr für diese so erfreuliche Konjunktur zu werden, und darum tut vor allem anderen Besinnung not. Das gilt um so mehr, als Konjunkturen sich nicht im luftleeren Raum abspielen, als wirtschaftliche Entwicklungen nicht nach mechanischen Gesetzen ablaufen, sondern von Menschen getragen und geformt werden und ihr Handeln und Verhalten für das wirtschaftliche Schicksal bestimmend sind. Ich glaube darum auch nicht, daß es sträflicher Optimismus ist, wenn ich darauf vertraue, daß Einsicht und Erkenntnis, guter Wille, gesunder Menschenverstand und wirtschaftliche Vernunft zuletzt doch obsiegen werden, und wenn ich eine gleiche Haltung auch bei meinen Gesprächspartnern voraussetze. Die Bundesrepublik hat gerade in der derzeitigen Konjunktursituation die große Chance, ihre ökonomischen und sozialen Verhältnisse zu konsolidieren und auch ihre wirtschaftliche Stellung in der Welt zu festigen. Aber es besteht gleichermaßen die Gefahr, beides zu verspielen.

Da es, in zeitlicher Reihenfolge gesehen, zuerst offenkundig überhöhte Lohnforderungen gewesen sind, die einen Schock auslösten, sei hierzu im grundsätzlichen gesagt, daß ich zwar nicht einen Augenblick daran denke, von dem volkswirtschaftlich dümmsten und untauglichsten Mittel eines Lohn- und Preisstops Gebrauch zu machen, aber mit der Verwerfung solcher Methoden auch nicht anerkennen möchte, daß die Tarif- oder Sozialpartner in ihren Entscheidungen über die Lohn- und Preispolitik frei schalten und walten dürfen. Das ist nämlich die ernste und riesengroße Gefahr, daß einmal die Gewerkschaften im Bewußtsein des zunehmenden Arbeitskraftmangels und in Überschätzung der konjunkturellen Möglichkeiten ihre Forderungen übersteigern und zum anderen die Unternehmer angesichts eines hohen Auftragsbestandes und günstiger Absatzverhältnisse vielleicht allzu geneigt sein könnten, harten Auseinandersetzungen aus dem Wege zu gehen. Die Bäume wachsen indes nicht in den Himmel, und aus diesem Grunde ist es die Pflicht des verantwortlichen Wirtschaftsministers, solche auf lange Sicht illusionistischen Verhaltensweisen rechtzeitig zu unterbinden. Jene gefährliche Mentalität, daß es bei solcher Konjunktur sozusagen nicht darauf ankäme, kann gar nicht scharf genug gegeißelt werden, denn es brauchen sich die Zeichen der Konjunktur nur wenig zu ändern, und es wäre der große Katzenjammer unausbleiblich.

Da Deutschlands Stellung in der Weltwirtschaft und das materielle Sein unseres Volkes wesentlich von unserer Wettbewerbsfähigkeit abhängen, würde ich Preissteigerungen auf Grund überhöhter Lohnforderungen niemals als Begründung gegen eine weitergehende Liberalisierung oder für die Aufrechterhaltung eines Zollschutzes gelten lassen können, sondern ich müßte gerade umgekehrt diese Mittel der Handelspolitik zur Anwendung bringen, um gefährliche Entwicklungen vom deutschen Volk abzuwenden. Diese Aussage mag die Entscheidungen beider Partner beeinflussen, aber ich handele im Interesse von 50 Millionen Verbrauchern, wenn ich willens bin, die Stabilität des deutschen Preisniveaus und die Festigkeit unserer Währung unter allen Umständen aufrechtzuerhalten. Wiederholt habe ich es ausgesprochen, daß es mir unter gegebenen Umständen verhältnismäßig leicht erscheint, zwischen den Tarifpartnern in bezug auf höhere Löhne und höhere Preise eine Einigung zu finden; aber um welchen Preis geschieht dies dann – um den nämlich, daß die der Produktion ferner stehenden Schichten benachteiligt werden und den letzten die Hunde beißen. Das aber sind dann gerade diejenigen, denen unsere ganze Fürsorge gelten muß, nämlich die Millionen von Fürsorgeempfängern, Sozialrentnern, Kriegsopfern, Witwen und Waisen und andere mehr, und ich jedenfalls bin nicht willens, über deren Schicksal zur Tagesordnung überzugehen.

Es liegt mir indessen fern, nur die Gewerkschaften ansprechen zu wollen. Ich bin auch bereit, mich mit ihnen, soweit es sich um ein echtes soziales Anliegen und nicht nur um die verschleierte Form einer Lohnerhöhung handelt, über die Forderung, die Problematik und die Konsequenzen der 40-Stunden-Woche ernsthaft zu unterhalten. Ich bin durchaus nicht der Meinung, daß auf längere Sicht befriedigende Lösungen in dieser wichtigen Frage nicht möglich sein sollten. Sicherlich aber gehen die Gewerkschaften von völlig falschen Voraussetzungen aus, wenn sie die Höhe oder – besser gesagt – die Prozentsätze ausgeschütteter Dividenden zur Begründung unrealistischer Lohnforderungen vorbringen, denn unsere Aktiengesellschaften sind fast durchweg unterkapitalisiert, d.h., das Verhältnis von Eigenkapital zu Fremdkapital und zum Geschäftsvolumen und den Lohnaufwendungen ist meist so grotesk, daß der Hinweis auf die Höhe der ausgeschütteten Dividende nur einer Vernebelung, aber gewiß nicht einer Versachlichung des Problems und einer Verdeutlichung der wahren Lage unserer wirtschaftlichen Unternehmungen dienen kann. Jede Verallgemeinerung ist hier überhaupt außerordentlich gefährlich.

Es gibt gewiß Wirtschaftszweige, die sich in der Gunst einer Spezialkonjunktur sonnen dürfen, aber es ist auch bekannt genug, daß sich andere nach wie vor im Zeichen eines Käufermarktes in harter Bedrängnis befinden. Wenn dann aber bei dieser differenzierten Konjunkturlage in Teilbereichen Machtpositionen ausgespielt und durchgesetzt werden wollen, dann kann es gar nicht ausbleiben, daß angesichts des verständlichen Strebens nach Aufrechterhaltung eines organischen Lohngefüges Spannungen auftreten, die schließlich die volkswirtschaftliche Konjunktur im ganzen ernsthaft gefährden müssen. Das ist ein weiterer Grund, warum ich das Maßhalten gerade dort predige, wo scheinbar alle Möglichkeiten offenstehen. In einer gesunden Volkswirtschaft hat jeder für den anderen einzutreten, jeder für alle Verantwortung zu tragen.

Meine Bemühungen, die Geister zu bändigen, und die Erklärung, daß Preissenkungen besser wären als Lohnerhöhungen, sind vielfach mißverstanden worden. Wenn es uns auch entgegen aller früheren Erfahrung gelungen ist, eine wirtschaftliche Expansion bei gleichzeitig relativ stabilen Preisen zu bewerkstelligen, so bin ich doch nicht weltfremd genug, um gerade im Zeichen der derzeitigen Hochkonjunktur an die Möglichkeit einer allgemeinen Preissenkung zu glauben. Wohl aber habe ich die Absicht, alles zu tun, um eine günstige wirtschaftliche Entwicklung bei stabilem Preisniveau fortdauern zu lassen.

Ich weiß sehr wohl, daß da und dort Kostenerhöhungen eingetreten sind, weiß auch, daß die Verteuerung ausländischer Rohstoffe von unserer Binnenwirtschaft nicht ferngehalten werden kann, aber ich weiß auch, daß im Zeichen einer Hochkonjunktur und voller Kapazitätsausnutzung eine Kostendegression wirksam wird, die allenthalben Raum für Preissenkungen bieten dürfte. Ich halte es für eine schlechte Politik, diese Tendenz in Erwartung doch kommender Lohnforderungen nicht wirksam werden zu lassen. So treibt tatsächlich ein Keil den anderen, und wir fragen uns zum Schluß vergeblich, wo denn eigentlich die Schuld liegt, wenn wir in eine gefährliche Entwicklung schlittern.

Ich möchte darum den wirtschaftenden Menschen begreiflich machen, daß wir in unserem konjunkturpolitischen Verhalten nicht frei sind, sondern in eine freie Weltwirtschaft eingespannt bleiben und daß gerade dann, wenn wegen der günstigen Konjunktur der Wettbewerb zu erlahmen droht, er von außen her einer Belebung bedarf. So sind auch meine Bestrebungen zu verstehen über Jedermann-Einfuhren, Liberalisierung und Zollsenkungen und über eine größere Freizügigkeit der arbeitenden Menschen, der innerdeutschen Preisentwicklung Zügel anzulegen. Niemand, der guten Willens ist, hat das Recht, daraus auf eine Aggression zu schließen. Ich weiß sehr wohl, daß gerade mit einer sich ausweitenden Konjunktur das Problem der innerbetrieblichen Kapitalausstattung immer ernstere Sorgen bereitet, aber ich vermag wiederum nicht anzuerkennen, daß nach einem politischen und wirtschaftlichen Zusammenbruch ohnegleichen schon in wenigen Jahren alle dahin gehenden Wünsche erfüllt werden müßten oder auch nur könnten.

So komme ich immer wieder auf das Maßhalten als volkswirtschaftliches Gebot. Ich habe wirklich keine Angst vor der Konjunktur; ja, ich möchte sie umgekehrt fortgeführt sehen. Aus diesem Grunde ist es auch wieder ein falsches Argument der Gewerkschaften, wenn sie auf die relativ hohe Investitionsrate in der deutschen Wirtschaft verweisen, weil im Zeichen der Vollbeschäftigung nur noch mittels einer zunehmenden Produktivität ein wirtschaftlicher und sozialer Fortschritt fließen kann. Die Rationalisierung von heute ist der Gewinn des Arbeiters von morgen.

Wir können, volkswirtschaftlich gesehen, gar nicht darauf verzichten, diesen Drang und Zwang zur Leistungssteigerung lebendig zu halten. Wenn darum in konjunkturpolitischen Betrachtungen vor einer Übersteigerung der Investitionen gewarnt wird, so muß dabei doch sehr sorgfältig zwischen jenen Aufwendungen, die der Rationalisierung, und solchen, die ausschließlich der Produktionsausweitung dienen, unterschieden werden.

Es ist in Ansehung unserer verantwortungsbewußten Geld-, Kredit- und Währungspolitik in keiner Weise zu befürchten, daß auf dem deutschen Markt Kaufkraft entstehen und wirksam werden könnte, die keine güterwirtschaftliche Deckung findet. Das aber bedeutet, daß keine inflationistische Entwicklung Platz greifen kann. Von dieser Seite droht also keine Gefahr – das deutsche Volk kann beruhigt sein. Weil dem aber so ist, obliegt den organisierten Gruppen der deutschen Wirtschaft eine um so größere Verantwortung. Diese haben es sozusagen selbst in der Hand, durch eine maßvolle Haltung eine ruhige stetige Fort- und Aufwärtsentwicklung unserer Wirtschaft und des sozialen Lebens zu gewährleisten oder aber in Ermangelung dieses Willens die Verantwortung dafür zu tragen, wenn sich der Staat zur Aufrechterhaltung der Ordnung zu restriktiven und damit die Konjunktur bändigenden Maßnahmen entschließen müßte.

An uns selbst wird es also liegen, ob wir auf dem Wege des wirtschaftlichen und sozialen Fortschritts, der Mehrung des Wohlstands und der Milderung sozialer Nöte fortfahren können oder ob wir in verhängnisvoller Verblendung diese Gunst des Schicksals frevelhaft verspielen. Die Wahl sollte uns nicht schwerfallen. Ich jedenfalls bin willens, dafür mit aller Kraft zu kämpfen, und es ist darüber hinaus meine feste Absicht, das deutsche Volk in seiner Gesamtheit um seiner eigenen Ruhe und Sicherheit willen an den Geschehnissen dieser Tage und Wochen teilhaben zu lassen.

Soziale Marktwirtschaft und Materialismus
Sonntagsblatt, 29. Januar 1956

Immer häufiger wird die Meinung laut, daß sich mit wachsendem Wohlstand im deutschen Volke ein Gesinnungswandel vollziehe, der einer Verlagerung der Werte hin zum Primitiv-Materiellen des Genusses und einer Oberflächlichkeit der Lebensführung gleichkäme. Was liegt da näher, als die Verantwortung für diese Erscheinung der Sozialen Marktwirtschaft anzulasten, denn ihr wird ja auch das Verdienst – oder in jener Hinsicht die Schuld – zugeschrieben, die deutsche Wirtschaft aus dem Chaos zu neuer Blüte und das Volk aus Armut zu neuem Wohlstand geführt zu haben. So wäre also zum ersten die Frage zu beantworten, ob jene vermutete bzw. behauptete Verflachung des Lebens dem wirklichen Sachverhalt entspricht, und ob zum andern im Falle der Bejahung eine echte Kausalität zwischen wachsendem Wohlstand und zunehmendem Materialismus vorliegt.

Die Frage kann, so gestellt, unmöglich bejaht werden, denn nicht nur, daß eine solche Aussage fast einem Todesurteil über die Prinzipien und Ziele der westlichen freien Welt gleichkäme, würde eine solche Logik konsequenterweise bedeuten müssen, daß die materialistische Geschichtsauffassung des Kommunismus, die in ihrer Auswirkung den Menschen immer nur Armut brachte, gleichwohl zur Setzung höherer Lebenswerte geeignet wäre. Ich glaube also, daß die sich in Deutschland seit 1948 abzeichnende Entwicklung einer breitangelegten und rasch vorwärtsgreifenden Erhöhung des allgemeinen Lebensstandards nur als eine historische Zeiterscheinung zu begreifen ist und keine weitergehenden und vor allen Dingen keine für unser Volk und Schicksal tragischen Schlüsse rechtfertigt.

Was hat sich denn ereignet? Ein darbendes und hungerndes Volk, das der primitivsten Lebensmöglichkeiten beraubt war und unter der seelenlosen Herrschaft eines staatlichen Wirtschaftsdirigismus jegliche individuelle Freiheit hinsichtlich der Gestaltung des eigenen Lebens entbehren mußte, gewann in einer relativ kurzen Zeitspanne, wesentlich durch eigene Kraft und Leistung, sein Leben und seine Freiheit gleichzeitig zurück. Was liegt da menschlich näher, als sich im Vollgefühl der wiedererstarkten Lebenskraft ausleben, verbrauchen und auch genießen zu wollen. Wenn dann gar noch hinzukommt, daß im Zuge der Demokratisierung der Massen auch eine soziale Umschichtung Platz greift, die insbesondere den Lohnempfänger in seinem materiellen Sein hebt, dann ist es nicht verwunderlich, sondern fast selbstverständlich, daß während dieses Prozesses immer mehr Menschen zu einem gehobenen Lebensstandard hingeführt, d. h.

zum Kauf von immer mehr Gebrauchs- und Verbrauchsgütern befähigt werden. Ich gebe sogar zu, daß ich diese Entwicklung bewußt anstrebte und über den Erfolg glücklich bin. Mutet es da nicht allenthalben fast etwas pharisäerhaft an, wenn sich die wohlhabenderen oder gar reicheren Schichten unseres Volkes über die Genußsucht und die Begehrlichkeit derjenigen ereifern, die im Grunde genommen kein anderes Ziel haben, als es jenen gleichzutun. Bedeutet der Rundfunkempfänger, der Staubsauger, der Kühlschrank usf. im Hause eines Begüterten etwas anderes als z. B. in der Wohnung des Arbeiters? Ist er einmal Ausdruck der Zivilisation und das andere Mal Zeugnis materialistischer Gesinnung? Aus solcher Haltung heraus wird also dem echten und berechtigten Anliegen, unser Volk vor einer materialistischen Verflachung des Lebens bewahrt zu sehen, nicht begegnet werden können. Die Höhe des Einkommens kann weder der Maßstab noch die Grenzscheide für eine sittliche Wertung des Verbrauchs sein. Jene Menschen, die jetzt mehr und mehr in den Genuß eines verstärkten Konsums gelangen, sind auch nicht deshalb zu tadeln, weil ihnen die erreichbaren Güter zunächst einmal Erfüllung ihrer Sehnsucht bedeuten oder weil sie in dieser Phase kaum geneigt oder auch nur fähig sein können, bei ihrer Bedarfsbefriedigung geistige, seelische, kulturelle und materielle Werte in eine gemäße Rangordnung zu bringen. Mit der Sicherung des sozialen Seins wird es indessen gewiß zu einer stärkeren Besinnung kommen, die Gut und Böse, Wert und Unwert besser zu unterscheiden vermag. Was alles auf dem Gebiete der Erziehung, Bildung und Ausbildung zur Bewußtmachung des Lebens geschehen, was im Bereich der Familie, der Schule, der Kirche und des Berufslebens zur Stärkung der Persönlichkeit und Weckung eines echten Lebensgefühls beigetragen werden kann, ist gut, ja, kann gar nicht hoch genug bewertet werden – auf keinen Fall aber ist für jene menschlichen Unzulänglichkeiten die Wirtschaftspolitik verantwortlich zu machen und am wenigsten eine solche, die mit ihrem Erfolg auf ihrem Felde die Voraussetzung zur Befreiung des Menschen aus materieller Not schuf.

Trotz der vorgebrachten Klagen glaube ich, daß die Armut das sicherste Mittel ist, um den Menschen im Materiellen verkümmern zu lassen. Vielleicht mögen Genies sich über solche Drangsale erheben können, die Menschen im allgemeinen aber werden durch materielle Kümmernisse nur immer unfreier und bleiben immer mehr dem materiellen Sinnen und Trachten verhaftet. So geht also meine Überzeugung dahin, daß wir den Prozeß der Vermehrung und Verbreitung des Wohlstandes mit Geduld und Zuversicht abrollen lassen können, denn das, was sich heute gelegentlich als ein Mißstand ausprägt, trägt zugleich den Keim der Heilung in sich.

Das macht das Gepräge unserer Zeit aus, daß die meisten Menschen das Maß für das Mögliche verloren zu haben scheinen. Wäre dem nur so, daß sie sich ob des Genusses über das Erreichte, über den Besitz dieser oder jener Güter freuen, so wäre da nichts einzuwenden. Wenn Besitz – in welchem Umfang auch immer – aber nur immer begehrlicher macht und jeder mit buchstäblich blindem Neid auf einen andern blickt, der noch mehr errungen hat, wenn gar jeder für sich oder für seine Schicht auf Kosten anderer sich bereichern möchte oder alle zusammen sich dem Wahn hingeben, mehr verbrauchen oder verdienen zu können, als die Volkswirtschaft im ganzen herzugeben vermag, wenn nicht mehr der reale Sinn für das Mögliche und Gemäße, sondern Wunschvorstellungen das Handeln und Trachten des einzelnen bestimmen – dann ist ein Element der Unordnung wirksam, und es ist vor allem andern wieder notwendig, die Geister zurechtzurücken. Auch in dieser Beziehung mag der rasche Wiederaufbau da und dort zu einer Verwirrung der Vorstellungen über die Realitäten geführt haben, und leider gehören Neidkomplexe zu dem deutschen Erbübel. Wenn aber im Jahre 1956 alle Menschen, die im Jahre 1948 das mittlerweile Erreichte für völlig unvorstellbar erachtet hätten, heute dennoch mit ihrem Schicksal unzufrieden sind und nur immer noch mehr begehren, dann handelt es sich hier um einen echten moralischen Notstand, der uns wegen der inneren Unwahrhaftigkeit der Gesinnung zur Gefahr zu werden droht.

Es sei ferne von mir, Richter spielen zu wollen, um so mehr ich sogar überzeugt bin, daß es gar nicht die Menschen als Individuen oder Einzelpersönlichkeiten sind, aus deren eigenem Wesen diese Sucht entspringt. In einer Massendemokratie aber sind diese alle zugleich auch in Organisationen eingespannt, sie treten nicht mehr mit ihrem eigenen Willen und mit eigenen Worten in Erscheinung, sondern lassen sich in Kollektivform vertreten und andere für sich sprechen. Das mag, wie gesagt, aus der gesellschaftswirtschaftlichen Entfaltung heraus notwendig geworden sein, aber damit ist gewiß nicht gesagt, daß diese Methode auch nur befriedigend funktioniert. Ich möchte sogar das Gegenteil behaupten und es aussprechen, daß das, was die Organisationen für die ihnen angehörenden Personen an Meinung oder Willen zum Ausdruck bringen, mit den individuellen Vorstellungen der »Betroffenen« nur noch in einem sehr übertragenen Sinne übereinstimmt oder ihnen manchmal sogar in der Sache oder in der Form zuwiderläuft. Der schlimmste Fall ist dann der, daß die Funktionäre jener Organisationen ihre eigene Daseinsberechtigung dadurch nachweisen zu müssen glauben, daß sie Mißgunst säen, Begehrlichkeit wecken und unrealistische Ziele als erreichbar vorgaukeln, wenn nur die Macht der Organisation gestärkt wird. Mit dieser Stimmübertragung ist also ein echter Übersetzungsfehler verbunden, der demokratischen Spielregeln zuwiderläuft. Es handelt sich sogar um ein echtes und ernstes Problem, mit dessen Lösung zugleich auch ein neuer Stil der Zusammenarbeit zwischen Regierung und Parlament einerseits und den Organisationen andererseits gefunden werden muß.

Nicht der Materialismus, sondern der Illusionismus ist die Gefahr. Da nicht angenommen werden kann, daß die nach mehr Einkommen, mehr Verbrauch, mehr Vermögen und was sonst auch immer strebenden Menschen dieses Ziel etwa nur im Wege einseitiger Bereicherung verwirklicht sehen wollen, kann solchen Wünschen und Forderungen nur eine unrealistische Vorstellung über das Wesen und die Funktion einer Volkswirtschaft und demgemäß auch über die Macht des Staates zugrunde liegen. So ist immer wieder die Feststellung zu treffen, daß z. B. der innere Zusammenhang zwischen Verbrauchen, Sparen und Investieren nur selten richtig erkannt wird, und aus diesem Grunde müssen extreme Forderungen nach dieser oder jener Richtung zugleich auch immer schwere soziale Spannungen auslösen. Die Beziehung zwischen Löhnen und Preisen kann zwar nicht ernsthaft geleugnet werden, aber das zu beobachtende Wechselspiel von Lohn- und Preiserhöhungen besagt, daß die Erkenntnisse entweder nicht sehr tief wurzeln oder aber durch politische Einflüsse überdeckt werden.

Man erkennt, um ein weiteres Beispiel anzuführen, wohl an, daß der deutsche Wiederaufbau rasch und erfolgreich vonstatten ging, aber man erachtet die Vermögensbildung dennoch als unzureichend und will das Eigenkapital der Unternehmungen verstärkt sehen. Im gleichen Augenblick aber ereifern sich andere über das Ausmaß der bereits wieder erreichten Vermögensbildung, ohne zu bedenken, daß nur über diesen Weg Arbeitsplätze geschaffen und ein steigendes Sozialprodukt erzielt werden konnte. Ich möchte Forderungen und Vorstellungen dieser Art gewiß nicht glossieren, sondern an solchen Beispielen nur deutlich machen, wie sehr aus individueller Schau und der Isoliertheit der Betrachtung Willensbildungen zustande kommen, die mit einer in sich geschlossenen volkswirtschaftlichen Ordnung nicht in Einklang zu bringen sind, ja sogar sich gegenseitig ausschließen. Ich verstehe auch sehr wohl, daß es nicht immer nur die Unzufriedenheit ist, die dieses oder jenes Verlangen laut werden läßt, aber fast immer ist es die mangelnde Nüchternheit, ist es der fehlende Realismus und oft auch die Maßlosigkeit, die sich in solchen volkswirtschaftlichen Ungereimtheiten oder Unmöglichkeiten widerspiegeln. Wenn dann noch eine Blindheit für die Wertung der eigenen Leistung im Verhältnis zu anderen hinzukommt, gehen die gesunden und gesicherten Grundlagen einer gesellschaftswirtschaftlichen Ordnung gar völlig verloren. Wenn ich in den rückliegenden acht Jahren dem deutschen Volke Optimismus und Gläubigkeit für sein Tun geben wollte, so konnte und durfte die durch den Ablauf der Ereignisse als richtig bestätigte Haltung doch nicht mit Illusionismus und Maßlosigkeit gleichgesetzt werden. Von diesen letzteren Schwächen weiß ich mich wahrlich frei, denn eine Zuversicht, die im Nebelhaften wurzelt, wäre Gaukelei, und eine Gläubigkeit zu wecken, die auf Wunder vertraut, wäre nicht nur trügerisch, sondern betrügerisch.

Was wir für die Zukunft und gerade für das Jahr 1956 brauchen, ist der gesunde Sinn unseres deutschen Volkes, indem sich jeder einzelne über sein Tun und Lassen Rechenschaft geben möchte. Es tut uns jene innere Wahrhaftigkeit not, die um die Maße und die Grenzen des eigenen Wollens und Vermögens und des für alle Erreichbaren weiß, und schließlich wollen wir Besinnung üben und erkennen, daß wir trotz aller Kräfteentfaltung unseres Volkes noch immer nicht am Ziele sind und deshalb auch nicht in sich bekämpfende Interessengruppen auseinanderfallen dürfen. Bewahren wir uns eine zuchtvolle geistige und seelische Haltung, dann sind alle wirtschaftlichen Probleme lösbar, und über diese rücken dann auch die sozialen Fragen in eine neue Beleuchtung. Verfallen wir also nicht in den Fehler, Materialismus durch Armut überwinden zu wollen; seien wir nicht so grausam, annehmen zu wollen, daß Tugend nur aus Not erwachsen kann – seien und bleiben wir vielmehr des Glückes und des Segens einer erfolgreichen, friedlichen Arbeit würdig.

Geraume Zeit, bevor ich das Wirtschaftsressort in der ersten westdeutschen Bundesregierung übernahm, legte ich auf dem CDU-Parteitag der britischen Zone Ende August 1948 in Recklinghausen dar, daß ich es für abwegig halte und mich deshalb auch *weigere, die hergebrachten Vorstellungen der früheren Einkommensgliederung neu aufleben* zu lassen. So wollte ich jeden Zweifel beseitigt wissen, daß ich die Verwirklichung einer Wirtschaftsverfassung anstrebe, die immer weitere und *breitere Schichten* unseres Volkes *zu Wohlstand zu führen vermag*. Am Ausgangspunkt stand der Wunsch, über eine breitgeschichtete Massenkaufkraft die *alte* konservative *soziale Struktur endgültig zu überwinden.*

Diese überkommene Hierarchie war auf der einen Seite durch eine dünne Oberschicht, welche sich jeden Konsum leisten konnte, wie andererseits durch eine quantitativ sehr breite Unterschicht mit unzureichender Kaufkraft gekennzeichnet. Die Neugestaltung unserer Wirtschaftsordnung mußte also die Voraussetzung dafür schaffen, daß dieser einer fortschrittlichen Entwicklung entgegenstehende Zustand und damit zugleich auch *endlich das Ressentiment zwischen »arm« und »reich« überwunden* werden konnten. Ich habe keinerlei Anlaß, weder die materielle noch die sittliche Grundlage meiner Bemühungen mittlerweile zu verleugnen. Sie *bestimmt* heute wie damals *mein Denken und Handeln.*

Das erfolgversprechendste Mittel zur Erreichung und Sicherung jeden Wohlstandes ist der Wettbewerb. Er allein führt dazu, den wirtschaftlichen Fortschritt allen Menschen, im besonderen in ihrer Funktion als Verbraucher, zugute kommen zu lassen, und alle Vorteile, die nicht unmittelbar aus höherer Leistung resultieren, zur Auflösung zu bringen.

Auf dem Wege über den Wettbewerb wird – im besten Sinne des Wortes – *eine Sozialisierung des Fortschritts und des Gewinns bewirkt* und dazu noch das persönliche Leistungsstreben wachgehalten. Immanenter Bestandteil der Überzeugung, auf solche Art den Wohlstand am besten mehren zu können, ist das Verlangen, allen arbeitenden Menschen nach Maßgabe der fortschreitenden Produktivität auch einen ständig wachsenden Lohn zukommen zu lassen. Um dieses Ziel zu erreichen, müssen wichtige Voraussetzungen erfüllt werden.

Wir dürfen über dem sich ausweitenden Konsum *die Mehrung der Produktivität der Wirtschaft nicht vergessen.* Dabei lag am Anfang dieser Wirtschaftspolitik das Schwergewicht auf der Expansion der Wirtschaft, um zunächst einmal das Güterangebot über-

Wohlstand für Alle
1. Kapitel: Der rote Faden, Februar 1957

haupt zu steigern und auch auf diesem Wege dem Wettbewerb laufend Auftrieb zu geben. Vor allem galt es, der wachsenden Zahl von Arbeitsuchenden Beschäftigungsmöglichkeiten zu eröffnen.

Konjunkturzyklus überwunden

Diese zwingenden Notwendigkeiten verlangen aber auch danach, das alte und bisher für unumstößlich gehaltene *Gesetz von dem konjunkturzyklischen Ablauf des wirtschaftlichen Geschehens zu überwinden*. Man glaubte bekanntlich, daß sich die Wirtschaft in rhythmischen Wellen fortentwickle. Sieben Jahre sollten dabei etwa den Zeitabschnitt darstellen, in dem sich Aufschwung, Hochkonjunktur, Niedergang und Krise vollenden, bis sich aus ihr wieder die heilenden Kräfte zum positiven Ansatz für den nächsten Zyklus entzünden. In den nun fast neun Jahren aber, in denen ich die Verantwortung für die deutsche Wirtschaftspolitik trage, ist es immerhin gelungen, diesen *starren Rhythmus zu sprengen* und über einen kontinuierlichen Aufstieg der Wirtschaft die Koppelung von voller Beschäftigung und Mengenkonjunktur zu erreichen.

In Anbetracht dieser Entwicklung sind wohl auch mein Streben und meine Hoffnung verständlich, daß es der Wirtschaftspolitik und der Wirtschaftstheorie gelingen möge, zur Bewältigung dieses Problems systematische Lösungen zu finden. Alle dahin zielenden Bemühungen werden allerdings nur von Erfolg gekrönt sein können, wenn und solange der Wettbewerb nicht durch künstliche oder rechtliche Manipulationen behindert oder gar ausgeschaltet wird.

Die Gefahr einer Beeinträchtigung des Wettbewerbs droht sozusagen ständig und von den verschiedensten Seiten her. Es ist darum eine der wichtigsten Aufgaben des auf einer freiheitlichen Gesellschaftsordnung beruhenden Staates, die Erhaltung des freien Wettbewerbs sicherzustellen. Es bedeutet wirklich keine Übertreibung, wenn ich behaupte, daß ein auf Verbot gegründetes Kartellgesetz als das unentbehrliche »*wirtschaftliche Grundgesetz*« zu gelten hat. Versagt der Staat auf diesem Felde, dann ist es auch bald um die »Soziale Marktwirtschaft« geschehen. Dieses hier verkündete Prinzip zwingt dazu, keinem Staatsbürger die Macht einzuräumen, die individuelle Freiheit unterdrücken oder sie namens einer falsch verstandenen Freiheit einschränken zu dürfen.

»Wohlstand für alle« und »Wohlstand durch Wettbewerb« gehören untrennbar zusammen; das erste Postulat kennzeichnet das Ziel, das zweite den Weg, der zu diesem Ziel führt.

Diese wenigen Andeutungen zeigen bereits den fundamentalen Unterschied zwischen der sozialen Marktwirtschaft und der liberalistischen Wirtschaft alter Prägung. Unternehmer, die unter Hinweis auf neuzeitliche wirtschaftliche Entwicklungstendenzen Kartelle fordern zu können glauben, stellen sich mit jenen Sozialdemokraten auf eine geistige Ebene, die aus der Automation auf die Notwendigkeit einer staatlichen Planwirtschaft schließen.

Diese Überlegung macht wohl auch deutlich, wie ungleich nützlicher es mir erscheint, die *Wohlstandsmehrung durch die Expansion zu vollziehen* als Wohlstand aus einem unfruchtbaren Streit über eine andere Verteilung des Sozialproduktes erhoffen zu wollen.

Damit soll keineswegs behauptet werden, daß die jetzige Verteilung des Sozialprodukts etwa die einzig richtige und auf ewig gültige sei. Ein Zahlenbeispiel mag jedoch kurz erläutern, was hier gemeint ist: Zwischen 1950 und 1962 gelang es, das Bruttosozialprodukt (zur Ausklammerung aller Preisveränderungen in Preisen von 1954 ausgedrückt) um über 167 Mrd. DM auf 280,3 Mrd. DM zu erhöhen.

Bruttosozialprodukt
(in Preisen von 1954 ausgedrückt)
in Mrd. DM

1950	1952	1954	1956	1958	1960*	1962
112,9	136,5	157,9	189,3	206,8	254,9	280,3

* ab 1960 einschl. Saarland u. Berlin (West)
Quelle: Statistisches Bundesamt

Dieser Hinweis auf den unbestreitbaren Erfolg dieser Politik lehrt, wie ungleich sinnvoller es ist, alle einer Volkswirtschaft zur Verfügung stehenden *Energien auf die Mehrung des Ertrages der Volkswirtschaft* zu richten als sich *in Kämpfen um die Distribution des Ertrages zu zermürben* und sich dadurch von dem allein fruchtbaren Weg der Steigerung des Sozialproduktes abdrängen zu lassen. Es ist sehr viel leichter, jedem einzelnen aus einem immer größer werdenden Kuchen ein größeres Stück zu gewähren als einen Gewinn aus einer Auseinandersetzung um die Verteilung eines kleinen Kuchens ziehen zu wollen, weil auf solche Weise jeder Vorteil mit einem Nachteil bezahlt werden muß.

Wettbewerb contra Egoismus

Man mag mich manches Mal gescholten haben, weil mir für diese sterile Denkweise jedes Verständnis fehlte. Der Erfolg hat mir recht gegeben. Die deutsche Wirtschaftspolitik hat dahin geführt, daß der Ertrag, den alle aus der Wirtschaft ziehen, ohne jede Unterbrechung von Jahr zu Jahr angestiegen ist. Der private Verbrauch z.B. erhöhte sich von 1950 bis 1962 – wohlgemerkt wieder in Preisen von 1954 ausgedrückt – von 69 auf 172 Mrd. DM. Diese beachtliche Steigerung steht im internationalen Vergleich mit an erster Stelle. Nach Ermittlungen des Statistischen Bundesamtes stieg der Index des privaten Verbrauchs – preisbereinigt – (1950 = 100) in Westdeutschland im Jahre 1961 auf 236; in diesem Zeitraum erhöhte sich die Indexzahl in Großbritannien auf 127, in Schweden auf 137, in Frankreich auf 162 und in den USA auf 139. Auch wenn man die Vorkriegszeit als Basis wählt, übersteigt die westdeutsche Entwicklung diejenige des Durchschnitts aller OEEC-Länder bei weitem. *Selbst die revolutionärste Umgestaltung* unserer Gesellschaftsordnung hätte es *niemals vermocht, den privaten Verbrauch* dieser oder jener Gruppe *auch nur um Bruchteile der tatsächlich erreichten Steigerung zu erhöhen*; denn gerade ein solcher Versuch hätte zu einer Lähmung und Stagnation der Volkswirtschaft geführt.

Diese Skepsis gegenüber allen Streitigkeiten über die »gerechte« Verteilung des Sozialprodukts erwächst auch aus der Überzeugung, daß so begründete Lohnkämpfe in enger geistiger Nachbarschaft zu vielfältigen Bemühungen auch anderer Interessenten, ja ganzer Volksteile stehen, sich *auf Kosten anderer Vorteile verschaffen zu wollen*. Dabei wird in leichtfertiger Weise verkannt, daß jedes geforderte Mehr immer eine größere Leistung voraussetzt. Ein derartiges geradezu kindisch zu nennendes Verhalten *gefährdet* in illusionistischer Verblendung zuletzt sogar *die Grundlagen unseres Fortschritts*. Auch hier ist vor allem die Bejahung des Wettbewerbs geeignet, dem Egoismus einen Riegel vorzuschieben. So wie es in einer gesunden Wettbewerbswirtschaft dem einzelnen nicht erlaubt ist, Sondervorteile für sich zu beanspruchen, so ist diese Art der Bereicherung auch ganzen Gruppen zu versagen.

Mein ständiges Drängen, alle Anstrengungen auf eine Expansion ohne Gefährdung der gesunden Grundlage unserer Wirtschaft und Währung zu richten, gründet sich gerade auf die Überzeugung, daß es mir auf solche Weise möglich sein kann, all denen, die ohne eigenes Verschulden wegen Alter, Krankheit oder als Opfer zweier Weltkriege nicht mehr unmittelbar am Produktionsprozeß teilhaben können, *einen angemessenen, würdigen Lebensstandard* zu garantieren.

Das Anwachsen der Sozialleistungen in den letzten Jahren erweist die Richtigkeit dieser These. Die Steigerung der öffentlichen Sozialleistungen in der Bundesrepublik von 9,8 Mrd. DM im Jahre 1949 auf über 47 Mrd. DM im Jahre 1962 war, wie auch die Rentenreform, *nur über den wirtschaftlichen Fortschritt zu bewerkstelligen*. Nur die Expansion hat es ermöglicht, auch die Armen mehr und mehr an der Wohlstandssteigerung teilhaben zu lassen. Wenn, wie gesagt, die Bundesregierung jetzt sogar eine weitere und wesentliche Erhöhung der Sozialleistungen gewähren kann, dann ist sie dazu nur deshalb in der Lage, weil die Wirtschaftspolitik auch für die Zukunft eine Steigerung unseres Sozialproduktes erwarten läßt.

Der Schlüssel zur Steuersenkung

Diese Bejahung einer Expansionspolitik wird auch noch unter anderen Gesichtspunkten zu einem zwingenden Gebot. Der realpolitische Betrachter wird akzeptieren müssen, daß der moderne Staat heute Riesenaufgaben zu bewältigen hat. Wenn sicher auch alles getan werden sollte, um *eine Einschränkung artfremder Staatsfunktionen zu erreichen* – mit dem konsequenten Abbau von Bewirtschaftungs- und Preisvorschriften habe ich meinen Beitrag hierzu geleistet –, so wird man sich doch damit abfinden müssen, daß in der Mitte des 20. Jahrhunderts eine wesentliche Entlastung des Staates nicht sehr wahrscheinlich ist. Andererseits aber wird man das sehr berechtigte Anliegen aller Staatsbürger wie auch der Wirtschaft anerkennen wollen, dennoch *zu einer Senkung der steuerlichen Belastung zu gelangen*.

Dieses Ziel kann aber auch nur erreicht werden, wenn wir die Staatsausgaben wenigstens auf der gegenwärtigen, ja keineswegs unbeträchtlichen Höhe zu halten vermögen. Wenn nur dieses gelingt, dann wird in Zukunft die steuerliche Entlastung des Staatsbürgers und der Wirtschaft bei einer weiteren Steigerung des Sozialproduktes gleichwohl als Befreiung spürbar werden. Es eröffnen sich hoffnungsvolle Aspekte! Man bedenke doch nur, wie wesentlich geringer die steuerliche Belastung in zehn Jahren sein kann, wenn wir dann ein ganz wesentlich größeres Sozialprodukt gegenüber 87 Mrd. DM im Jahre 1950 und 224 Mrd. DM im Jahre 1959 erreicht haben werden (Nettosozialprodukt).

Wohlstand für Alle

Dieser Ausblick mag durch nüchterne Tatsachen der jüngsten Vergangenheit belegt werden. Niemand wird behaupten mögen, daß die steuerliche Individualbelastung seit 1949 relativ gestiegen ist. Trotzdem erhöhten sich die Einnahmen der öffentlichen Hand (Bund, Länder und Gemeinden) von 23,7 Mrd. DM im Jahre 1949 auf 69,6 Mrd. DM im Rechnungsjahr 1958/59. Diese Steigerung beruht ausschließlich auf der rasanten Erhöhung unseres Sozialproduktes.

Wenn der *von mir geforderte Ausgabenstopp durchgesetzt* und die Entwicklung des Sozialproduktes in ähnlicher Weise fortschreiten würde, dann ist leicht einzusehen und auszurechnen, *welche Senkung der steuerlichen Belastung vorgenommen werden könnte*. Nur auf diese Weise auch ist eine echte und wirklichkeitsnahe Lösung des uns alle bedrückenden Steuerproblems denkbar.

Mit dieser allgemeinen Wohlstandssteigerung leistet die Wirtschaftspolitik einen gewiß wertvollen *Beitrag zu der Demokratisierung Westdeutschlands*. Der deutsche Wähler hat anläßlich der Bundestagswahlen diese sehr betonte Absage an den Klassenkampf in überzeugender Weise honoriert.

Wenn sich somit als *roter* Faden durch jahrelange Bemühungen *der Wunsch nach einer Steigerung des allgemeinen Wohlstands* und als einzig möglicher Weg zu diesem Ziel der konsequente Ausbau der Wettbewerbswirtschaft zieht, dann schließt diese Wirtschaftspolitik auch *eine Erweiterung des Katalogs der traditionellen menschlichen Grundfreiheiten* ein.

Die wirtschaftlichen Grundrechte

Hierbei ist zuvorderst an die Freiheit jedes Staatsbürgers gedacht, das zu konsumieren, sein Leben so zu gestalten, wie dies im Rahmen der finanziellen Verfügbarkeiten den persönlichen Wünschen und Vorstellungen des einzelnen entspricht. Dieses demokratische Grundrecht der Konsumfreiheit muß seine logische Ergänzung *in der Freiheit des Unternehmers finden*, das zu produzieren oder zu vertreiben, was er aus den Gegebenheiten des Marktes, d.h. aus den Äußerungen der Bedürfnisse aller Individuen als notwendig und erfolgversprechend erachtet. Konsumfreiheit und die Freiheit der wirtschaftlichen Betätigung müssen in dem Bewußtsein jedes Staatsbürgers als *unantastbare Grundrechte* empfunden werden. Gegen sie zu verstoßen, sollte als ein Attentat auf unsere Gesellschaftsordnung geahndet werden. Demokratie und freie Wirtschaft gehören logisch ebenso zusammen, wie Diktatur und Staatswirtschaft.

Die Verwirklichung des Gedankens der Wohlstandsmehrung zwingt zum Verzicht auf jede unredliche Politik, die dem nur optischen Scheinerfolg den Vorzug vor dem echten Fortschritt gibt. Wem dieses Anliegen ernst ist, muß bereit sein, sich jedweden Angriffen auf die Stabilität unserer Währung energisch zu widersetzen. Die *soziale Marktwirtschaft ist ohne eine konsequente Politik der Preisstabilität nicht denkbar*. Nur diese Politik gewährleistet auch, daß sich nicht einzelne Bevölkerungskreise zu Lasten anderer bereichern.

Solche Versuche haben gerade in jüngster Vergangenheit vielfache Ausprägungen erfahren. Hier seien z.B. die Vereinbarungen der Sozialpartner erwähnt, deren Effekt bereits dahin geführt hat, daß Lohnerhöhungen den Produktivitätsfortschritt übersprungen haben und damit gegen den Grundsatz der Preisstabilität verstoßen. Der gleiche Vorwurf trifft die Unternehmer, wenn sie aus solchem Anlaß oder aus Eigennutz in höhere Preise glauben ausweichen zu können. Die Schuld würde sogar zum Fluch werden, wenn da jemand eine bewußt inflationäre Entwicklung fördern wollte, um auf solche Weise zu leichterer Rückzahlung aufgenommener Kredite befähigt zu werden. Es liegt mir fern, einen solchen Verdacht zu äußern, um so mehr als wohl niemand daran zweifeln kann, daß bereits ein solcher Versuch zur politischen Katastrophe führen müßte.

Die Gewerkschaften sollten sich deshalb auch fragen, ob sie mit ihrer aktiven Lohnpolitik nicht die Geschäfte verantwortungsloser Spekulanten besorgen, wenn diese zu Preissteigerungen führen muß. Die *Reaktion des deutschen Volkes* selbst auf die geringen Preiserhöhungen zeigt sich in einem deutlichen Rückgang der Sparrate von beispielsweise einem Einzahlungsüberschuß von 188 Mill. DM im Juli 1955 zu einem Auszahlungsüberschuß von 109 Mill. DM im Juli 1956. Diese bedenkliche Entwicklung konnte erst durch energische Maßnahmen der Bundesregierung gewendet werden.

Es sind aber nicht nur ökonomische, sondern auch soziologische und politische Gefahren, die uns von einer solchen Fehlentwicklung her bedrohen müßten. Solche Gedanken konsequent zu Ende gedacht, sollten uns veranlassen, *die Währungsstabilität in die Reihe der menschlichen Grundrechte* aufzunehmen, auf deren Wahrung durch den Staat jeder Staatsbürger Anspruch hat.

Kostspielige Pyrrhussiege

Diese Prinzipien sind indessen nur dann zu verwirklichen, wenn die öffentliche Meinung entschlossen ist, ihnen den Vorrang vor allen egoistischen Sonderinteressen einzuräumen. Es bedarf keiner weiteren Beweise, um zu erkennen, wie sehr *die Demokratie durch das Ausspielen und Durchsetzen von Machtpositionen gefährdet ist*. Man braucht noch nicht einmal Pessimist zu sein, um zu der Feststellung gelangen zu müssen, daß viele Demokratien sich insoweit *in einer ernsten Krise* befinden. Das Problem der Einordnung der organisierten Gruppeninteressen in das Gesamtgefüge von Volk und Staat ist jedenfalls noch lange nicht befriedigend gelöst. Diese also noch nicht bewältigte Aufgabe verleitete in jüngster Zeit in wachsender Zahl immer mehr Gruppen dazu, der Volkswirtschaft im ganzen mehr abzuverlangen, als diese zu leisten und zu geben vermag. Alle so erzielten Erfolge erweisen sich schon heute *dem Wissenden als Pyrrhussiege*. Jeder einzelne Staatsbürger bezahlt sie in Form leicht ansteigender Preise täglich und stündlich buchstäblich in Mark und Pfennig.

Es ist kein Trost, sondern mehr eine Schande, daß diese fragwürdigen Erfolge zum größten Teil auf Kosten jener Bevölkerungsschichten erzielt werden, die aus soziologischen Gründen nicht in der Lage sind, ihren Standpunkt in ähnlich massiver Weise durchzusetzen. Die jüngsten Preissteigerungen sind nahezu ausschließlich darauf zurückzuführen, daß man allenthalben wider besseres Wissen handelte und alle Mahnungen und Beschwörungen, Maß zu halten, mißachtet wurden.

Es ist hohe Zeit, sich im Hinblick auf eine gesicherte Zukunft unseres jungen demokratischen Staates wieder *auf den Pfad der Tugend zurückzubegeben*. In dieser Forderung verschmelzen Wirtschafts- und Gesellschaftspolitik zu einer Einheit. In der Mitte des 20. Jahrhunderts ist *das Gedeihen der Wirtschaft auf das engste mit dem Schicksal des Staates verwoben*, wie umgekehrt die Anerkennung jeder Regierung und des Staates von dem Erfolg oder Mißerfolg der Wirtschaftspolitik unmittelbar berührt wird. Diese Interdependenz von Politik und Wirtschaft verbietet es, in »Kästchen« zu denken. So wie sich der Wirtschaftspolitiker dem Leben des demokratischen Staates verpflichtet fühlen muß, hat umgekehrt auch der Politiker die überragende Bedeutung des wirtschaftlichen Seins der Völker anzuerkennen und dementsprechend zu handeln.

Die in der Bundesrepublik praktizierte Marktwirtschaft hat Anspruch darauf, von den Politikern als mitbestimmender und mitgestaltender Faktor bei dem Aufbau unseres demokratischen Staates anerkannt zu werden; diese Wirtschaftspolitik hat in kürzester Frist eine geschichtlich einmalige Wiederaufbauarbeit zu vollbringen vermocht. Es ist ihr nicht nur gelungen, einer um ein Viertel vermehrten Bevölkerung *Arbeit und Brot zu geben*, sondern diese Menschen auch *über das Wohlstandsniveau der besten Vorkriegsjahre hinauszuführen*. Die soziale Marktwirtschaft ist den harten, aber redlichen Weg des Wiederaufbaues gegangen – aber gerade damit hat sie *das Vertrauen der Welt zurückgewonnen*.

Über den »Lebensstandard«
Die Zeit, 15. August 1958

Ich weiß nicht, wer den Begriff vom »Götzen Lebensstandard« geprägt hat. Hatte er die Absicht, einer Überbewertung der materiellen Seite unseres Lebens Schranken zu setzen, so war dies löblich und gut. Hoffentlich sah er ein, daß eine Synthese gefunden werden müsse. Denn im Rahmen einer freiheitlichen Lebensordnung bleibt es dabei, daß der Zweck alles Wirtschaftens nur der Verbrauch sein kann.

Kein Einsichtiger bestreitet ernsthaft, daß jedes Volk, das seine Zukunft nicht verspielen will, gehalten ist, das rechte Verständnis zu finden zwischen dem, was der Vorsorge und zugleich dem Wohl der lebenden Generation dient. Freilich ist damit die Problematik nicht erschöpft. Es bleibt das Verlangen, daß die Mühe der Lebenden sich nicht in der Vermögensanreicherung bestimmter Schichten niederschlagen möge.

Allerdings wird dies Dilemma nicht dadurch beseitigt, daß an die Stelle privater Eigentumsmehrung ein »öffentliches« oder ein »Gemeineigentum« tritt. Es kommt vielmehr darauf an, individuelles Eigentum immer breiter zu streuen. Aber das ist ein Unternehmen, bei dem die Früchte nicht von einem Tage zum andern reifen können. Und doch wird niemand leugnen wollen, daß sich mit steigender Produktivität und wachsendem Volkseinkommen die Grundlagen der privaten Vermögensbildung wandeln und weiten. Wir sparen immer mehr, und das ist ein hoffnungsvolles Zeichen dafür, daß sich das Gefühl für den materiellen und sittlichen Wert des privaten Kapitals verstärkt. Und so ist die Hoffnung berechtigt, daß es gelingen wird, der weitaus technisch bedingten Konzentration von Produktivkapital eine Dekonzentration des Eigentums an diesen Produktionsmitteln entgegenzusetzen.

Dazu paßt es allerdings sehr schlecht, daß immer wieder versucht wird, eine angeblich zu hohe Investitionsrate zu verunglimpfen. Denn so soll dem Volke glaubhaft gemacht werden, daß der breit geschichtete Konsum durch allzu hohe Investitionen gedrosselt werde. Ginge es einzig und allein um die Frage, ob die Beteiligung der einzelnen Schichten an einer wachsenden Vermögensbildung gerecht und sinnvoll geordnet sei, dann wäre unter Wohlmeinenden immer noch eine brauchbare Antwort zu finden, obwohl es kein Einkommen gibt, bei dem sich nicht die Überlegung stellen würde, wieviel davon verbraucht oder gespart werden soll. Aber es gibt nun einmal kein absolutes Maß und mithin auch keine allgemein gültige Entscheidung. Jeder ist seines Glückes Schmied. Es herrscht die individuelle Freiheit, und dies um so mehr, je weniger sich der Staat anmaßt, den einzelnen Staatsbürger gängeln oder sich gar zu seinem Schutzherrn aufspielen zu wollen. Solche »Wohltat« muß das Volk immer teuer bezahlen, weil kein Staat seinen Bürgern mehr geben kann, als er ihnen vorher abgenommen hat – und das noch abzüglich der Kosten einer zwangsläufig immer mehr zum Selbstzweck ausartenden Sozialbürokratie.

Nichts ist darum in der Regel unsozialer als der sogenannte »Wohlfahrtsstaat«, der die menschliche Verantwortung erschlaffen und die individuelle Leistung absinken läßt. Es ist ein Betrug, der am Ende immer – wie viele geschichtliche Beispiele erweisen – mit dem Fluch der Inflation bezahlt werden muß, es sei denn, daß eine Politik der Gleichmacherei die Volkswirtschaften an der Ausnutzung des technischen Fortschrittes verhindert und damit ihre Wettbewerbskraft zerstört. Dann aber ist das Übel womöglich noch größer.

Ein Volk, das seiner Gegenwart und Zukunft gewiß sein will, hat deshalb keine andere Wahl, als seine Leistungskraft zu steigern und sich dessen bewußt zu sein, daß es die richtige Entsprechung zwischen Verbrauchen und Sparen, aber auch zwischen Arbeitszeit und Freizeit zu finden und zu wahren hat. Andere Verlockungen sind billig und leichtfertig: sie kommen der Neigung zur Bequemlichkeit entgegen und wirken sich um so fluchwürdiger aus.

Dies eben ist ein Teil jenes Unterschieds zwischen totalitären und demokratischen Systemen, daß in jeder freiheitlichen Ordnung den Staatsbürgern – im Guten und im Bösen – die volle Verantwortung über ihr Sein und Werden obliegt, während der Kollektivismus die Freiheit der Entscheidung durch Befehl und Zwang ersetzt. Unter Diktaturen sind die Lebensmöglichkeiten eines Volkes weder durch seinen Fleiß noch durch seine Sparbereitschaft vorgegeben, sondern durch das einseitige Gebot der Gewalthaber bestimmt, deren oberstes Prinzip immer nur die Festigung und Mehrung ihrer Macht – ihrer Allmacht – sein wird: Diese Macht wächst in dem gleichen Maße, als sie jede freiheitliche Regung unterbindet und eine sklavische Abhängigkeit schafft. Weil sich aber totalitäre Systeme auf die Dauer im eigenen Raum verschleißen und erschöpfen, kommt aus solchem Antrieb noch hinzu, daß jene Mächte eine weltweite Revolution und Expansion anstreben und zu diesem Behuf noch einmal ihren Machtapparat zu verstärken trachten. Bei alledem ist leicht einzusehen, daß die Vertröstung der in Armut und Not lebenden Völker auf das »Paradies von morgen« immer mehr der inneren Wahrhaftigkeit entbehrt und wohl auch immer weniger geglaubt wird.

Dies also ist das Dilemma der totalitären Staaten, daß, so wenig sie Dogmen und revolutionäre Ziele preisgeben können, sie doch auch den Bogen nicht überspannen dürfen. Eine Problematik, die besonders dann zutage tritt, wenn eine zentrale totalitäre Macht, wie Sowjetrußland, obendrein noch zusätzlichen Anforderungen der Satellitenstaaten genügen muß. Dies kennzeichnet denn auch das wechselnde Bild der inneren Politik seit Stalin bis zur Gegenwart, daß eine endgültige und absolute Entscheidung zwischen der Alternative »mehr (staatliche) Macht« oder »mehr (menschliche) Freiheit« offenbar noch nicht getroffen werden konnte und wahrscheinlich gar nicht getroffen werden kann.

Die Antithese aber spiegelt in anderer Sicht auch das Unbehagen der freien Welt wider, insofern sie gehalten ist, im Falle einer Auseinandersetzung mit den totalitären Mächten oder schon zur Verhinderung eines solchen Aufeinanderpralls, über eine ebenbürtige Verteidigungsmacht und ein dementsprechendes Rüstungspotential zu verfügen.

Und hier nun stellt sich die soziologische Problematik umgekehrt dar: Die Fragestellung lautet primär nicht mehr dahin, wieviel der Staat dem Volke an Lebensmöglichkeiten belassen darf, sondern wieviel das Volk dem Staat für obige Zwecke an Einkommen oder Sozialprodukt zu übertragen gewillt ist.

Die Rechnung muß immer aufgehen. Womit gesagt sein soll, daß auch in den westlichen Demokratien eine Wechselwirkung zwischen staatlicher und privater Einkommensverfügung besteht – in der Abwandlung allerdings, daß die Alternative nicht mehr »Staatsgewalt« oder »menschliche Freiheit« lautet, sondern jeweils ein Ausgleich zwischen der über den Selbstzweck erhobenen Macht des Staates und den privaten Lebensinteressen – dem »Lebensstandard« – des Volkes gefunden werden muß.

Rein rechnerisch betrachtet, müßte im Hinblick auf machtpolitische Ziele ein totalitäres System, das das materielle Opfer des Volkes erzwingt, jeder freiheitlichen Ordnung überlegen sein. Aber wer dies glaubt, denkt allzu materialistisch.

Wir glauben, daß wir auf die Überlegenheit der freiheitlichen Ordnung vertrauen sollten. Jene andere nur auf Teilbereiche beschränkte Leistung mag uns erschrecken, weil sie uns die Frage aufzwingt, wie es wohl um unsere westliche Welt bestellt sein mag, wenn die aus der Primitivität zur Anwendung moderner Technik hinstrebenden Hundert-Millionen-Völker diese Kraft und Macht einmal zu nutzen wissen. Auch ist die Frage bedrückend, ob Völker in der Lage sind, weite Zwischenphasen des technischen Fortschritts, der Forschung und der wissenschaftlichen Erkenntnis einfach zu überspringen. Auch die Frage, ob solche Dynamik zuletzt nicht doch eines natürlichen Wachstums und einer organischen Entfaltung bedarf, kann hier nur gestellt werden. Sicherlich aber ist der Wunsch der westlichen Völker, mit immer geringerem Aufwand immer besser leben zu wollen, eine unbrauchbare Antwort auf die weltweiten Fragen – jedenfalls so lange, als nicht durch eine weltweite Abrüstung und Entspannung Frieden und Freiheit gesichert sind.

In der Struktur einer Volkswirtschaft spiegelt sich ja nicht zuletzt auch die geistige und moralische Haltung der Völker und ihrer Regierungen wider. Wir mögen uns zwar als die Getriebenen vorkommen; aber ebensosehr ist es richtig, daß aus unserer Lebensart und unserem Lebensgefühl heraus ein immer stärker werdender Druck auf die innere Politik der totalitären Staaten ausgeübt wird. Die Möglichkeit, durch Gewalt Opfer zu erzwingen, findet schließlich doch an einer kritischen Schwelle ihre Grenze. Und davon bin ich überzeugt: daß eine auf neue und gerechtere gesellschaftliche Ordnung ausgerichtete Geisteshaltung die Geister mehr zu bannen vermag als die seelenlose Ideologie der bloßen Macht, die die Völker mit Brosamen abspeist, den Staat aber zum Götzen erhebt.

Die Statistiken der sowjetrussischen Wirtschaft weisen imposante Zahlen über Produktionssteigerungen in den Grundstoffindustrien und auch in einigen Zweigen der Investitionsgüterindustrie auf. Die Zuwachsraten des Sozialprodukts bewegen sich auf der Höhe der größten Erfolge westlicher Volkswirtschaften, und die Erzeugungskapazitäten sind allenthalben in starker Ausweitung begriffen. Auch wenn eine Kontrolle nicht möglich ist, sei der Erfolg nicht geleugnet. Aber was besagt das alles für das menschliche, das individuelle Sein?

Die Höhe des Sozialprodukts ist in totalitären Staaten kein Maßstab für die materielle Lebensführung eines Volkes; ja diese volkswirtschaftliche Größe gibt nicht einmal einen Anhaltspunkt über das Maß der erzielten oder erzielbaren Produktivitätssteigerung. Es ist nicht nur wahrscheinlich, daß in diesem System ein wachsendes Sozialprodukt von einem Absinken des Lebensstandards begleitet ist, sondern daß die Höhe des Sozialprodukts keinerlei Aussage über die gegenwärtige oder zukünftige private Lebenshaltung zuläßt. Wo aber Sinn und Zweck des

Wirtschaftens durch die Machthaber fortdauernd und willkürlich verändert und verfälscht werden können, steht der Begriff »Sozialprodukt« beziehungslos in Zeit und Raum.

Neben diesem grundsätzlichen Einwand gibt es noch einen anderen, vielleicht noch schwerer wiegenden Einwand: In einer Marktwirtschaft mit freier Preisbildung und freier Konsumwahl gestattet der Wert des Sozialprodukts unter Berücksichtigung der volkswirtschaftlichen Verbrauchsquote immerhin bedeutsame Schlußfolgerungen. Das Wesentliche aber – eben das, was unser individuelles freies Lebensgefühl ausmacht und das Bild einer Gesellschaft freier Menschen prägt – ist die Buntheit, die Mannigfaltigkeit und Differenziertheit unseres Verbrauches. Und auf diesem Feld hat sich zwischen Ost und West das Gefälle der Wirkung und Leistung ins Groteske gesteigert.

Ich spreche nicht von der praktischen Erfahrung beim Abschluß eines Handelsvertrages, daß Sowjetrußland – außer einigen Roh- und Grundstoffen, die es in der ganzen Welt in Fülle gibt – der Deckung des westlichen Bedarfs nur wenig darzubieten hat. Ich spreche auch nicht von unseren Erfahrungen im Interzonenverkehr, aber es sei auf die Beobachtung jener Besucher Sowjetrußlands verwiesen, die sich nicht durch Potemkinsche Dörfer blenden ließen und übereinstimmend zum Ausdruck brachten, daß es die kleinen Dinge des Alltags sind, die dort entbehrt werden und deren Fehlen das Leben freudlos macht. Die Puderdose, das Feuerzeug, der Zierat im Haushalt, das kleine modische Attribut ... der Verzicht auf all das macht das Mißvergnügen der russischen Bevölkerung aus.

Um so interessanter ist deshalb die Ankündigung des Herrn Ulbricht, daß die sogenannte DDR es sich zum Ziele gesetzt habe, in wenigen Jahren den Lebensstandard in der Bundesrepublik einzuholen und gar zu übertreffen. Es ist dabei nicht anzunehmen, daß der »DDR« im Rahmen des sowjetischen Machtblocks ein soziales Sonderdasein paradiesischer Art gewährt wird (die Ausnahmen gelten bestenfalls für Funktionäre, gleich welcher östlichen Nationalität). Und daher bedeutet diese Proklamierung eine absolute Aussage für die unter sowjetischer Herrschaft stehenden Satellitenstaaten.

So stehen denn also die beiden Systeme – die der freiheitlichen und die der kollektivistischen Gesellschaftsordnung – gegeneinander. Die Welt ist getrennt und dies so sehr, daß die östlichen Machthaber das innere Wesen einer Gesellschaft freier Menschen und das, was ihren »Lebensstandard« (als Lebensart und Lebensgefühl verstanden) ausmacht, gar nicht zu erfassen vermögen. In dieser Lage sollten wir im Westen freilich nicht darauf vertrauen, daß das »Wohlleben« allein schon einen Wert in sich ausmacht

Der »Wert« der beiden Systeme ist weder materiell noch quantitativ meßbar. Denn es herrscht kein Zweifel, daß der Lebensstandard eines Volkes, ausgedrückt im Verbrauch von Gewichtseinheiten der Rohstoffe, in Mengen von Eisen und Stahl, von Leder, Chemikalien oder Kohle, nichts besagt im Hinblick auf die Bereicherung des menschlichen Seins.

Die westliche Welt und insbesondere die Bundesrepublik nehmen die Herausforderung des Herrn Ulbricht mit Gleichmut an. Ulbricht versprach, den Lebensstandard der Sowjetzonenbevölkerung über die materiellen Existenzgrundlagen der in Freiheit lebenden deutschen Menschen hinaus erhöhen zu wollen. Das soll gelten! Es würde nämlich bedeuten, daß sich die sowjetisch beherrschte Welt zu entmachten bereit wäre; es würde bedeuten, daß auch dort die wirtschaftliche und gesellschaftliche Ordnung freiheitlichen Prinzipien unterworfen würden. Es würde die Preisgabe eines bisher absoluten Herrschaftsanspruches des Staates bedeuten.

Herr Ulbricht belügt sich selbst und die Welt, wenn er glauben und glauben machen wollte, daß es allein auf die mengenmäßige Produktion von Gütern ankäme. Eine solche Mehrproduktion mag technisch gesehen vielleicht sogar zu bewerkstelligen sein – aber wie soll es gelingen, die richtigen, das heißt die gefragten und begehrten Güter an den Mann zu bringen? Eben das ist eine Aufgabe, an der noch jedes kollektivistische System gescheitert ist.

Wir erleben es ja selbst, daß die differenzierteste Versorgung von 50 Millionen deutscher Menschen im Zeichen der Marktwirtschaft und freier Konsumwahl kein Problem bedeutet, während die Ausstattung von einigen hunderttausend Soldaten eine erhebliche Organisation erfordert, obwohl ihr Verbrauch »uniformiert« ist ...

Noch einmal: Wir nehmen die Herausforderung des Herrn Ulbricht an. Wir begrüßen diese Art des Wettbewerbs auf friedlichem Felde, weil er die Kräfte der Nationen zur Vermehrung der Wohlfahrt der Völker bindet. Ja, wir sind sogar zu unterliegen bereit. Würde doch dieses Ergebnis nur der Ausfluß eines gemeinsamen Wollens sein, in einer gleichen Ausrichtung der menschlichen Arbeit über Trennendes hinweg zur Erfüllung der Sehnsucht all jener Menschen zu gelangen, die sich in einer befriedeten Welt ihrer Freiheit erfreuen wollen!

Maßhalten!
Rundfunkansprache,
21. März 1962

Ich wende mich an das deutsche Volk in einer ernsten Stunde, in der es gilt, durch ein verantwortungsbewußtes Verhalten sich schon abzeichnende gefährliche Entwicklungen rechtzeitig zu unterbinden, um Unheil von unserem Lande abzuwehren. Zwar bin ich mir dessen bewußt, daß solche Mahnungen gerade von denen, die sie am meisten beherzigen sollten, nicht gerne gehört werden, und ich bin darum auch darauf gefaßt, wieder einmal einer arbeitnehmerfeindlichen oder unternehmerfreundlichen Gesinnung verdächtigt zu werden. Jedermann kennt diese verlogene Platte. Wer die Wahrheit nicht hören will oder nicht vertragen kann, versucht sie umzufälschen oder besser noch totzuschreien. Seit der Begründung der Bundesrepublik hat sich die weltpolitische Lage grundsätzlich gewandelt. Über die EWG hinaus rückt die Welt in offenen freien Märkten mit allen sich daraus ergebenden politischen und wirtschaftlichen Konsequenzen immer enger zusammen. Die ständige Bedrohung Berlins läßt uns die Fragen unserer Freiheit und Sicherheit in einem neuen Lichte erscheinen. Dazu gehört auch die Fortentwicklung einer freiheitlichen und sozialen Gesellschaftsordnung, die mehr Gemeinsinn für Gemeinschaftsaufgaben erfordert.

Auch aus diesem Grunde muß das deutsche Volk – und ich meine da buchstäblich jeden einzelnen – wissen, wo wir stehen, ja, richtiger wäre es noch zu sagen, wohin wir taumeln und welche Gefahren uns bedrohen. Noch ist es Zeit, aber es ist auch höchste Zeit, Besinnung zu üben und dem Irrwahn zu entfliehen, als ob es einem Volke möglich sein könnte, für alle öffentlichen und privaten Zwecke in allen Lebensbereichen des einzelnen und der Nation mehr verbrauchen zu wollen, als das gleiche Volk an realen Werten erzeugen kann oder zu erzeugen gewillt ist, und daß es im Zweifelsfall nur der Androhung oder auch Anwendung von Macht und Gewalt bedürfe, diese Grenzen zu sprengen.

Solch törichtes Beginnen kann – von wem auch immer geübt – sehr wohl zu einem Mißbrauch wirtschaftlicher Macht ausarten, aber in jedem Falle bedeutet es einen Mißbrauch des gesunden Menschenverstandes.

An dieser Stelle kommt mit Sicherheit der Einwand, daß es ja gar nicht darum ginge, sondern nur um die »Gerechtigkeit«, sei es hinsichtlich der Verteilung des Vermögens oder des Volkseinkommens. Bleiben wir also dabei – aber eine Vorbemerkung hierzu kann ich doch nicht unterdrücken. Ich habe mich während meiner vierzehnjährigen Amtszeit wahrhaftig redlich genug bemüht, so gerecht zu sein, wie es ein Mensch nur immer vermag, und habe dem unbilligen Druck aller Gruppen gleichermaßen Widerstand geleistet. Gleichwohl bin ich nicht so vermessen, wissen zu wollen, was in dem vielschichtig verwobenen Leben eines Volkes die absolute Gerechtigkeit nach göttlichen Maßen wäre. Um so bemerkenswerter ist es, daß ausgerechnet die Verfechter der Gruppeninteressen es jeweils ganz genau wissen, was Gerechtigkeit ist.

Zugegeben, daß sich seit der Währungsreform in privater Hand – unterschiedlich zwar, aber doch in beträchtlichem Umfange – neues Vermögen in Gestalt volkswirtschaftlichen Produktivkapitals gebildet hat. Aber wie anders hätte das auch sein können, wie sonst hätte es nach der Vernichtung allen Geldvermögens und angesichts des Verschleißes unserer Produktionsanlagen nach diesem unseligsten aller Kriege jemals gelingen können, den deutschen Menschen wieder Arbeit und Einkommen zu vermitteln, für 12 Millionen Flüchtlinge und Vertriebene Beschäftigung und Wohnraum zu schaffen, die deutschen Städte, das öffentliche Leben in allen Bereichen wieder aufzubauen, den sozialen Anforderungen der modernen Zeit wie auch den Ansprüchen aus den Kriegsfolgen nach innen und außen gerecht zu werden. Aus all diesen Gründen konnte weder auf ein hohes Maß an Selbstfinanzierung noch auf eine übermäßig hohe progressive Belastung höherer Einkommen verzichtet werden. Der äußere Schein der Ungerechtigkeit wird jedenfalls dadurch weitgehend verwischt. Jedermann mit nur einigermaßen gutem Willen müßte erkennen, wie entscheidend diese so oft kritisierte Vermögensbildung der ganzen Volkswirtschaft, der Erhöhung des Lebensstandards, dem Wohle und der sozialen Sicherheit jedes einzelnen zugute gekommen ist. Nur auf diese Weise ist es uns gelungen, die Bundesrepublik wieder in eine freie Weltwirtschaft einzugliedern, in der sich unser Land zu unser aller Nutzen bis heute dank großer Leistungs- und Wettbewerbskraft Rang und Geltung verschaffen konnte. Das alles soll heute vergessen, ja falsch gewesen sein?

Es gibt nicht wenige, die heute nur mehr die Schatten des großen Werkes des deutschen Wiederaufbaus sehen wollen. Dabei gehörte ich selbst zu den ersten, die darauf hingewiesen haben, daß die Gesellschaftsstruktur von gestern nicht ungeändert das Modell von morgen bleiben könnte. Vielmehr ist auf diesem Felde bereits ein Prozeß angestoßen, der in der weiteren Entfaltung das gesellschaftliche und soziale Bild wandeln und mit neuem Inhalt erfüllen wird. Entgegen der gesellschaftspolitischen Sterilität der maßgeblich auch von sozialistischen Regierungen bestimmten Weimarer Zeit waren es nach dem Zusammenbruch doch sogenannte bürgerliche Regierungen, die das Lebensbild und das Lebensgefühl gerade der Arbeitnehmer wesentlich umprägten. Daraus zeichnen sich wieder völlig neue hoffnungsvolle Perspektiven ab, die unser politisches und gesellschaftliches Sein von morgen bestimmen werden. Aber selbst wenn ich vom Augenblick her gesehen Mängel in der Vermögensschichtung zuzugeben bereit wäre, muß ich erst recht gegen die Torheit jener ankämpfen, die in der gewaltsamen Übersteigerung ihrer Ansprüche an das Sozialprodukt eine Kosteninflation auslösen, die unsere deutsche Wettbewerbsfähigkeit fortdauernd schmälern und am Ende vernichten müßte. Das eben macht den Ernst der Stunde aus, von dem ich eingangs sprach. Leider sind das auch nicht mehr mögliche Sorgen von morgen, sondern es sind die bereits beweisbaren Befürchtungen von heute. Man kann es nur als einen Wahnwitz bezeichnen, die vermeintliche Ungerechtigkeit der Vermögensverteilung durch eine Politik der Überforderung der Volkswirtschaft heilen zu wollen. Dieses Verhalten führt vielmehr unausweichlich zu einer fortdauernden Schwächung unserer Leistungs- und Wettbewerbskraft, zu einer Minderung der volkswirtschaftlichen Aktivität, zu einer anhaltenden Schmälerung der Erträge, zu einer rückläufigen Investitionsneigung und -fähigkeit, zur Gefährdung eines ausreichenden Steueraufkommens und am Ende zur Zerstörung der Vollbeschäftigung und zur Gefährdung der Arbeitsplätze. Auf solche Weise kann man den arbeitenden Menschen nicht nutzen. So wenig ich die Erscheinungen und bedenklichen Entwicklungen über Gebühr dramatisieren möchte, so pflichtvergessen würde mein Schweigen sein.

Mit einer aggressiven Politik ist also niemandem genützt. Arbeitnehmer und Arbeitgeber ziehen schon seit Jahren aus dem Ertrag der Volkswirtschaft relativ höheren Nutzen als alle anderen Bevölkerungsschichten. So ist z. B. das Einkommen aus Lohn und Gehalt je Beschäftigten trotz gleichzeitiger Verkürzung der Arbeitszeit von 1960 auf 1961 um 10,1 % gestiegen, während sich die Produktionsleistung pro Erwerbstätigen nur um knapp 4 % erhöhte. Wenn dieser letzterwähnte Maßstab auch nicht die absolute und gewiß nicht die einzige Bestimmungsgröße der Lohnfindung sein soll, so führt dieses starke Auseinanderklaffen doch zwangsläufig zu Preissteigerungen, die im gleichen Zeitraum nach den Grundlagen der Bemessung zwischen 2½ und 3½ %

ausmachen. Der Hexensabbat dauert fort, wenn überhöhte Löhne die Preise und steigende Preise dann wieder die Löhne treiben. Das politische Argument lautet dann dahin, daß die soziale Verbesserung der Arbeitnehmer endlich durch einen geringeren Anspruch der Arbeitgeber bzw. der Selbständigen überhaupt ausgeglichen werden müßte. Tendenziell ist das auch tatsächlich der Fall. Denn während der Anteil der Unselbständigen am gesamten Volkseinkommen ansteigend ist und im Jahre 1961 den hohen Stand von 62,3 % erreichte, ist der Anteil des Einkommens aus Unternehmertätigkeit und Vermögen rückläufig. Das gleiche gilt für den Anteil der Selbstfinanzierung an dem Gesamtaufwand für Investitionen; aber das zeitigt bei sich abschwächender Konjunktur auch wieder Rückwirkungen auf die Investitionsbereitschaft, und daraus wieder erwächst dann die Gefahr eines im Vergleich zu anderen Industrieländern relativ nachlassenden Produktivitätsfortschritts. Schließlich verdient es vermerkt zu werden, daß die nicht entnommenen Gewinne von 1960 auf 1961 um rund 18 % zurückgegangen sind.

Die hier verwandten Zahlen aus der öffentlichen Statistik werden von niemandem bestritten. So mancher meiner Hörer wird jetzt sagen wollen, daß das doch alles gut und schön sei und meine Bedenken nur meine sozial-reaktionäre Gesinnung kennzeichnen würden. Dafür fehlen mir aber alle materiellen wie auch die geistig-sittlichen Voraussetzungen. Mein Blick richtet sich nach vorne, und meine Sorge gilt der Zukunft des deutschen Volkes. In ruhigem Gleichmaß und in Anlehnung an die Leistungs- und Wettbewerbsbedingungen der freien Welt sollten wir nach meiner Vorstellung das Beste tun, um dem sozialen Anliegen unserer Zeit gerecht zu werden. Aber wir sollten nicht wieder einmal – wie Kinder im Spiel – die politischen, gesellschaftlichen, wirtschaftlichen und sozialen Grundlagen unseres Seins zerschlagen, um, wenn sich unsere selbstzerstörerische Wut ausgetobt hat, wieder von vorne anfangen zu müssen. Ich wiederhole: Noch ist es Zeit, Schaden von uns abzuwenden.

Lassen Sie mich einmal so zu Ihnen sprechen, wie es jedermann verstehen und auch nachprüfen kann. Wir sind z. B. in bezug auf die Lohnhöhe innerhalb des Gemeinsamen Marktes im Jahre 1959 an die Spitze gerückt. Gleichwohl haben sich in den Jahren 1960 und 1961 die Lohnkosten bei uns, ohne Berücksichtigung der Arbeitszeitverkürzung, um 21 % erhöht, während sich unsere übrigen Partner in dieser Zeitspanne mit Erhöhungen von 6 bis 13 % begnügten. Die mächtigsten Industrieländer wie Großbritannien und die Vereinigten Staaten liegen – letztere mit nur 3% – noch darunter.

Wir haben offenkundig das Gefühl für das Mögliche verloren und schicken uns an, eine Sozialpolitik zu betreiben, die vielleicht das Gute will, aber mit Gewißheit das Böse – nämlich die Zerstörung einer guten Ordnung – schafft. So manches Mal frage ich mich wirklich, ob denn dieses deutsche Volk mit wachsendem Wohlstand immer weniger ansprechbar, immer weniger bereit ist, die Wahrheit zu hören. Wie sehr habe ich mich z.B. darum bemüht, mit der Währungsaufwertung des vergangenen Jahres deutlich zu machen, daß mit dieser Maßnahme – fernab der Bezeugung internationaler Solidarität – außenhandelspolitisch neue Daten gesetzt sind, die von der Kostenseite her einer Lohn- und Preissteigerung engere Grenzen setzen werden. Was aber geschah? Die Gewerkschaften erklärten – ich kann zu ihren Gunsten nur sagen, wider besseres Wissen –, daß sie das alles gar nichts anginge und es sie darum auch nicht hindern würde, ihre aktive Lohnpolitik unverändert fortzusetzen.

Und auf der anderen Seite handelten die Unternehmer nicht minder widerspruchsvoll, wenn sie als Folgewirkung zwar exportpolitische Schäden voraussagten, aber dennoch bereit waren, auch wider bessere Einsicht der Verteuerung der Produktion und der daraus resultierenden Preiserhöhung Raum zu geben. Tatsächlich hat die Aufwertung der DM im Jahre 1961 durch eine um genau 4,8prozentige Verbilligung der Einfuhr den Preisauftrieb auf dem Binnenmarkt zurückgedämmt, denn im anderen Falle hätte die mangelnde Disziplin der Sozialpartner sich noch viel nachteiliger für den Verbraucher auswirken müssen.

Zudem muß die Illusion so mancher Industrie- und Wirtschaftszweige, daß man steigende Kosten auf die Preise abwälzen könne, unter dem Druck ausländischen Wettbewerbs auf die Dauer dahinschwinden. Die Realitäten des wirtschaftlichen Lebens beherrschen immer zwingender den Alltag. In rückläufigen Unternehmergewinnen mag manche Verteuerung aufgefangen werden können, aber die Bereitschaft zu solchem Verzicht hat nicht nur privatwirtschaftliche, sondern auch volkswirtschaftliche Grenzen. Dies wirkt sich, wie schon erwähnt, dann nicht nur in rückläufigen Investitionen mit allen daraus erwachsenden Gefahren aus, aber eine solche Entwicklung schlägt sich unmittelbar auch in geringeren Steueraufkommen nieder. Bekanntlich aber sind unsere Sozialleistungen auf der Voraussetzung einer absoluten Vollbeschäftigung begründet; so als ob ein anderer Zustand wider alle Erfahrung überhaupt nicht denkbar wäre. Ich wage darum kaum die Frage zu stellen, wie es um die soziale Sicherheit bestellt sein wird, wenn wir nicht endlich wieder Vernunft und Verantwortung obwalten lassen.

Und ein Weiteres darf in diesem Zusammenhang nicht unerwähnt bleiben. Dank unserer wirtschaftlichen Leistungskraft erzielten wir bisher erhebliche Handelsbilanzüberschüsse, die es uns auf dem Felde der Verteidigung erlaubten, auf die eigene Produktion sogenannten schweren Geräts in der Bundesrepublik zu verzichten, weil wir bisher in der Lage waren, solche Käufe im Ausland zu tätigen. Würde diese Chance dahinschwinden, dann könnte und dürfte das gewiß nicht einen Verzicht auf unsere Sicherheit zur Folge haben. Vielmehr wären wir gehalten, bei stagnierendem oder gar sinkendem Steueraufkommen noch viele Milliarden für Rüstungsinvestitionen aufzubringen. Welch großer auch sozialer Schaden daraus erwachsen würde, übersteigt alle Phantasie.

Unsere Lage wäre angesichts so mancher Entartungserscheinungen schier trostlos zu nennen, wenn wir nicht alle wüßten, daß das, was in der Summation der Gruppeninteressen angeblich der Forderung des deutschen Volkes entspricht, im Grunde genommen mit dem Fühlen und Wollen, den Wünschen und Hoffnungen, den Sorgen und Befürchtungen der Menschen kaum mehr etwas gemein hat. Die effektive Aussage der Gruppen deckt sich in keiner Weise mit der Vorstellung derjenigen, in deren Namen gesprochen und gehandelt wird. An diesem soziologischen Phänomen ändern Urabstimmungen so wenig, wie ich glaube, daß im unternehmerischen Lager die Verhältnisse anders geartet wären. Es liegt mir damit jede moralische Wertung fern. Es ist auch nicht wahr, wie es wahrscheinlich behauptet werden wird, daß ich gewerkschaftsfeindlich eingestellt sei. Gerade umgekehrt habe ich die Funktion der Gewerkschaften immer anerkannt und mich stets um ein laufendes Gespräch mit dieser Institution bemüht – wohl wissend, daß eine fruchtbare sachliche Zusammenarbeit zwischen den Sozialpartnern und eine positive Haltung der Gewerkschaften zu den Organen eines demokratischen Staatswesens nicht nur nützlich, sondern sogar unverzichtbar ist.

Was will ich denn? Ich möchte sichergestellt wissen, daß sich das alte Sprichwort »Wer nicht hören will, muß fühlen« am deutschen Volk nicht noch einmal tragisch erfüllt. Das deutsche Volk besteht eben einmal nicht nur aus Tarifpartnern. Und es widerspricht dem innersten Wesen einer demokratischparlamentarischen Ordnung dazu, die Stabilität der Währung, d.h. die Erhaltung des Geldwertes, und das wieder bedeutet in letzter Konsequenz die gesellschaftliche und soziale Ordnung wie auch das wirtschaftliche Schicksal eines Volkes, dem Ermessensspielraum von Tarifpartnern zu überantworten, die dann nur allzu leicht bereit sind, die Auswirkungen ihres Verhaltens der Regierung als Versagen und Schuld anzulasten. Man kann es dieser darum nicht zum Vorwurf machen, wenn sie die ungezügelte Freiheit – so wie es in allen anderen europäischen Ländern auch der Fall ist – durch eine Versachlichung der Verhandlungen und durch öffentliche Aufklärung zu bändigen bestrebt sein wird. Arbeitgeber und Arbeitnehmer vergessen nur allzu leicht, daß wir die fluchwürdige Zeit der Devisenzwangswirtschaft hinter uns haben, mit der man hinter abgeriegelten Märkten jedweden wirtschaftlichen Unfug treiben konnte. Die nationalen Volkswirtschaften rücken nicht nur innerhalb der EWG zu einem gemeinsamen Markt zusammen, sondern alle Märkte der freien Welt werden freier und offener. Durch Gesetz und internationale Verträge ist es uns – glücklicherweise möchte ich sagen – versagt, durch mengenmäßige Beschränkungen, Zollmanipulationen oder andere diskriminierende Praktiken die Freizügigkeit einzudämmen. Ja, vom Standpunkt der Güterversorgung gibt es letzten Endes gar keinen nationalen Markt mehr, denn alle Volkswirtschaften müssen sich auf allen Märkten in freiem Wettbewerb bewähren. Den Arbeitnehmern möchte ich darum sagen, daß jede aus Kostenerhöhungen resultierende Minderung der deutschen Leistungskraft durch keine Maßnahme nationalstaatlicher Politik abgefangen bzw. aufgewogen werden kann, sondern daß jedes für uns negative Leistungsgefälle auf die Konjunktur und Beschäftigung niederschlagen muß. In der weltpolitischen Ordnung, in der wir leben, gibt es keine Vollbeschäftigung ohne Leistungsbewährung; ein Volk, das diesem Gesetz entfliehen möchte, fällt in die Primitivität zurück und kann nicht länger am Fortschritt teilhaben. Den Unternehmern aber muß ich mit gleicher Deutlichkeit bewußt werden lassen, daß, wenn sie nicht alles tun, um die Produktivität zu steigern und einer Kosteninflation vorzubeugen, sie unter keinen Umständen darauf vertrauen dürfen, von Staats wegen etwa Hilfe in Form steuerlicher Entlastung oder gar Subventionen zu erhalten.

Unter vernünftigen Menschen müßte das eigentlich dazu führen, aus einer gleichen Interessenlage heraus zusammenzustehen, um gemeinsam die Zukunft zu gewinnen. – Wie die Dinge tatsächlich liegen, können sich die Sozialpartner gegenseitig gar nichts mehr abjagen; sie können nur beide gedeihen oder beide verlieren. Mögen Sie es, meine verehrten Hörerinnen und Hörer, zu würden wissen, daß ich aus echter, ehrlicher Sorge für unser deutsches Schicksal zu Ihnen spreche – was anderes auch könnte mich dazu bestimmen. Ich bin deshalb weder pessimistisch oder gar verzweifelt, denn noch halten wir die glückliche Gestaltung unserer Zukunft in der Hand. Konjunkturen kommen nicht als Fluch oder Segen über uns, sondern sind immer Ausfluß unseres eigenen richtigen oder falschen Verhaltens. Aber das eben ist es – wir haben vielleicht schon einige Schritte auf jenem Wege zuviel getan, der uns am Ende zum Verhängnis werden müßte. Haben Sie Verständnis dafür – denn es geht um Ihrer aller Sein –, daß ich erschrecke, wenn mir von Ausländern immer häufiger gesagt wird, daß man gegenüber der deutschen Konkurrenz das Fürchten verloren habe, weil wir alles tun, um uns im Wettbewerb zurückfallen zu lassen.

Andere Länder, die im Laufe der letzten zehn Jahre durch Fehler, wie wir sie heute zu begehen uns anschicken, in höchste Bedrängnis geraten sind, haben aus dem zuchtvollen Verhalten der Bundesrepublik in den entscheidenden Jahren des Wiederaufbaus die Nutzanwendung gezogen und sind nach bitterer Lehre weise Bescheidung zu üben bereit. Demgegenüber muß es fast ein Treppenwitz der Weltgeschichte genannt werden, daß wir Deutsche, die wir einmal Beispiel gaben – offenbar von Blindheit geschlagen –, all das nachholen möchten, was so manchen Völkern zum Verhängnis geworden ist. Während diese sich kraftvoll anschicken, durch zuchtvolle Ordnung über die Sünden ihrer Vergangenheit hinwegzufinden, wissen wir nichts Besseres, als in der so oft angesprochenen Maßlosigkeit unseres nationalen Charakters das selbstverdiente Glück wieder zu zerstören.

Die politische Wirkung dieses scheinbar nur wirtschaftlich rechenhaften Geschehens reicht nach meiner Überzeugung aber noch sehr viel weiter. Wir alle wissen, daß angefangen von dem Schicksal Berlins über die Frage der Wiedervereinigung bis zum Schutz unserer Freiheit und der Gewährleistung des Friedens wir des uneingeschränkten und unwandelbaren Vertrauens der ganzen westlichen Welt bedürfen. Dieses beruht immer auf der Überzeugung, daß ein Volk in Selbstdisziplin um die Maße, die Grenzen und die Gesetze weiß, die seine politische und wirtschaftliche Ordnung ausmachen. Der Konkurrent draußen mag sich vielleicht freuen, wenn der deutsche Mitanbieter sich aus eigener Schuld selbst ausschaltet, aber das ist nur die primitive Seite dieser Reflektion. Ich hege nicht ohne Grund die tiefe Besorgnis, daß man in der freien Welt am Ende gar befürchten könnte, ein Volk, das aus tiefer Tragik heraus so Großes vollbracht hat, könnte in erneuter Maßlosigkeit seiner Wünsche und Vorstellungen noch einmal zum Störenfried werden. Welchen Schutz, so fragt man im Ausland, haben wir gegenüber gefährlichen Reaktionen des deutschen Volkes nach außen, wenn dieses selbst, die eigene innere Leistung mißachtend, sich auf den Weg des wirtschaftlichen und sozialen Abenteuers zu begeben bereit ist.

Lassen Sie mich, meine verehrten Hörerinnen und Hörer, zum Schluß ein gutes und versöhnendes Wort sagen: Nichts lag mir mit dieser Rede ferner, als Gegensätze aufzureißen oder eine gesellschaftspolitische Anklage gegen wen auch immer zu erheben. Gerade aber weil ich für das deutsche Volk aus innerster Überzeugung Verpflichtung und Mitverantwortung fühle, mögen Sie auch über Gruppen, Schichten und Stände hinweg erkennen, wie ernst es mir in einer, wie ich glaube, entscheidenden Stunde ist, jeden einzelnen meiner Mitbürger unmittelbar anzusprechen, ja, wachzurütteln, um ihm deutlich zu machen, daß ihn keine Mitgliedschaft weder zu einer Partei noch zu einer Organisation oder was auch immer von seiner persönlichen Verantwortung und vor seinem Gewissen freisprechen kann.

Die deutsche Gesellschaft hat indessen in den letzten Jahren tiefgreifende Veränderungen und Wandlungen erfahren, die keineswegs selbstverständlich bzw. einfach hinzunehmen waren. Diese Neuorientierung unserer Gesellschaft wurde vielmehr ganz bewußt vollzogen. Ihr lagen Ideen zugrunde! Die *Soziale Marktwirtschaft* brachte die Befreiung unseres Volkes von wirtschaftlicher Not und sozialem Zwang. Das Programm *Wohlstand für alle* wurde Realität. Auch für die Zukunft kann kein dürftiger Pragmatismus eine gewollte Ordnung ersetzen.

Die moderne Demokratie ist auf die Mitarbeit aller ihrer Gruppen angewiesen; sie kennt deren Macht, aber sie weiß auch um ihre Grenzen. Alle diese Gruppen fügen sich heute der Demokratie ein; keine steht mehr im Gegensatz zum Rechtsstaat und zur Verfassung.

Diese Gesellschaft von heute ist keine Gesellschaft von kämpfenden Gruppen mehr. Sie ist immer mehr im Begriff, Form zu gewinnen, das heißt, sich zu formieren. Aber auch in dieser *Formierten Gesellschaft* – ich präge diesen Begriff sehr bewußt – werden die Gruppen die Parteien nicht ersetzen können.

Mehr denn je bedarf unsere Gesellschaft übergreifender politischer Willensträger und Willensentscheidungen. Insofern hat sich in diesem Wandlungsprozeß nicht der Charakter, wohl aber die Aufgabe der Union verändert. Die Union, meine Freunde, ist heute als der ständige Appell an unser Volk zu begreifen, sich zu einer großen Willenseinheit zusammenzuschließen. Zwar ist die politische Strategie der Union eine Strategie des Ausgleichs, aber darüber hinaus stellt sich ihr auch immer die Aufgabe, Entscheidungseinheit zu sein.

Die großen Fragen, die wir im Inneren und nach außen zu lösen haben, können nicht nach den Sonderinteressen der einzelnen Gruppen beantwortet werden. Es sind Fragen, die die ganze Nation angehen.

Nation verstehen wir in diesem Bezuge nicht mehr im Sinne eines überholten Nationalismus; wir verstehen die Nation in der Perspektive der sozialen, wirtschaftlichen und geistigen Entwicklung als eine *Formierte Gesellschaft*.

Nur diese *Formierte Gesellschaft*, die nicht mehr von sozialen Kämpfen geschüttelt und von kulturellen Konflikten zerrissen ist, deren Leistungsfähigkeit aber auch nicht mehr wie im Zeitalter des Imperialismus von der Beherrschung kolonialer Rohstoffquellen und Absatzmärkte abhängig ist – nur eine solche in den Funktionen gebundene, aber keineswegs in der Form erstarrte

Formierte Gesellschaft
Rede vor dem 13. Bundesparteitag der CDU, Düsseldorf, 31. März 1965

Gesellschaft ist in der Lage, dem modernen Staat in seiner wirtschaftlichen, technischen und wissenschaftlichen Entwicklung ein festes Fundament zu geben, das zugleich das Fundament des Friedens unter den Völkern ist. Die *Formierte Gesellschaft* – das ist das Gegenteil einer uniformierten Gesellschaft sozialistischer Prägung oder kollektivistischen Geistes – bedarf zu ihrem Funktionieren nicht der imperialistischen Ausbeutung fremder Völker, und noch entschiedener lehnt sie das kommunistische System der Ausbeutung des eigenen Volkes ab. Was also heißt dann: *Formierte Gesellschaft?*

Es heißt, daß diese Gesellschaft nicht mehr aus Klassen und Gruppen besteht, die einander ausschließende Ziele durchsetzen wollen, sondern daß sie, fernab aller ständestaatlichen Vorstellungen, ihrem Wesen nach kooperativ ist, das heißt, daß sie auf dem Zusammenwirken aller Gruppen und Interessen beruht. Diese Gesellschaft, deren Ansätze im System der Sozialen Marktwirtschaft bereits erkennbar sind, formiert sich nicht durch autoritären Zwang, sondern aus eigener Kraft, aus eigenem Willen, aus der Erkenntnis und dem wachsenden Bewußtsein der gegenseitigen Abhängigkeit.

Ergebnis dieser Formierung muß sein ein vitales Verhältnis zwischen sozialer Stabilität und wirtschaftlicher Dynamik, die Konzentration auf eine fortdauernde Erhöhung der Leistung, die Sicherheit einer expansiven Weiterentwicklung der Wirtschaft sowie auf die Förderung und Nutzbarmachung des technischen und wissenschaftlichen Fortschritts. Es ist eine Gesellschaft des dynamischen Gleichgewichts, nicht erstarrtem Eis, sondern bewegter See vergleichbar. Eine solche Gesellschaft ist nicht autoritär zu regieren; sie kann ihrem inneren Wesen nach nur demokratisch sein. Aber sie braucht dazu andere, modernere Techniken des Regierens und der politischen Willensbildung.

Wir sollten uns klar darüber sein, daß auch unsere politische Ordnung einem natürlichen Entwicklungsprozeß unterworfen ist. Die *Formierte Gesellschaft* verlangt also neue Impulse aus unseren politischen Parteien und dem Parlamentarismus selbst.

Die parlamentarische Demokratie darf nicht länger den organisierten Interessen unterworfen sein; im Gegenteil verlangt gerade der bewußte Schritt in eine *Formierte Gesellschaft* die größere Autonomie unseres Parlamentarismus.

Ich nenne als Beispiel die Ausschußarbeiten des Bundestages. Auf ihnen beruht ein wesentlicher Teil der Wirksamkeit des Parlaments überhaupt. Zweifellos ist die Tatsache, daß in diesen Ausschüssen vor allem Fachleute sitzen, hoch einzuschätzen. Aber damit ist offensichtlich auch die Gefahr verbunden, daß sich in diesen Ausschüssen Gruppeninteressen bedenklich verdichten, weil man dort eben allzu sehr »unter sich« bleibt. Darunter leiden dann allzu leicht die gesamtpolitischen Aspekte, denen das Parlament als Ganzes verpflichtet sein muß. Vielleicht brauchen wir ein neues Spezialistentum, nämlich Spezialisten für allgemeine Interessen.

Um so mehr ist unsere ganze Aufmerksamkeit darauf zu richten, die materielle Leistungsfähigkeit unserer Gesellschaft im umfassendsten Sinne zu mehren und zu sichern. Soziale Politik in einer *Formierten Gesellschaft* ist deshalb integrierender Bestandteil einer großangelegten Infrastrukturpolitik.

Bereits in meiner Regierungserklärung und zuletzt in meiner Haushaltsrede im Bundestag habe ich mit Nachdruck betont, daß die Bewältigung der Gemeinschaftsaufgaben für uns eine nationale Lebensfrage ist. Wir müssen erkennen, daß Sozialinvestitionen die Voraussetzung für eine bessere Lebensordnung überhaupt schaffen. Ja, nur durch deren wesentliche Erhöhung ist auf die Dauer die Schaffung und Erhaltung gesunder Lebensgrundlagen gewährleistet. Das bedeutet aber unverrückbar, daß der Erhöhung rein konsumtiver Sozialleistungen Grenzen gesetzt sind. Das ebenso fade wie dumme Spiel, alle tatsächlichen und vermeintlichen Versäumnisse hinsichtlich der Erfüllung von Gemeinschaftsaufgaben der öffentlichen Hand, ja, am liebsten dem Bund allein anzulasten, in der Vertretung egoistischer Gruppeninteressen aber das Sozialprodukt möglichst vollständig aufzuteilen und aufzuzehren, grenzt nachgerade an intellektuellen Betrug. Regierung und Parlament, Bund, Länder und Gemeinden müssen enger zusammenstehen und gemeinsam den Mut aufbringen, überwuchernden partiellen Wünschen die Zustimmung zu versagen, wenn es um das Gemeinwohl geht. Hier handelt es sich im wahrsten Sinne um eine Aktion des politischen und ökonomischen Gemeinsinns.

Wir haben dabei in längeren Zeiträumen zu denken und mehr öffentliche Vorsorge in all jenen Bereichen zu treffen, die die gesellschaftspolitischen Rahmenbedingungen unseres Lebens setzen.

Wir wollen uns jedoch nicht darauf beschränken – wie das die SPD nun schon seit Jahren tut –, großartige Forderungen zu erheben und diese in den luftleeren Raum zu stellen. Wir wollen vielmehr konkret aufzeigen, wie wir die von uns als richtig erkannten Forderungen verwirklichen werden. Das Problem der Gemeinschaftsaufgaben ist vor allem die Frage ihrer Finanzierung, denn es bleibt oberstes Gebot, für die Bewältigung solcher Anliegen, so dringlich sie auch sein mögen, niemals den Preis einer Inflation zu bezahlen. Das Wachstum der öffentlichen Haushalte ist darum grundsätzlich nach Maßgabe der realen Zuwachsrate des Bruttosozialproduktes zu begrenzen.

Angesichts der durch die Steuerprogression relativ stärker ansteigenden Einnahmen der öffentlichen Haushalte halte ich es für vertretbar, daß Bund und Länder einen Teil ihrer Steuermehreinnahmen bis zu einer Größenordnung von rund 1% des Bruttosozialproduktes oder auch darüber für die Verwirklichung vordringlicher Gemeinschaftsaufgaben zur Verfügung stellen. Das bedeutet, daß je nach der wirtschaftlichen Entwicklung für solche Zwecke jährlich Beträge zwischen 4 und 6 Mrd. DM aufgebracht werden können. Aus diesen Mitteln soll ein Sondervermögen – ich schlage vor, es *Deutsches Gemeinschaftswerk* zu nennen – mit eigener Wirtschafts- und Rechnungsführung gebildet und fortlaufend gespeist werden.

Als Finanzierungsquellen kommen zusätzlich die Erlöse der konsequent weiterzuführenden Privatisierung von öffentlichen Wirtschaftsvermögen und vom Gemeinschaftswerk aufzunehmenden Kapitalmarktmittel in Betracht.

Dieser Fonds soll vornehmlich solche öffentliche Aufgaben finanzieren, die für die Gesamtheit des Volkes bedeutsam sind und angesichts der Notwendigkeit mittelfristiger Planung innerhalb der jeweils auf ein Jahr begrenzten Haushalte in diesen keinen Ansatz finden bzw. für die Folgezeit nicht garantiert werden können.

Unstreitig stellen die Ausgaben dieses Fonds öffentliche Ausgaben dar. So betrachtet, ersetzen bzw. ergänzen sie zumindest teilweise die bisher geleisteten Aufwendungen von Bund und Ländern. Ich bin nicht nur überzeugt, sondern erachte es als einen wesentlichen Gewinn, daß die Einnahmen und Ausgaben dieses Fonds sich konjunkturpolitisch sinnvoller steuern lassen als das institutionell vielgestaltige öffentliche Finanzvolumen – und vor allem ist es dem mißbräuchlichen Zugriff für rein konsumtive Zwecke entzogen.

Als parafiskalisches Gebilde wird der Fonds anhand einer mittelfristigen Vorausschau und einer sachlichen und zeitlichen Dringlichkeitsordnung zu einem geeigneten Instrument, eine Steuerung des Grenzvolumens zu versuchen und einer schädlichen, die Stabilität der Währung gefährdenden Ausgabenpolitik entgegenzuwirken. So gesehen, ist dieses *Deutsche Gemeinschaftswerk* neben seinem gesellschaftspolitischen Zweck im besonderen Maße geeignet, die institutionelle Verwirklichung der Forderung sicherzustellen, die Wachstumsraten der Haushalte von Bund und Ländern, wie immer wieder verlangt, der realen Zuwachsrate des Bruttosozialproduktes anzupassen. Je deutlicher seitens der öffentlichen Hand der Wille Ausdruck findet, sich dieser ehernen Notwendigkeit zu beugen, desto stärker wird auch der Zwang sein, daß sich die Interessengruppen dieser Ordnung einfügen. Dieses Verfahren würde zu einem Kernstück der Finanzreform werden, die die gemeinsame Finanzierung der Gemeinschaftsgaben durch Bund und Länder im Grundgesetz verankern soll.

Der im Herbst zu wählende Bundestag kann die notwendigen Maßnahmen sofort in Angriff nehmen. Die praktischen Aktionen müssen sobald wie möglich beginnen und sollen zunächst auf eine Zeitdauer von 30 bis 35 Jahren bemessen werden. Mit dem Tage der deutschen Wiedervereinigung werden die Mittel und Möglichkeiten des Fonds ausschließlich zur Herstellung der deutschen Einheit in allen Lebensbereichen eingesetzt. Mit dem geschlossenen Einsatz großer Mittel zur Teil- und Vollfinanzierung von Gemeinschaftsaufgaben würden wir einen überragenden Beitrag leisten, um alle Gebiete unserer Gesellschaft gleichgewichtig zu entfalten und durchgreifend zu modernisieren. [...]

Die Formierte Gesellschaft ist auch kein Modell, das etwa nur im Gehäuse des Nationalstaates funktioniert. In ihr kann sich vielmehr das Bild eines geeinigten Europas prägen. Sie ist darüber hinaus geeignet, eine Leitidee für die Neugestaltung unseres Erdteils wie auch für die wirtschaftliche und soziale Entwicklung anderer Völker zu sein. Wenn uns dieser Schritt gelingt, dann wird sich die Anziehungskraft einer so gegliederten Gesellschaft anderen Formen gegenüber als weit überlegen erweisen. Zugleich wird sie den Sozialismus – auch dieser Prozeß ist bereits im Gange – ideologisch und politisch aufzehren ...

Gerade wir Deutschen, deren außenpolitische Lage seit der Gründung des Reiches immer problematisch und im ganzen wenig stabil ist, müssen uns der Wechselwirkung von innerer Verfassung und auswärtiger Politik bewußt sein. Der Imperialismus am Ende des 19. Jahrhunderts entsprach der wirtschaftlichen, sozialen und geistigen Situation der großen Industrienationen, die von der Vorstellung erfüllt waren, daß ihnen allein eine Machtpolitik Geltung und Reichtum sichern könne. In der Außenpolitik der Weimarer Republik spiegelte sich die innere Schwäche und Zerrissenheit der Demokratie.

Die brutale Aggressivität der Hitlerschen Außenpolitik ergab sich zwangsläufig aus dem System der inneren Gewaltherrschaft.

Welche Außenpolitik aber – so ist zu fragen – entspricht einer *Formierten Gesellschaft*, wie wir sie sehen? Unsere Außenpolitik ist und kann nur eine Politik des Friedens sein, weil unsere Innenpolitik eine Strategie des Ausgleichs ist. Für eine solche Gesellschaft ist kein Anlaß mehr gegeben, zur Deckung oder Überdeckung innerer Schwierigkeiten das Ventil außenpolitischer Aggressivität zu öffnen. Eine wirksame deutsche Außenpolitik bedarf deshalb heute mehr denn je der inneren Geschlossenheit des Staatswesens und einer hohen wirtschaftlichen Leistungsfähigkeit. Je deutlicher sich die Bindung des deutschen Volkes an seinen Staat, an sein Vaterland ausprägt, je gesammelter und geschlossener sich Deutschland der Welt präsentiert, um so mehr wird diese bereit sein, uns zu verstehen.

Die Bundesrepublik ist, was auch immer dazu gesagt werden mag, außenpolitisch stärker geworden. Das ist nicht schlechthin identisch mit nationaler, europäischer oder auch weltweiter Sicherheit. Die Ursachen unserer Erstarkung liegen – ich wiederhole es – in der gesunden, festgefügten Ordnung unseres Staates und in der voll entfalteten Wirtschaftskraft unseres Landes.

Die Bundesrepublik ist nun einmal eine der bedeutendsten und leistungsfähigsten Wirtschafts- und Handelsmächte der Welt. Ihr militärisches Potential hat sich im Rahmen der NATO erheblich verstärkt.

In bezug auf ihre innere Stabilität kann sie sich mit allen Nationen der freien Welt messen. Die deutsche Beteiligung an der Aufbauförderung in Entwicklungsländern ist bedeutend.

Die außenpolitische Erstarkung der Bundesrepublik ist also eine Folge unserer inneren Lage; sie unterstreicht zugleich die Bedeutung, die wir der inneren Ordnung und Entwicklung beizumessen haben.

Aufruf in zahlreichen deutschen Zeitungen, September 1965

Die soziale Marktwirtschaft kennzeichnet nicht nur ein wirtschaftliches System, sondern sie weiß auch um die sittlichen Werte des Lebens. Wir alle, die wir an dem wirtschaftlichen Aufschwung teilhaben durften, sollten es einfach nicht ertragen können, daß noch Menschen ohne eigene Schuld im Schatten leben, daß einzelne Schichten unseres Volkes von dem wachsenden Wohlstand wenig oder nichts verspürt haben. Ihnen – statt immer nur sich selbst oder der eigenen Gruppe – helfen zu wollen, müßte in uns allen zu einer bewegenden Kraft werden.

Mit einem Appell an die Regierung ist es nicht getan, wenn jeder nur an sich denkt und zu wenige das Ganze zu sehen bereit sind. So billig können wir unser Gewissen nicht freikaufen!

Solange nämlich die verschiedenen Gruppen in unserer Wirtschaft allein von massivem Zweckdenken beherrscht werden, solange sie nur die anderen überzeugen wollen, daß die Verdienste gerade ihrer Gruppe zu wenig beachtet, gerade ihre Leistungen zu gering entlohnt seien, solange drehen wir uns immer im Kreise – und zur Erfüllung gemeinsamer Anliegen bleiben wir untauglich. Das alles soll gewiß nicht besagen, daß wir aufhören sollten, im wirtschaftlichen Fortschritt zu bleiben. Nein, Deutschland hat überhaupt nur eine Zukunft, wenn es mit den großen Industrieländern der Welt leistungsfähig Schritt zu halten vermag.

Was wir aber außerdem brauchen, ist ein neuer Stil unseres Lebens. Die wachsende Produktion allein hat keinen Sinn. Lassen wir uns von ihr völlig in Bann schlagen, geraten wir in solcher Jagd nach materiellen Werten in den bekannten Tanz um das Goldene Kalb. In diesem Wirbel aber müßten die besten menschlichen Eigenschaften verkümmern: Der Gedanke an den ›anderen‹, an den Menschen neben uns. Das Gefühl für Dinge, die sich – wie etwa die Vorsorge für die Zukunft unserer Kinder – nicht unmittelbar zu lohnen scheinen. Nur aus unserer Bescheidung nämlich können die Mittel fließen, die unserer Jugend mehr und bessere Ausbildungsmöglichkeiten eröffnen. Und unser Beispiel wird ihr den Glauben geben, daß materieller Gewinn nicht der Weisheit letzter Schluß, des Lebens einziger Sinn ist. Schließlich haben wir auch eine geschichtliche Aufgabe, Werke und Werte der Kunst, der Kultur und der Wissenschaft nachhaltig zu fördern.

Das bedeutet, wir sollten hinsichtlich unserer eigenen Wünsche hier und da Beschränkung üben. Wer unserem Volke nichts anderes zu geben vermag, als ›besser leben‹ oder ›weniger arbeiten‹, der wird die Geister und Herzen auf die Dauer nicht gewinnen können. Über dem löblichen Streben des einzelnen müssen wir als Volk und Nation um die Verwirklichung übergeordneter Ziele bemüht sein. Dann werden wir überrascht feststellen, daß wir mit dem allgemeinen Wohl zugleich die Grundlagen unseres eigenen Lebens gefestigt haben.

Rede vor dem 9. Bundesparteitag der CDU, Karlsruhe, 28. April 1960	Es geht darum, zu einer Vermenschlichung in allen Lebensbereichen und im besonderen innerhalb des Wirtschaftsgeschehens hinzufinden ... Die sittliche Aufgabe der Gestaltung unserer Lebensordnung würde ins Leere stoßen, wenn nicht auch konkrete Wege und Formen aufgezeigt werden könnten, wie die Politik einer Gesellschaft freier Menschen auch im einzelnen zu gestalten sei ... In der geistig labiler gewordenen Situation der von mir skizzierten sogenannten »klassenlosen Gesellschaft« wird es also des Einbaus gesellschaftlicher Stabilisatoren bedürfen, die geeignet sind, dem in die Vereinzelung gedrängten Menschen unserer Zeit das Bewußtsein, ja sogar die objektive Sicherung seines Seins in einer ganzheitlichen gesellschaftlichen Ordnung zu geben ... Aus allein folgt, daß in der künftigen Entfaltung der Sozialen Marktwirtschaft gesellschaftliche Probleme gleichrangig neben die ökonomischen treten werden ...
Erste Regierungserklärung als Bundeskanzler, 18. Oktober 1963	Wenn wir von Wirtschafts- und Agrarpolitik, von Sozial-, Steuer- oder Verkehrspolitik sprechen und in der ressortmäßigen Behandlung dieser Fragen Fortschritte zu erzielen suchen, so wird diese Arbeit vom Ganzen her gesehen doch erst sinnvoll und fruchtbar, wenn sie sich an einem gesellschaftlichen Leitbild orientiert. Es geht schlechthin um die Fortgestaltung unserer Lebensordnung, aus deren Bejahung einem Volke ein waches Lebensgefühl und ein starker Lebensmut zufließen. Wir sind vielleicht auf diesem Wege zu sehr im Technischen steckengeblieben. Das findet seinen Ausdruck zum Beispiel darin, daß gegenüber jedem Gesetzgebungswerk nur noch vorgefaßte und vorgeformte Kollektivmeinungen vertreten werden; fast möchte ich sagen: Man sieht vor lauter Bäumen den Wald nicht mehr. Dazu ist ein weiteres festzustellen! Obwohl wir aus dem Geschehen der letzten 15 Jahre angesichts auch des Fortschritts in der individuellen Lebensführung von Zuversicht und Vertrauen in unsere Kraft getragen sein müssen und sein können, will dennoch eine Stimmung des Sich-selbst-Bemitleidens und eines selbstquälerischen Pessimismus um sich greifen. Auch scheint es mir ein Zeichen unserer Zeit zu sein, die Beziehung zwischen Leistung und Ertrag – vom einzelnen und vom Ganzen her gesehen – allzu leicht zu vergessen. Nüchternheit in der Sache und innere Wahrhaftigkeit sind unerläßliche Voraussetzungen, um wichtige gesellschaftspolitische Aufgaben erfolgreich in Angriff zu nehmen und sich nicht in romantischen Vorstellungen zu verlieren.

In meiner Regierungserklärung hatte ich die Bedeutung jener Anstrengungen unterstrichen, die dem Ausbau unseres Bildungswesens, des Gesundheitswesens, der Raumordnung und des Verkehrsnetzes dienen. Unsere Haushaltspolitik wird sich in Zukunft verstärkt auf die Förderung dieser »Sozialinvestitionen« ausrichten müssen. Sozialinvestitionen sind vordringliche Anliegen des Gemeinwohls. Sie bereichern das Leben jedes einzelnen Bürgers. Alle diese Anstrengungen dienen nicht allein der Wohlstandssicherung. Wir müssen mehr noch als bisher erkennen, daß Sozialinvestitionen im weiteren, aber recht verstandenen Sinne die Voraussetzung für eine bessere Lebensordnung überhaupt schaffen. Mehr und bessere Sozialinvestitionen kommen indirekt auch dem privaten Lebensstandard zugute und verbessern dazu noch die Leistungsfähigkeit und Wettbewerbskraft unserer Wirtschaft.

Das bedeutet darum nicht: *Mehr* Staat in der Wirtschaft, wohl aber mehr öffentliche Vorsorge in all jenen Bereichen, die die gesellschaftlichen Rahmenbedingungen unseres Lebens setzen. Der Aufwand für Sozialinvestitionen ist in meinen Augen fast gleich bedeutsam wie der Sozialkonsum selbst. Der Ihnen vorliegende Haushalt für das Jahr 1965 enthält eine Reihe von deutlichen Ansatzpunkten, die diesem Grundsatz Rechnung tragen.

Eine solche Politik kann indessen nur bei langfristiger Anlage Erfolg haben. Sie erfordert nicht zuletzt eine gute Zusammenarbeit von Regierung und Parlament und setzt den Mut voraus, überwuchernden partiellen Wünschen die Zustimmung zu versagen, wenn es um das Gemeinwohl geht. Hier handelt es sich im wahrsten Sinne um eine langfristige Aktion des politischen und ökonomischen Gemeinsinns. Sie ist vergleichbar mit der Wirtschafts- und Währungsreform der ersten Jahre unserer politischen Arbeit. Ich werde mich darum dieser Aufgabe besonders annehmen, aber rechne dabei nicht minder auf Ihrer aller Unterstützung.

Rede vor dem Deutschen Bundestag, 15. Oktober 1964

Der Abdruck der Texte Ludwig Erhards erfolgt mit freundlicher Genehmigung der Ludwig-Erhard-Stiftung e. V., Bonn.

Zeittafel

1897	Ludwig Wilhelm Erhard wird in Fürth als 3. Kind des Textilkaufmanns Wilhelm Philipp Erhard und seiner Ehefrau Augusta Friederika Anna, geb. Hassold, am 4. Februar geboren.
1903–1913	Besuch der Volksschule und der »Kgl. Bayerischen Realschule mit Handelsabteilung« in Fürth. Kaufmannslehre in Nürnberg.
1916–1918/19	Teilnahme am 1. Weltkrieg (schwere Verwundung).
1919–1922	Studium an der Handelshochschule Nürnberg.
1922–1925	Studium an der Universität Frankfurt am Main; Promotion bei Franz Oppenheimer im Dezember 1925.
1923	Heirat mit Luise verw. Schuster geb. Lotter am 11. Dezember; Geburt der Tochter Elisabeth am 10. März 1926.
1925–1928	Geschäftsführer im elterlichen Betrieb.
1928–1942	Wissenschaftlicher Assistent, Schriftleiter, Mitglied der geschäftsführenden Leitung und Stellvertreter des Leiters in dem von Wilhelm Vershofen geführten »Institut für Wirtschaftsbeobachtung der deutschen Fertigware« in Nürnberg.
1935	gründete Ludwig Erhard zusammen mit Wilhelm Vershofen und Erich Schäfer die Gesellschaft für Konsumforschung in Nürnberg.
1940–1944	Erhard betreut im Auftrag der deutschen Zivilverwaltung die lothringische Glasindustrie.

1942   Erhard verläßt das »Institut für Wirtschafts-
                        beobachtung«; er gründet das private
                        »Institut für Industrieforschung«, das von
                        der Reichsgruppe Industrie finanziert wird.

1944
März   Fertigstellung der Denkschrift »Kriegsfinan-
                        zierung und Schuldenkonsolidierung«.
Juli   Übersendung der Denkschrift unmittelbar
                        vor dem 20. Juli an Carl Goerdeler, der in
                        einem im August auf der Flucht verfaßten
                        Memorandum seinen Freunden Erhard als
                        Berater empfiehlt.

1945
18./19. April   Die Amerikaner besetzen Fürth, Erhard
                        stellt sich ihnen zur Verfügung.
22. Oktober   Ernennung Erhards zum »Staatsminister
                        für Wirtschaft« im bayerischen Kabinett
                        Hoegner.

1946
16. Dezember   Rücktritt der Regierung Hoegner nach ver-
                        lorenen Landtagswahlen.

1947
31. Januar   Einsetzung eines Parlamentarischen Un-
                        tersuchungsausschusses über Mißstände
                        im bayerischen Wirtschaftsministerium
                        zur Zeit Erhards; der im Herbst vorliegende
                        Abschlußbericht bescheinigt Erhard volle
                        moralische Integrität, kritisiert aber organi-
                        satorische Mängel im Ministerium.
10. Oktober   Erhard wird Leiter der Expertenkommis-
                        sion »Sonderstelle Geld und Kredit« bei
                        der Verwaltung für Finanzen der britisch-
                        amerikanischen Bizone.
7. November   Erhard wird Honorarprofessor an der Uni-
                        versität München.

1948

2. März	Der Wirtschaftsrat wählt Erhard zum »Direktor der Verwaltung für Wirtschaft«.
21. April	Programmrede Erhards vor dem Wirtschaftsrat.
18. Juni	Der Wirtschaftsrat verabschiedet das Gesetz über Leitsätze für die Bewirtschaftung und Preispolitik nach der Geldreform.
20. Juni	Währungsreform; Erhard leitet in der Bizone die Aufhebung der Bewirtschaftung und die Freigabe der Preise ein.

1949

23. Mai	Verkündung des Grundgesetzes.
21. Juni	Erhard erklärt sich bereit, die CDU-Landesliste in Württemberg-Baden anzuführen; er kandidiert darüber hinaus als CDU-Direktkandidat im Wahlkreis Ulm/Heidenheim, ohne, der CDU beizutreten.
15. Juli	Die CDU der britischen Zone übernimmt Erhards Wirtschaftsprogramm in ihre »Düsseldorfer Leitsätze«; sie werden von der CDU der drei Westzonen als Wahlkampfplattform verwendet.
14. August	Wahlen zum 1. Deutschen Bundestag.
15. September	Der Bundestag wählt Adenauer zum Bundeskanzler.
20. September	Adenauer betont in seiner Regierungserklärung die Soziale Marktwirtschaft. Erhard wird Wirtschaftsminister.
Oktober	Erster Kartellgesetzentwurf Erhards.

1951

6. März	Die USA (McCloy) verlangen von Adenauer zur Bewältigung der Folgen des Korea-Krieges »eine bedeutsame Modifizierung der Marktwirtschaft«.
27. März	Adenauer lehnt in seiner Antwort an McCloy den Übergang zu einer rüstungsbezogenen staatlichen Wirtschaftslenkung ab.

1952

25. Juli — Die Montanunion tritt in Kraft; Erhard wird Mitglied des Ministerrates.

14. August — Die Abkommen über den Beitritt der Bundesrepublik zur Weltbank sowie zum Internationalen Währungsfonds werden unterzeichnet und treten damit für Deutschland in Kraft; Erhard wird deutscher Gouverneur der Weltbank.

Oktober — Erhard beruft Alfred Müller-Armack ins Bundeswirtschaftsministerium.

1953 — Im Jahr 1953 erscheint Erhards Buch »Deutschlands Rückkehr zum Weltmarkt«.

6. September — Wahlen zum 2. Deutschen Bundestag.

20. Oktober — Im 2. Kabinett Adenauer wird Erhard wieder Wirtschaftsminister.

1954

Ende — In der Bundesrepublik herrscht Vollbeschäftigung.

1955

5. Mai — Ende des Besatzungsstatus, Inkrafttreten der Pariser Verträge, die Bundesrepublik wird souverän.

13. September — Rede Erhards bei der 10. Jahresversammlung der Weltbank und des IWF in Istanbul über Entwicklungshilfe; Regierungserklärung Erhards zum ersten, die »Maßhalte-«Politik flankierenden Konjunkturprogramm der Bundesregierung: konjunkturelle Dämpfungsmaßnahmen zur Preisstabilisierung.

1956

23. Mai — Rede Adenauers vor dem Bundesverband der Deutschen Industrie (BDI) im Kölner Gürzenich mit scharfer Kritik an der Konjunkturpolitik der Bank Deutscher Länder, Erhards und Schäffers.

22. Juni — Erhard begründet vor dem Bundestag das zweite Konjunkturprogramm der Bundesregierung.

1957

21. Januar	Der Bundestag verabschiedet die Rentenreform (in Kraft rückwirkend zum 1. Januar); Erhards am Produktivitätsfortschritt orientierte dynamische Rentenformel kommt darin nicht zum Zuge.
Februar	Erhards Buch »Wohlstand für alle« erscheint.
21. März	Erhard kritisiert im Bundestag den EWG-Vertragstext, hält das Vertragswerk aber aus politischen Gründen für zustimmungsfähig.
15. September	Die Wahlen zum 3. Deutschen Bundestag bringen der CDU/CSU die absolute Mehrheit.
29. Oktober	Erhard wird im 3. Kabinett Adenauer Vizekanzler, Vorsitzender des Wirtschaftskabinetts und wieder Wirtschaftsminister.

1958

1. Januar	Das Kartellgesetz tritt in Kraft. Die Römischen Verträge treten in Kraft.
29. Dezember	Freie Konvertibilität der DM.

1959 Adenauer schlägt gegen Erhards Willen dessen Kandidatur für das Amt des Bundespräsidenten vor.

3. März	Erhard lehnt eine Kandidatur für die Bundespräsidentenwahl endgültig ab.
7. April	Adenauer erklärt seine Kandidatur für das Amt des Bundespräsidenten, die er am 4. Juni wieder zurückzieht (am 1. 7. wird in Berlin Lübke gewählt).

1960

27. September	Erhard fordert vor der Weltbank eine Entwicklungshilfe-Politik im Sinne der »Hilfe zur Selbsthilfe«.

1961

6. März	Aufwertung der DM gegenüber dem US-Dollar um 4,75 % (1 Dollar = 4 DM).

17. September	Wahlen zum 4. Deutschen Bundestag.
10. Oktober	Der EWG-Ministerrat beginnt in Paris mit den Beratungen über einen britischen EWG-Beitritt; als amtierender Präsident betont Erhard den Zwang zum Erfolg und den Zusammenhang von europäischer Integration und atlantischer Gemeinschaft.
14. November	Im 4. Kabinett Adenauer wird Erhard wieder Vizekanzler, Vorsitzender des Wirtschaftskabinetts und Wirtschaftsminister.

1962 Im Jahr 1962 erscheint Erhards Buch »Deutsche Wirtschaftspolitik«.

1963

22. Januar	Adenauer und de Gaulle unterzeichnen in Paris den deutsch-französischen »Elysee«-Vertrag.
29. Januar	Abbruch der EWG-Beitrittsverhandlungen mit Großbritannien; Erhards Kommentar im deutschen Fernsehen: »Eine schwarze Stunde Europas«.
28. Februar	Die Bundesregierung legt für 1963 zum ersten Mal einen Wirtschaftsbericht mit volkswirtschaftlicher Gesamtrechnung vor.
23. April	Die CDU/CSU-Bundestagsfraktion nominiert mit 159 Ja-Stimmen gegen 47 Nein-Stimmen bei 19 Enthaltungen Ludwig Erhard zum Kanzlerkandidaten.
16. Mai	Der Bundestag ratifiziert den deutsch-französischen Vertrag mit einer die deutsch-französische Exklusivität mildernden Präambel, für die sich auch Erhard eingesetzt hat.
14. August	Gesetz über die Bildung eines Sachverständigenrats zur Begutachtung der gesamtwirtschaftlichen Entwicklung.
15. Oktober	Adenauer tritt zurück.
16. Oktober	Der Bundestag wählt Erhard mit 279 gegen 180 Stimmen bei 24 Enthaltungen zum Bundeskanzler.

17. Oktober	Erhard stellt dem Bundestag sein Kabinett vor. Unterzeichnung eines deutsch-rumänischen Protokolls über die gegenseitige Errichtung von Handelsvertretungen; eine deutsche Handelsvertretung in Bukarest wird am 6. Mai 1964 eröffnet.
18. Oktober	Regierungserklärung Erhards vor dem Bundestag; er kündigt eine »Politik der Mitte und der Verständigung« und einen neuen politischen Stil an.
9. November	Deutsch-ungarisches Handelsabkommen; eine deutsche Handelsvertretung in Budapest wird am 15. Juli 1964 eröffnet.
21.–23. November	Erster Arbeitsbesuch Erhards bei dem Staatspräsidenten Frankreichs Charles de Gaulle in Paris.
22. November	Ermordung des amerikanischen Präsidenten Kennedy.
17. Dezember	Das erste Passierscheinabkommen für Berlin, das bis 5. Januar 1964 gilt, wird mit Zustimmung der Bundesregierung unterzeichnet.
24. Dezember	Deutsch-rumänisches Handelsabkommen.
28.–29. Dezember	Erhard besucht den amerikanischen Präsidenten Lyndon B. Johnson in Texas.

1964

14. Februar	Konstituierung des Sachverständigenrates zur Begutachtung der gesamtwirtschaftlichen Entwicklung in Bonn.
6. März	Deutsch-bulgarisches Handelsabkommen; eine deutsche Handelsvertretung in Sofia wird am 19. Oktober 1964 eröffnet.
11. Juni	Erhard verneint in New York deutsche territoriale Forderungen gegenüber der Tschechoslowakei.
3.–4. Juli	De Gaulle fordert in Bonn von Erhard eine Option für Europa gegen die USA, was Erhard ablehnt.
12. Juli	Bedeutsame Rede auf der Schlußkundgebung des CSU-Parteitages in München.

3. September	Moskau gibt bekannt, daß Chruschtschow die Bundesrepublik besuchen werde.
14. Oktober	Sturz Chruschtschows.
18. Oktober	Erste Sitzung des »Sonderkreises«.
4. November	Das Bundeskabinett lehnt eine Verlängerung der Verjährungsfristen für NS-Verbrechen gegen die Stimme Erhards ab.

1965

19.–20. Januar	Erhard trifft mit de Gaulle auf Schloß Rambouillet zusammen.
24. Februar–2. März	Ulbricht besucht die Vereinigte Arabische Republik; der ägyptische Präsident Nasser versucht eine formelle Anerkennung der DDR zu umgehen.
7. März	Erhard kündigt die Aufnahme diplomatischer Beziehungen zu Israel und die Einstellung der Wirtschaftshilfe für Ägypten an.
25. März	Der Bundestag legt den Beginn der Verjährungsfrist für NS-Verbrechen auf 1. Januar 1950 (Eintritt der Verjährung also am 31. Dezember 1969).
31. März	13. CDU-Parteitag in Düsseldorf; Erhard stellt sein Konzept einer Formierten Gesellschaft vor.
12. Mai	Aufnahme diplomatischer Beziehungen mit Israel.
13. Mai	Die arabischen Staaten außer Tunesien, Marokko und Libyen brechen die diplomatischen Beziehungen zur Bundesrepublik ab.
18.–28. Mai	Staatsbesuch der britischen Königin Elisabeth II. in der Bundesrepublik.
19. September	Bei den Wahlen zum 5. Deutschen Bundestag erreichen CDU/CSU 47,6 %, SPD 39,9 % und FDP 9,5 %.
20. Oktober	Der Bundestag wählt Erhard zum Bundeskanzler.
10. November	Erhard gibt vor dem Bundestag seine Regierungserklärung ab, ein »Programm der Sparsamkeit und der Nüchternheit«.

1966

9. März	Das Bundeskabinett erteilt Finanzminister Dahlgrün/FDP den Auftrag, ein »längerfristiges Haushaltsprogramm« vorzulegen.
23. März	Die CDU wählt Erhard zu ihrem Bundesvorsitzenden.
25. März	Die »Friedensnote« der Bundesregierung enthält Abrüstungs- und Friedenssicherungsvorschläge und bietet den Ostblockstaaten Gewaltverzichtsverträge an, beharrt aber aus völkerrechtlichen Gründen auf den deutschen Grenzen von 1937 bis zu einem Friedensvertrag.
10. Juli	Die Landtagswahlen in Nordrhein-Westfalen enden mit starken CDU-Verlusten, die Erhard und der Kohlenkrise angelastet werden.
14.–15. September	Der Bundestag berät in erster Lesung das Stabilitätsgesetz.
15. September	Der Rücktritt des Kanzleramts-Ministers Westrick wird bekannt.
24.–28. September	Erhard verhandelt in Washington erfolglos mit Präsident Johnson über einen Zahlungsaufschub beim Devisenausgleich (Stationierungskosten).
26. Oktober	Letzte Kabinettssitzung der kleinen Koalition; die FDP-Minister (ohne den abwesenden Scheel) stimmen einer Kabinetts-Erklärung zum Haushaltsausgleich für 1967 zu.
27. Oktober	Scheel tritt wegen der am Vortag gefallenen Haushaltsentscheidung zurück, die übrigen FDP-Minister schließen sich auf Druck der FDP-Bundestagsfraktion an.
10. November	Die CDU/CSU-Bundestagsfraktion nominiert Kiesinger zum Bundeskanzler-Kandidaten.
1. Dezember	Erhard tritt als Bundeskanzler zurück. Der Bundestag wählt Kiesinger zum Bundeskanzler einer großen Koalition aus CDU/CSU und SPD.

1967

10. Mai	Das Stabilitätsgesetz passiert den Bundestag.
24. Mai	Wahl Kiesingers zum CDU-Vorsitzenden; Erhard wird Ehrenvorsitzender.

1969

9. Mai	Kiesinger entscheidet gegen eine DM-Aufwertung, die Wirtschaftsminister Schiller und Erhard befürworten.
28. September	Wahlen zum 6. Deutschen Bundestag; Erhard wird in seinem Wahlkreis Ulm wiedergewählt.
21. Oktober	Brandt wird vom Bundestag zum Kanzler gewählt; er bildet eine Koalition aus SPD und FDP.

1972

4. Februar	75. Geburtstag Erhards mit großer öffentlicher Aufmerksamkeit.
19. November	Die Wahlen zum 7. Deutschen Bundestag bestätigen die Regierung Brandt; Erhard wird über die baden-württembergische Landesliste wiedergewählt; im vorhergehenden Wahlkampf erregt seine gemeinsam mit Karl Schiller veröffentlichte Presseanzeigen-Serie Aufsehen.
13. Dezember	Erhard eröffnet als Alterspräsident den 7. Deutschen Bundestag.

1975

9. Juli	Eineinhalb Jahre nach der Feier der goldenen Hochzeit stirbt Erhards Frau Luise; sie wird auf dem Bergfriedhof in Gmund beigesetzt.

1976

3. Oktober	Wahlen zum 8. Deutschen Bundestag; Erhard wird als Spitzenkandidat der baden-württembergischen CDU wiedergewählt.
14. Dezember	Erhard eröffnet als Alterspräsident den 8. Deutschen Bundestag.

1977

4. Februar	80. Geburtstag Erhards mit zahlreichen Ehrungen.
5. Mai	Ludwig Erhard erliegt um 2.50 Uhr in Bonn einem Herzversagen.
11. Mai	Staatsakt aus Anlaß des Todes Ludwig Erhards im Plenarsaal des Deutschen Bundestages.
12. Mai	Staatsbegräbnis: Trauergottesdienst in Tegernsee, Beisetzung auf dem Bergfriedhof in Gmund.

Literatur

Literatur

Abelshauser, Werner: Wirtschaft in Westdeutschland 1945–1948. Rekonstruktion und Wachstumsbedingungen in der amerikanischen und britischen Besatzungszone, Stuttgart 1975.

Auftakt zur Ära Adenauer. Koalitionsverhandlungen und Regierungsbildung 1949, bearb. von Udo Wengst, Düsseldorf 1985.

Bökenkamp, Gérard: Das Ende des Wirtschaftswunders, Stuttgart 2010.

Borchardt, Knut: Wachstum, Krisen, Handlungsspielräume in der Wirtschaftspolitik, Göttingen 1982.

Brackmann, Michael: Vom totalen Krieg zum Wirtschaftswunder. Die Vorgeschichte der westdeutschen Währungsreform 1948, Essen 1993.

Buchheim, Christoph: Die Währungsreform in Westdeutschland, in: Vierteljahrshefte für Zeitgeschichte, 36 (1988), S. 231.

Caro, Michael K.: Der Volkskanzler. Ludwig Erhard, Köln 1965.

Hentschel, Volker: Ludwig Erhard – Ein Politikerleben, München 1996.

Hildebrand, Klaus: Von Erhard zur Grossen Koalition 1963–1969, Stuttgart 1984.

Hildebrand, Klaus: Ludwig Erhard 1897–1977, in: Die großen Deutschen unserer Epoche, hrsg. von Lothar Gall, Berlin 1995, S. 368–378.

Hohmann, Klaus: Aus dem Leben Ludwig Erhards. Die Jahre bis 1945; in: Orientierungen 11 (1982), S. 50–60.

Kanzlerbungalow, hrsg. von der Wüstenrot Stiftung und der Stiftung Haus der Geschichte der Bundesrepublik Deutschland, München 2009.

Keil, Silke I.: Wahlkampfkommunikation in Wahlanzeigen und Wahlprogrammen, Frankfurt am Main u. a. 2003.

Koerfer, Daniel: Der Kampf ums Kanzleramt. Erhard und Adenauer, Stuttgart 1987.

Laitenberger, Volkhard: Ludwig Erhard – Der Nationalökonom als Politiker. Mit einem Vorwort von Helmut Kohl, Göttingen 1986.

Löffler, Bernhard: Soziale Marktwirtschaft und administrative Praxis. Das Bundeswirtschaftsministerium unter Ludwig Erhard, Stuttgart 2002.

Lukomski, Jess M.: Ludwig Erhard – Der Mensch und der Politiker, Düsseldorf 1965.

Mende, Erich: Die neue Freiheit. Zeuge der Zeit 1945–1961, Herbig 1984.

Mierzejewski, Alfred C.: Ludwig Erhard – Der Wegbereiter der sozialen Marktwirtschaft, München 2005.

Mühle, Dieter: Ludwig Erhard – Eine Biographie, Berlin (Ost) 1965.

Murach-Brand, Lisa: Antitrust auf deutsch. Der Einfluss der amerikanischen Alliierten auf das Gesetz gegen Wettbewerbsbeschränkungen (GWB) nach 1945, Tübingen 2004.

Neebe, Reinhard: Weichenstellung für die Globalisierung. Deutsche Weltmachtpolitik, Europa und Amerika in der Ära Ludwig Erhard, Köln u. a. 2004.

Schwarz, Hans-Peter: Adenauer. Der Staatsmann 1952–1967, Stuttgart 1991.

Stackelberg, Karl-Georg von: Attentat auf Deutschlands Talisman. Ludwig Erhards Sturz. Hintergründe und Konsequenzen, Stuttgart 1967.

Wengst, Udo: Die CDU/CSU im Bundestagswahlkampf 1949, in: Vierteljahrshefte für Zeitgeschichte 34 (1986), S. 1–52.

Wengst, Udo: Staatsaufbau und Regierungspraxis 1948–1952. Zur Geschichte der Verfassungsorgane der Bundesrepublik Deutschland, Düsseldorf 1984.

Wünsche, Horst Friedrich: Ludwig Erhards Gesellschafts- und Wirtschaftskonzeption. Soziale Marktwirtschaft als Politische Ökonomie, Stuttgart 1986.

Quellen

Adenauer, Konrad: Briefe 1945–1947, bearb. von Hans Peter Mensing, Berlin, 1983.

Adenauer, Konrad: Briefe 1955–1957, bearb. von Hans Peter Mensing, Berlin 1998.

Erhard, Ludwig: Wohlstand für alle (bearbeitet von Wolfram Langer), Düsseldorf 1957, letzte Auflage 2009.

Erhard, Ludwig: Deutsche Wirtschaftspolitik – Der Weg zur Sozialen Marktwirtschaft. Reden und Aufsätze, Düsseldorf 1962.

Erhard, Ludwig: Ein Politikerleben, München/Landsberg am Lech 1996.

Erhard, Ludwig: Kriegsfinanzierung und Schuldenkonsolidierung (Faksimile-Druck der Denkschrift von 1943/44), Frankfurt am Main 1977.

Erhard, Ludwig: Soziale Marktwirtschaft als historische Weichenstellung – Bewertungen und Ausblicke, Düsseldorf 1996.

Hohmann, Karl (Hrsg.): Ludwig Erhard – Erbe und Auftrag, Düsseldorf 1978.

Hohmann, Karl (Hrsg.): Ludwig Erhard – Gedanken aus fünf Jahrzehnten. Reden und Schriften, Düsseldorf 1988.

Kabinettsprotokolle der Bundesregierung, Bd. 9, 1956, bearb. von Ursula Hüllbusch, München 1998.

Kabinettsprotokolle der Bundesregierung. Ministerausschuss für die Sozialreform 1955–1960, bearb. von Bettina Martin-Weber, München 1999.

Schröder, Gerhard/Müller-Armack, Alfred et al. (Hrsg.): Ludwig Erhard – Beiträge zu seiner politischen Biographie. Festschrift zum 75.Geburtstag, Berlin 1972.

Weber, Hartmut (Hrsg.): Die Kabinettsprotokolle der Bundesregierung 1963 ff.; München 2006 ff.

Bildnachweis

bpk: 13, 37, 38, 47, 58, 70 (o.), 79, 87, 97, 106, 119 (o.), 120 (o.), 120 (u.), 121 (o.), 132, 154 (u.), 155 (o.)

Bundesarchiv: 31 (Foto: Perlia-Archiv), 45, 51, 59 (Foto: Egon Steiner), 65 (Foto: Heisler), 68 (o.: Foto: Herbert: Donath), 68 (u.), 69 (o.: Foto: Erich O. Krueger), 69 (u.: Foto: Herbert Donath), 70 (u.: Foto: Heinscher), 71 (o.), 71 (u.), 76 (Foto: Engelbert Reineke), 101, 103 (Foto: Doris Adrian), 108 (Foto: Ludwig Wegmann), 112 (Foto: Heisler), 115 (Foto: Engelbert Reineke), 118 (o.: Foto: Puck-Archiv), 118 (u.), 119 (u.: Foto: Brodde), 139 (Foto: Egon Steiner), 153 (Foto: Renate Patzek), 154 (o.: Foto: Renate Patzek), 155 (u.: Foto: Engelbert Reineke), 156 (o.), 156 (u.), 157 (o.: Foto: Renate Patzek), 157 (u.: Foto: Engelbert Reineke)

ullstein bild: 14, 15, 16, 17, 24, 29, 57, 60, 85, 116, 121 (u.), 126, 137, 147

Zu den Autoren

Peter Gillies, geboren 1939 in Berlin; Journalist und Buchautor; Ausbildung zum Bankkaufmann, Studium der Betriebswirtschaft in Berlin und Gießen (Dr. rer. pol.). Redakteur und Korrespondent in Hamburg, Bonn und Berlin. Zwischen 1985 und 1995 Chefredakteur im Verlagshaus Axel Springer, davon sechs Jahre Chefredakteur der Tageszeitung DIE WELT in Bonn und Berlin. Seither freier Journalist für verschiedene Medien und Autor von Sachbüchern. Lehrtätigkeit an Universitäten.

Prof. Dr. Daniel Koerfer, geboren 1955 in Bern; lehrt Neuere Geschichte/Zeitgeschichte an der Freien Universität Berlin. Publikationen u. a. »Die FDP in der Identitätskrise – die Jahre 1966–1969«, »Kampf ums Kanzleramt – Erhard und Adenauer«, »Hertha unter dem Hakenkreuz – Ein Berliner Fußballclub im Dritten Reich«; zus. mit Arnulf Baring »Wir fangen erst richtig an – Bilanz der sozialliberalen Koalition« (ZDF-Dokumentation).

Prof. Dr. Udo Wengst, geboren 1947 in Remsfeld, jetzt Knüllwald; Studium der Geschichte, Politikwissenschaft und Soziologie in Bonn, Köln und Tübingen. Promotion 1972 in Tübingen. 1973 bis 1979 wissenschaftlicher Assistent an der Universität Tübingen. 1979 bis 1992 wissenschaftlicher Mitarbeiter bei der Kommission für Geschichte des Parlamentarismus und der politischen Parteien in Bonn. Seit 1992 Stellvertretender Direktor des Instituts für Zeitgeschichte München-Berlin, seit 1996 Honorarprofessor für Zeitgeschichte an der Universität Regensburg. Zahlreiche Veröffentlichungen zur deutschen Geschichte im 20. Jahrhundert.

Ausgewählte Publikationen der Ernst Freiberger-Stiftung

Anlässlich der Ehrung von Persönlichkeiten durch Denkmäler auf der »Straße der Erinnerung« in Berlin-Tiergarten veröffentlicht die Ernst Freiberger-Stiftung Begleitbände, die von renommierten Autoren verfasst sind und den jeweils aktuellen Stand der Forschung über die Geehrten wiedergeben. Diese Publikationen werden vorwiegend Universitäten, Schulen und Bibliotheken zur Verfügung gestellt, um jungen Menschen die vertiefte Beschäftigung mit den »Helden ohne Degen« zu ermöglichen.

Die bisher erschienenen Bände sind im Buchhandel oder über www.bebra-wissenschaft.de erhältlich.

Ludwig Mies van der Rohe

Als Ludwig Mies van der Rohe 1938 in die USA emigrieren musste, galt er bereits als eine der führenden Persönlichkeiten der deutschen Baukunst. Schon vor der Gründung seines ersten eigenen Architekturbüros im Jahre 1913 hatte er die Bekanntschaft von prägenden Architekten seiner Zeit wie Walter Gropius oder Le Corbusier gemacht. Der Band würdigt das Schaffen Mies van der Rohes in Wort und Bild, dokumentiert Reden und Aufsätze und bietet ein umfangreiches Werkverzeichnis.

Paul Kahlfeldt
Michele Caja
Artur Gärtner
Fritz Neumeyer

Ludwig Mies van der Rohe

ISBN 978-937233-40-6
32 €

Konrad Zuse

Bei der Frage nach dem Erfinder des Computers werden viele Menschen nicht auf Anhieb auf den Namen Konrad Zuse kommen. Dabei war er es, der 1934 die erste programmierbare Rechenmaschine entwickelte. Wilhelm Mons, Horst Zuse und Roland Vollmar haben sich mit diesem genialen Geist befasst, der mit seiner Erfindung die Welt revolutionierte, ohne dies je beabsichtigt zu haben. Mit seiner Rechenmaschine wollte er, gerade einmal 25 Jahre alt, die Menschen lediglich von einfacher, stupider Rechenarbeit befreien und hat doch ein neues Zeitalter eingeläutet.

Wilhelm Mons
Horst Zuse
Roland Vollmar

Konrad Zuse

ISBN 978-937233-45-1
32 €

Walther Rathenau

Diese von Wolfgang Michalka und Christiane Scheidemann verfasste Publikation porträtiert den deutschen Außenminister, der es dem deutschen Kaiser auf der einen Seite zwar ermöglichte, den Ersten Weltkrieg in die Länge zu ziehen, andererseits jedoch nach dem für Deutschland verlorenen Krieg alles daran setzte, die verfeindeten europäischen Mächte miteinander zu versöhnen. Die vielfältigen Facetten dieses in Berlin durch ein Attentat Ermordeten lassen das Bild eines Politikers entstehen, der, obwohl aus einer wohlhabenden Industriellenfamilie stammend, sich dennoch für gesellschaftliche Neuerungen zugunsten sozial benachteiligter Schichten einsetzte und die bis dahin geltende Wirtschaftsordnung in Frage stellte.

Wolfgang Michalka
Christiane Scheidemann

Walther Rathenau

ISBN 978-937233-46-8
32 €

Thomas Mann

Dieser Band nähert sich aus verschiedenen Perspektiven dem Menschen und Schriftsteller Thomas Mann. Antje Korsmeier schildert das Leben Thomas Manns, während sich Alexander Kissler dem »verzweifelten« Verhältnis des Nobelpreisträgers zu Deutschland und den Deutschen widmet. Volker Koop und Helmut Engel werfen dann einen Blick auf die Ausbürgerung und Enteignung Thomas Manns durch die Nazis. In einem ausführlichen Anhang dokumentiert der Band die herausragenden Essays, Reden und Radioansprachen des Dichters. Entstanden ist eine gut lesbare Einführung, die mit ihrer bibliophilen Ausstattung und den zahlreichen Bildern die Sammlung jedes Literaturfreunds bereichern dürfte.

Antje Korsmeier
Alexander Kissler
Volker Koop
Helmut Engel

Thomas Mann
Das Deutsche und die Deutschen

ISBN 978-3-937233-39-0
32 €

Georg Elser

Der deutsche Widerstandskämpfer Georg Elser verübte am 8. November 1939 das Bombenattentat auf Hitler im Münchener Bürgerbräukeller. Am 9. April 1945 wurde er im Konzentrationslager Dachau erschossen. Lange Zeit wurde Georg Elser von der Forschung nicht beachtet. In diesem Band würdigen Johannes Tuchel und Peter Steinbach, die Leiter der »Gedenkstätte Deutscher Widerstand« in Berlin, anhand der aktuellen Forschung die historische Bedeutung Georg Elsers.

Johannes Tuchel
Peter Steinbach

Georg Elser

ISBN 978-937233-53-6
32 €

Edith Stein

Edith Stein (1891–1942) stammte aus einer orthodoxjüdischen Familie und konvertierte 1922 zum Katholizismus. Sie war Schülerin des Philosophen Edmund Husserl und gehört als engagierte Lehrerin und Frauenrechtlerin, als Vermittlerin zwischen Christen und Juden zu den prägenden Gestalten des 20. Jahrhunderts. Nach einem Berufsverbot 1933 trat sie in das Kölner Karmeliterinnenkloster ein. 1942 wurde sie nach Auschwitz deportiert und ermordet. 1998 sprach Papst Johannes Paul II. Edith Stein heilig. Philosophin, Frauenrechtlerin, Märtyrerin – eine Persönlichkeit von internationalem Rang.

Hanna-Barbara
Gerl-Falkovitz
Wolfdietrich von Kloeden

Edith Stein

ISBN 978-3-937233-52-9
32 €

Bibliografische Information der Deutschen Nationalbibliothek
Die Deutsche Nationalbibliothek verzeichnet diese Publikation
in der Deutschen Nationalbibliografie; detaillierte bibliografische
Daten sind im Internet über http://dnb.d-nb.de abrufbar.

Alle Rechte vorbehalten.
Dieses Werk, einschließlich aller seiner Teile, ist urheberrechtlich geschützt. Jede Verwertung außerhalb der engen Grenzen des Urheberrechtsgesetzes ist ohne Zustimmung des Verlages unzulässig und strafbar. Das gilt insbesondere für Vervielfältigungen, Übersetzungen, Mikroverfilmungen, Verfilmungen und die Einspeicherung und Verarbeitung auf DVDs, CD-ROMs, CDs, Videos, in weiteren elektronischen Systemen sowie für Internet-Plattformen.

© be.bra wissenschaft verlag GmbH
Berlin-Brandenburg, 2010
KulturBrauerei Haus 2
Schönhauser Allee 37, 10435 Berlin
post@bebraverlag.de
Redaktion des Bandes: Helmut Engel, Berlin
Lektorat: Matthias Zimmermann, Berlin
Die auf dem Umschlag abgebildete Büste wurde geschaffen von
Bernhard Heiliger.
Umschlag, Satz und Gestaltung: typegerecht berlin, Berlin
Schrift: StoneSerif
Druck und Bindung: Bosch Druck GmbH, Landshut

ISBN 978-3-937233-65-9

www.bebra-wissenschaft.de